통합심신치유학 시리즈 ❸

# 통합심신치유학 [치유기제] 편

*Integrative Body · Mind · Spirit Healing: Mechanism*

조효남 저

학지사

3

　오늘날 (이 책이 집필되는 4~5개월 짧은 기간에 일어난) 전대미문의 코로나19 팬데믹 대재앙으로 인해 전 세계에 수천만 명 이상 감염되고, 백만 명 가까이 사망하고서도 아직도 2차 대유행이 예고되고, 전파력이 더 강한 코로나19 변종 확산이 30%를 넘어서며 지속되어 백신이 개발되기 전까지는 팬데믹 재앙을 예단할 수 없는 암울한 지경에 이르고 있다. 이제 인류 역사는 코로나 이전 BC시대와 포스트 코로나(After Corona: AC)시대로 구분해야 된다고 한다. 왜냐하면 AC시대에는 인류의 생존을 위해 삶의 모든 방식이 달라져야 하는 고도로 위험한 불확실성시대로 진입하고 있기 때문이다. 그러나 동시에 이미 이 시대는 인류 역사상 가장 획기적인 새로운 시대인 AI 중심의 디지털 양자문명이 초고도화되는 제4차 산업혁명시대, 융복합 양자과학기술시대, 양자·파동 의학시대로 진입하는 초고도 문명과의 명암이 겹치는 초유의 시대가 될 전망이다. 뿐만 아니라 역사상 초유의 기후온난화, 자연 생태 파괴, 해양 오염으로 인해 이대로 가면 그 일환이기도 한 바이러스와의 전쟁뿐 아니라 인류 문명이 초래한 자연재해만으로도 인류의 생존을 위협받는 가운데 있다. 더욱 암울한 면은 아직도 그대로 지속되고 더욱 심화되고 있는 인류의 생존을 위협하는 불확실성의 위험사회, 피로사회, 폭력사회·(인종, 국가, 계층 간) 갈등사회에서 현대인들은 과도한 스트레스와 번아웃으로 인한 다양한 만성 심신장애 증후군에 시달리는 상황으로 치닫고 있다는 것이다.

이러한 암울한 시대적·사회적 상황에서 앞으로 심신치유 전문가들은 종래의 재래적·전통적 심신치유, 상담·심리치료기법만으로는 내담자의 단순 힐링이 아닌 근본 치유가 어렵다는 사실을 깨달아야 한다. 무엇보다 이 시대적인 통합의학, (비환원주의적) 심신통합의학, 신의학, 홀론의학이 추구하는 인간에 대한 심층적 이해를 바탕으로 하는 통합적 심신치유와 치유기제를 온전하게 알아야 하는 것이 혼돈의 이 AC·AI 시대의 치유 전문가에게 요구되는 자질이다. 왜냐하면 곧 10~20년 내에 지적인 모든 것은 인간을 수백만 배 넘어서며 대신하는 초지능의 범용 AI시대가 도래할 것이기 때문이다. 그래서 AC시대에 머지않아 범용 AI는 인간이 하는 모든 일을 무인화·자동화·온라인 가상 세계화하면서—전문 이론·경험 지식으로만 판단하고 실행하며 전문가의 역할을 하는(경영 관리인·공무원·의사·법률가·은행가·교사·교수 등의)—거의 모든 전문가의 역할을 훨씬 뛰어나게 대신하게 될 것이기 때문이다. 뿐만 아니라 상담심리치료, 심신치유, 각종 코칭의 경우도 웬만한 표준화된 심리·성격 검사, 분석평가를 바탕으로 한 다양한 기초·전문 지식과 상담치료·치유 기법 위주로 치유하는 모든 상담심리치료사나 치유자나 코치의 역할을 AI가 대신할 것이기 때문이다. 하지만 반면에 역설적으로 AC·AI 시대의 현대 상담심신치유, 보건건강 전문가들은 'AI가 넘볼 수 없는', 영혼·정신·마음이 아픈 사람들을 위해서는 기법 위주의 치유나 일시적 힐링이 아닌 근본 치료적 몸맘얼영BMSS(Body·Mind·Soul·Spirit) 치유를 해야 한다. 그래서 AC·AI시대의 심신치유사는 내담자·치유 대상자의 의식이 깨어나서 근본 치료 자기치유를 하며 의식의 변화와 영적 성장을 유도하는 전문가로서 활동해야 될 (역설적으로) 축복(?)받은 AC·AI시대 전문직의 전문가들이기도 하다.

'심신치유기제의 핵심 원리와 실제 기법을 담고 있는 이 책은 저자가 AC·AI시대의 통합심신치유학의 이론·실제·치유기제의 지침으로 3부작으로 집필한 『통합심신치유학: 이론』 및 『통합심신치유학: 실제』 편에 이어지는 시리즈의 세 번째 책이다. 오늘날과 같은 AC로의 전환기의 혼돈과 광기 속에서 AI 중심의 융복합 과학기술 디지털 가상세계의 고도 양자문명이 빛의 속도로 변하는 시대적 상황에서—AI시대의 심신치유사·심신치유교육사, 웰라이프(웰빙·웰니스·웰에이징) 온건강 전문가, 심신치유코치, 치유 수련·영성 수련 멘토·지도자 등—AC·AI시대의 모든 치유 전문가를 위한 통합심신치유학의 통합치유기제 개론서가 절실하게 필요하다고 보았다. 이러한 시대적 요구에 부응하여 이 책은 정신과학적 심신통합치유를 촉구하는(자연치유, 소마/기공/요가 수련, 마음챙김 치유 명상 수련, 보건·정신건강 상담, 마음챙김 심신치유·영성 수련 분야 등) 모든 계통의 치유·수련 전문가들을 위한 국내외 초유의 심층적 통합심신치유기제의 원리와 실제에 관한 개론서로 집필되었다. 다시 말해, 이 책은 이 시대의 상담치료치유·온건강 전문가들 중에 치유대상자, 내담자들을 단순한 일시적 힐링을 넘어 근본 치유를 통해 자기치유 능력과 온건강을 회복하도록 치료치유하는 데 관심을 갖고 있는 전문가들을 위한 치유기제 이론과 실제에 관한 최초의 책이다. 한마디로, 이 책은 현대 치유홀론의학적 통합치유와 통합치유기제의 원리 그리고 치유현장에서의 치유기제의 발현을 위한 그 적용 지침에 관한 최초의 이론적 전문 도서이다.

일시적인 힐링이 아닌 근본적인 치료치유법의 3요소는 전통적·현대적·과학적인 치유원리와 치유요법, 치유기제이다. 그러므로 이 책의 치유기제를 적용하여 치료치유현장에서 내담자, 피교육자, 치유 수련생들의 자기치유 능력을 기르게 하는 것이 중요하다. 그렇게 하려면 치유대상자 개개인에게 적합한 최적의 통합치유요법과 함께 통합적 치유기제를 전문가 스스로 깨우쳐서 자기화한 후 현장에서 치유대상자·내담자들이 실현하도록 유도해야 한다. 더 나아가 이 책에서는, AC·AI시대에 영혼·정신·마음·심신이 알게 모르게 병들거나 아파서 고통받는 사람들의 치료·치유·영적 성장의 안내자로서, 전문가부터 스스로 깨어나도록 강조하고 있다. 그리고 나서 내담자/고객/수련생/학생들을 깨어나게 해 주는—정신적·심적·정서적·생명기적 주체가 아닌 초고도 지능만 있는 AI는 도저히 할 수 없는—전문가가 되기 위한 치유원리와 치유기제를 터득하게 하는 데 목표를 두고 있다.

무엇보다 치유기제에 대한 올바른 이해와 앎이 중요하다. 모든 공인된 치유요법은 비록 최소한 일시적이지만 힐링이 되고 스트레스를 감소시켜 준다. 그리고 모든 각성적 알아차림·성찰적 자각의식의 학습·훈련이 있는 통합적 치유요법을 지속적으로 실행하면 의식의 변화와 함께 치유기제가 발현되며 근본 치유가 될 수 있다. 물론 심리장애, 심신의 병리장애가 거의 없는 사람은 심한 스트레스를 받아도 운동, 소마, 기공, 요가, 감정정서치유요법 중 자신이 하고픈 무엇이라도 하면 스트레스는 해소되고 활기를 되찾는다. 하지만 심인성 병리장애─혼의 위축장애(자존감·정체성 상실, 콤플렉스, 트라우마, 건강염려증, 우울증, 망상·공포·공황증 등, 부정적 방어기제의 억압무의식 장애), 심리장애(신경성 장애, 강박증, 과민성 스트레스 등), 감정정서장애(분노화 조절장애, 감정정서 불안, 원한·증오·혐오증 등), 이상심리(성도착, 망상, 사이코패스 성향, 리플리증후군, 충동 등), 중독장애(물질, 행위, 이념, 의식 중독 등)─가 어느 정도라도 있으면 단순한 스트레스 완화·관리 치유요법만으로는 안 되고 반드시 단계적으로 치유기제를 발현시켜야 한다. 더구나 사람들마다 이러한 병리장애, 스트레스의 심각성이 다르고 그 문제의 범주·유형·계통이 다르다. 그러므로 개개인의 심신장애 수준·상태, 개성·성명性命근기根器(체질·기질·성격·성품·인성·지능·재능)에 맞는 통합치유와 치유기제의 발현이 중요하다.

앞으로 알게 되겠지만, 이 책에서 다루게 될 치유기제의 문제는 결국 온전한 인지 자각·각성 훈련, 존재적 자기자애, 긍정적 각성 훈련, 위축된 혼의 각성 치유魂愈 훈련, (고급 치유기제로서) 마음챙김·통찰 명상 수련에 의한 자기치유를 통한 단계적 치유기제 발현의 문제이다. 결국 이는 치유기제 원리적으로는 뇌인지과학적·의식역학적 치유기제 발현의 문제이다. 결과적으로는 몸맘얼영의 통합치유(혼유·심유·정유·기유·뇌유·신유)기제 발현의 문제이다. 따라서 이 말은, 모든 심신치유법은 전통적·현대적·과학적 심신치유원리에 맞는 치유요법에 각성의식, 자각의식이 들어 있는 치유기예arts에 의한 치유기제가 더해져야 온전해진다는 의미이다.

한마디로 말해, 각성의식, 자각의식, 마음챙김 훈련·수련이 치유법에 들어가 있는 치유요법들은 치유기제도 쉽게 발현시킨다. 그래서 이 책의 중심 주제인 심신치유기제의 발현에 적합한 치유는 가급적 통합심신치유로 홀론치유의학적 상향·하향 인과의 치유가 가능한 치유를 해야 한다. 그리고 주요 치유요법에 더하거나 보조하여 여러 수준의 각성의식, 자각의식이 통합심신치유요법에 (마음챙김, 성찰적 자각, 각성 주시 기반) 인지 학습·의식 훈련·의식 수련으로 내재되어 있는 인지과학적 치유기법과 치유기예가 반드시 필요하다. 예컨대, 다양한 유위적·방편적 치유기제가 내재되어 있는 통합기공/요가 치유 수련, MBSR, ILP, 유위·무위 통합퀀텀심신치유IGHLP 수련 등과 같은 통합심신치유가 바람직할 뿐 아니라 필수적이다.

심신치유기제는 각성자각의식의 발현 수준에 따른 단계적 근본 치유의 과정이다. 기본 치유기제의 발현은 병리장애의 치유원리·치유요법에 대한 온전한 인지자각과 이에 따른 강력한 치유의지와 함께 치유법(치유원리+치유요법+치유기제)에 대한 인지자각 학습이 우선이다. 그런 다음, 일반 치유기제의 발현은 각 치유 수준의 긍정 마인드(기존의 서양긍정심리, 심상화, CV/PA 등과는 달리 각성자각의식에 의해 발현되는) 의식 훈련이 중요하다. 이와 함께 혼의 각성을 위한, 혼의 장애 위축의 치유(혼유)를 위한 훈련이 가장 중요하다. 이를 바탕으로 혼의 온전한(존재적) 자아의식이 어느 정도 회복/확립되면 자기치유를 위한 고급 치유기제의 발현 수련이 가능하다. 이를 위해서는 MBSR·마음챙김 알아차림 수련, 켄 윌버의 AQAL 알아차림 중심 ILP 수련 같은 메타자각의식의 수련이 필수적이다. 더 나아가 양자의식, 양자자각 수련, 통합퀀텀심신치유 수련 같은 고급 치유 수련이 중요하다. 물론 이 모든 기본·일반·고급 치유기제를 모두 포괄적으로 통합하는 수련으로는 유위무위 통합퀀텀치유 수련이 가장 중요하다는 것을 깨우치게 될 것이다. 앞으로 이 AI시대의 치유 전문가는 종래의 전문가와는 달리 상담, 심리치료, 심신치유, 치유코칭 현장에서 단계적(기본, 일반, 고급) 치유요법에 따라 내담자/치유(교육, 코칭, 지도)대상자가 단계적으로 치유기제를 발현하도록 유도해야 한다.

앞으로 AC·AI시대의 치유 전문가에게는 고통받고 불행한 모든 사람을 위한 온건강, 웰라이프, 웰에이징, 웰다잉, 행복 전문가로서의 기능 역할이 더욱 중요해지는 시대가 되었다. 초고도 범용 AI시대의 신인류는 명상하는 인류가 되지 않으면 인류 문명이 디스토피아적 파멸의 길을 갈 수 밖에 없다. 그래서 신인류는 명상인류가 되어야 하고, 명상이 유일한 출구이다. 그렇게 되려면 고통받는 불행한 사람들을 치유명상으로 유도하는 치유자는 먼저 스스로 명상 수련·영성 수행자가 되어야 한다. 그리고 무엇보다 치유자는 인간 문제 전문가이므로 치유자 스스로 인간 존재, 참나·영혼·자기, 심층 의식·무의식·초의식, 뇌기능·몸의식 등에 대해 얼마나 온전하게 잘 아는가가 중요하다. 그리고 그 지식은 책과 학문적 강의를 통해 아는 학문적 지식이 아닌, 지식을 넘어서는 앎이 되도록 해야 한다.

다시 말해, 이제 인류 역사상 최초로 인류의 생존 위기와 양자도약적 진화의 기처가 상존하는 AC·AI시대가 시작되면서 초지능 AI가 쉽게 할 수 있거나 제대로 흉내낼 수 있는 기법 위주의 기존의 상담·치료·치유·코칭·멘토링 이론과 기법은 더 이상 설 땅이 없어졌다. 앞으로 시대의 치유 전문가는, AI가 보조자 역할 외에는 도저히 흉내 낼 수 없는—인간의 생명기, 의식·무의식·초의식, 영·혼·참나, 디바인 매트릭스·양자의식·양자자기, 메타자각·초자각 등—인간의 심층 정신세계를 알고서 내담자를 치료치유할 수 있는 전문가가 되어야 한다. 더 나아가 치유 전문가는 스스로 인간의 심층무의식, 초의식뿐 아니라 나선동역학적 인간의 실존의식, 사회적 가치밈의식의 역동적 성장 변화, 고착·퇴행·퇴화에 대해서도 제대로 알아야 한다. 그러므로 치유자는 치유전문가로서 스스로 자기치유와 명상 수련을 하면서 먼저 2층의식으로 성장 진화해야 한다. 그리고 앞으로는 AI의 실체를 제대로 알고서 검증된 AI, VR, AR, BC, QM 기술 등을 현장에서 활용할 줄 아는 치유 전문가가 되어야 한다.

이 책은 통합심신치유학의 3부작으로 저자가 공동으로 집필한 『통합심신치유학: 이론』편과 『통합심신치유학: 실제』편에 동반하여 시리즈로 학지사에서 출판하는, 통합심신치유원리와 통합치유요법들이 치유현장에서 치유기제로 실현되기 위한 치유기제의 이론 및 실제에 관한 최초의 책이다. 그렇다 보니 이 책의 내용에는 치유기제와 관련되는 그 어떤 학술적 문헌의 직접 논거가 없다. 대신 치유기제의 발현을 위한 인지과학적 치유기법과 치유기예는, 동서양의 전통지혜와 동의학의 전인의학적 원리와 상보적인 현대 생명과학·인간과학·정신과학으로서 현대(뇌, 몸) 인지과학·신경정신의학·신과학·신물리학(양자상대성 물리학)·의식역학(정신물리학)·신의학(에너지의학·양자의학·파동의학)의 주요 문헌들의 통전적·통섭적 원리에 바탕을 두고 있다.

심신치유기제에 대한 최초의 전문도서로서의 이 책은 앞으로 치유현장에서 내담자·치유대상자들의 치유기제 발현을 중시하는 치유 전문가들의 경험을 반영한 적극적 참여와 호응에 의해 더욱 체계적으로 발전될 것이다. 국내외에서 초유인 치유기제에 관한 이 책은 현재 급격하게 변화하며 진행 중인 AC시대와 AI 중심의 제4차 산업혁명, 융복합 양자과학기술시대에 AI가 도저히 흉내 낼 수 없는 심층적 인간 이해를 바탕으로 하는 통합심신치유학의 치유홀론의학적 심신치유요법·치유기예에 기반한 인지과학적·심리과학적·정신과학적 기본·일반·고급 치유기제를 단계적·체계적으로 제시하고 있다. 앞으로 그 어느 시대보다도 영적·혼적·정신심리적 장애로 고통받는 현대인을 위한 근본 치료적 치유가 필요한 AI시대에 이 책으로 교육·훈련·수련을 받은 치유 전문가들이 내담자·치유대상자들에게 통합적 심신치유기제를 실현시킬 수 있는 전문가가 되는 데 기여할 수 있게 되기를 기대한다.

지난 수십 년간 국내에서 심리학·인간학·상담심리치료학·심신치유학·정신건강학 등의 전통과 현대의 심리학·인간과학·정신과학을 통합하는 교양·전문 서적들을 출판하는 명문 출판사인 학지사에서 통합심신치유학의 전문 교양 도서들이 시리즈로 국내외에서 최초로 나오게 된 것은 학지사 김진환 대표님의 혜안 때문에 가능하였다. 김진환 대표님께 저자는 진심으로 각별한 감사의 뜻을 전하고 싶다. 그리고 그동안 이 3부작을 독자들이 읽기 좋은 전문 교양 도서로 발간하기 위해 편집 교정에 노력해 온 편집 실무진들의 노고에도 진심으로 고마운 마음을 표하는 바이다.

9

2020년 가을
서울불교대학원대학교
심신치유교육학 전공 주임교수 조효남

통합심신치유학 [치유기제] 편

제**3**장 _____

# 일반 심신치유기제 • 79

제**4**장 _____

# 혼의 심신치유기제 • 105

제**5**장 _____

# 고급 심신치유기제 • 147

통합심신치유학 · 치유기제

제 **1** 장

# 통합심신치유기제 개관

통합심신치유학 [치유기제] 편

# 들어가는 말

일반적으로 치유기제는 전통적 전일의학·자연의학의 제반 치료치유학의 치유원리에 따르는 현대과학(생명과학·뇌인지과학·생리학)적·심리학적·신과학적·신물리학적·신의학적·정신과학적으로 검증된 치료치유법들을 개인의 병리 상태에 알맞게 온전하게 적용하여 치유 시행하면 자연스레 형성·발현되는 것으로 생각할 수도 있다. 물론 주요 치료치유법들이 암묵적으로나 명시적으로 치유기제를 일부 내포하고 있어서, 별다른 심신장애가 없는 보통 사람의 경우 치유요법의 기계적 적용만으로도 스트레스나 만성 습관병 같은 것이 치유되거나 병리 상태가 호전될 수도 있다. 하지만 많은 경우, 일시적 힐링이 될 수는 있지만 온건강을 회복하는 지속적 치료치유는 그냥 치료치유법의 획일적 적용만으로 형성·발현되기가 지극히 어렵다. 게다가 심신 치유에 관한 어느 의학적 접근이나 치유이론·치유요법 관련 전문 서적에도―분자생물학 수준의 뇌신경과학, 통합생리학, 생명과학, 생물리·화학적 생체 분자·세포·조직·기관 수준의 생체 반응 기전이나 그 병리기전·치료기전의 원리에 대한 설명을 제외하고는―심신치유기제의 개념 및 원리, 통합적 심신치유기제의 발현 조건, 지침에 관한 명확한 제시와 논의와 관련된 자료나 문헌을 찾아보기 어렵다.

일부 현대 서양의학, 정신의학·심리학 분야에서는 영어의 'mechanism'을 기전, 기제, 메커니즘으로 옮겨서 사용하고 있다. 그러나 의학에서 생물리·생화학, 생리학의 신경·내분비·면역학적 반응기전, 병리기전에 대한 원리 설명을 제외하고는 치료·치유기제에 대한 명확한 정의를 찾아보기 어렵다. 반면에 내적 치유기제라 하여 인체의 자연치유 능력, 항상성 회복 능력을 치유기제라고 언급하고 있다. 하지만 인체의 자기회복 능력을 동어 반복적으로 생명의 자기치유 능력으로 언급하는 데 그치고 있다. 그러나 일반적으로 치유원리와 치유법과 치유기제에 대해서는 대부분 명료하게 구분하고 있지 않고 있는 것이 현실이다. 원래 메커니즘mechanism의 어원적인 뜻은 mechanics가 '역학, 기계학, 기구'를 의미하듯이 '에너지/힘이나 정보/사건의 기계적 전달/변환의 과정적·구조적 체계'를 의미한다. 그러므로 신체적으로 생체의 물리·

15

화학적 변화·법칙에 의한 병리·치료 반응이나 (생명 에너지·정보 전달) 과정이나 (생물리화학적·생리학적) 법칙은 '기전機轉'으로 옮기는 것이 바람직하다. 그러나 심신의 병리나 치료치유는 정신·심리·의식의 문제가 선행하므로 물리·화학적 반응이나 과정만이 아닌 정신의학과 심리치료에서 사용하는 (넓은 의미의) 마음의 구조인, 의식·무의식·초의식과 뇌·신체 사이의 인지·반응 식識(표층의식·잠재의식) 사이의 상호작용·상의상관 관계를 고려해야 한다. 따라서 다차원의 정신·마음과 생명 에너지와

〈표 1-1〉 Mechanism: 機轉 대 機制

| | | 機轉 | 機制 |
|---|---|---|---|
| 대상 범주 | | • 신체: 병리·치료·건강 | • 심신(BMS, 몸맘얼): 병리·치료치유·건강 |
| 의학 범주 | | • 서양전통의학 (기계적, 심신이원론) | • 동양 전일/전인 의학(심신일원론, 삼원일체론)·신의학·심신의학 |
| 과학 범주 | | • 경험적 물리과학 (硬과학, 표층과학) | • 체험적·임상적 정신·심리·의식 과학(軟과학, 심층과학) |
| 대상 과학 | | • 분자생물학  • 생물리·화학 • 생체전자기학  • 생명과학 • 생리학 | • 정신의식역학  • 정신심리과학 • 기과학  • 신과학  • 정신과학 • 양자역학/양자과학 |
| 과정 법칙 | | • 기계적·물리화학적 생체 반응 과정 • 생명 에너지, 정보 전달 과정 | • 정신·심리·생명(추동) 에너지 작용 과정 • 의식·무의식·초의식 변화 과정 |
| 변화 원리 | | • 생물리·화학적 반응 변화 • 생리학적 반응 변화 | • 의식·무의식·초의식적 반응 변화 • 자각의식적·메타/초자각의식적 대응 변화 |
| 상관구조 체계 | | • 분자생물학·통합생리학적인 상의상관적 생체구조 | • 心·氣·身(精·氣·神) 전일의학적 상의상관적 체계: 相卽·相入·相依·相資·相生·相極 |
| 치료 치유 | 치료치유 의학 | • 서양대중치료 심신의학 (정신의학, 생물·생리의학) | • 보완대체의학·심신통합의학·자연의학·신의학·홀론의학 |
| | 치료치유 원리 | • 생물의학·정신의학 • 심신이원적 인과율 | • 홀론의학의 上向·下向 因果 (홀론·홀라키) 원리 |
| | 치료치유 주체 | • 의사(전문의) | • 치유자·치유대상자 |

뇌·몸心氣身 사이의 정신역학적·심리과학적·의식역학적·양자역학적 원리에 따른 상호작용·훈습·각인·변환 과정의 상즉상입·상의상관의 과정적 구조적 체계를 포괄적으로 의미하는 뜻으로 '기제機制'라고 옮기는 것이 타당할 것이다. 〈표 1-1〉은 이러한 기전과 기제의 차이를 학술적·과학적·전문적 의미로 명확하게 대비시켜 보여 주고 있다.

따라서 이 책에서는 기본적으로 치료기전과 치유기제를 〈표 1-1〉에서 보여 주듯이 다음과 같이 구분한다. 예컨대, 치료기전은 전문의에 의한 의학적 의료치료가 이루어지게 하는 생물의학적·생물리화학적·생리학적 치료 반응의 기계적·과정적 치료 반응 체계를 일컫는다. 반면에 치료치유기제는 정신의학/심리학/심리치료/심신치유학에서, 주로 심신의 스트레스기제, 부정적 방어기제, 병리장애기제 상태를 반전시켜 치료치유적 변화를 가져오게 하려는 개인(주체적 자기, 혼)의 의지·의도로 의식적·무의식적 자각의식에 의해 작용, 작동하는 정신·의식역학적, 정신심리과학적 의식 변화 과정에 의해 새로이 구조화된 인식·무의식의 치유대응 체계를 의미한다. 보다 치유원리적으로 말하자면, 치료치유기제에는 먼저 심인성 병리장애 상태나 반건강/아건강적 심신의 기능 저하 상태나 스트레스 상태로부터 온전한 건강의 회복을 위한 치료치유효과를 심신의 하향·상향 인과 원리에 의해 온수준에서 발현하게 하려는 개인의 인지자각적, 의도·의지·각성적, 성찰적 알아차림 자각의식이 필수적이다. 그래서 치유기제란 이러한 각성적 자각의식에 따라 정신적·심적·의식적 변화·변환 과정을 거치며 새로이 구조화된 치유대응의식 체계를 일컫는다.

일반적으로 몸의 치료기전은 전문의에 의해 환자의 의식·심리와 무관하게 의료적으로 이루어지고 있다. 하지만 심신의 치료치유기제 형성을 위해서는 반드시 전문가와 내담자/치유대상자 사이의 신뢰·소통·교감(라포, 수평적 치료치유동맹)이 중요하다. 이러한 치유자·내담자 사이의 신뢰 형성에 따라 현재의 스트레스기제, 병리기제와 관련된 모든 부정적 불건강한 인지·자각·의식·무의식 상태를 해체하여 치료치유 쪽으로 전환시키는 자각기제를 발현하게 하는 양쪽의 노력이 중요하다. 그러나 에고만 강화시키는 단순한 감각지각적 자각, 본능적 자각, 감정정서적 자각, 인지적 자각(알아차림)만으로는 안 된다. 최소한 의지적·각성적 자각, 성찰적 자각, 통찰적(마음챙김 알아차림) 자각에 의해 기존의 병리적, 부정적 의식·무의식을 전환·변화시키는 새로운 각성자각, 긍정적 의식·잠재의식 치유기제의 발현이 심신치료치유의 성패를 좌우하는 결정적 요인인 것이다.

다시 말해, 병리기제를 심화시키는 부정적 의식·심리·정신을 해체 반전시키는 치유기제의 발현 없이는 단순 힐링이 아닌 근본 치료치유는, 여러 원인들 중에 다음에 열거한 일부들만 보아도 지극히 어렵다는 사실을 알 수 있다.

- 비록 정도의 차이는 크지만, 일반적으로 (보통 인간은 거의 다 그렇지만) 내담자·치유대상자들의 자각의식의 인지적 무지, 즉 (존재적 자기의 주체인) 영혼과 의식·무의식의 원리와 뇌와 몸의 신경과학·생리학과 에너지(氣)·정보(識)의 법칙에 대한 무지가 근본 문제이다. 이로 인하여 (영의) 무지·무명, (혼의) 몽매·미혹에 빠져 있어서 자기 자신의 만성 습관병, 심신의 이상異狀 상태를 모르고 올바른 치료치유법도 모른 채 아건강/반건강 상태로 많은 사람이 고통과 불행 속에 살고 있다.

- 많은 경우, 오염된 생활 환경으로 인해 매스컴과 온라인의 과대 포장되고 획일적인 상업적 건강 정보에 홀려 제때에 올바른 치료치유를 받지 못하는 경우가 허다하다. 오히려 몸을 망치는 천연·가공 식자재나 운동·수기요법 등에 빠져들거나 건강염려증으로 인해 질병에 대한 불안, 주변 생활 환경의 위생 상태에 대한 스트레스성 과민 반응, 신경증적 강박성 건강 집착에 갇히는 경우가 많다. 게다가 각종 중독(물질, 행위, 감정, 의식 중독)은 그대로 방치해 두고서 좋다는 약과 식품만 찾는 경향도 적지 않다.

- 반대로, 의사나 의료적 치료, 약효에 대한 불신(노시보 효과)이나 적절한 심신치료치유의 필요성에 대한 부정도 병리장애기제를 심화시키는 요인이다.

- 이런 사람들은 대개 자신의 몸이나 마음의 질병이나 장애로 인해 혼이 위축되어 있어서 치료치유에 대해 비관적이거나 회의적이다.

- 때로는 인체와 생명의 자연치유력, 자기치유력, 항상성 회복 능력, 환경 적응 능력에 대한 무지로 인해 고통을 받는다. 또는 환경 오염과 미세먼지 등에 대한 지나친 건강염려증으로 인해 건강에 대한 병적 집착이나 청결습벽, 질병·죽음에

대한 두려움에 빠져 살기 쉽다.

- 마음의 병에는 무감각하면서도 몸에 이상이 있다는 강박으로 인해 질병·노화·죽음에 대한 두려움·공포증의 고통이 주는 삶을 혐오하고 회피하려는 경향이 있다. 때로는 부정적 관념에 사로잡히게 되거나, 심하면 망상·분열성 강박에 빠지기 쉽다.

- 자기의 정체성과 자존감을 상실하고 우울증, 강박, 분노조절장애, 신경증, 중독, 이상심리 등과 같은 장애적 심리·정신을 초래하는 혼의 위축과 혼병, 혼장애를 가진 사람들이 근본 문제다. 이들은 환원주의적 심신일원론의 자연의학, 통합의학, 생활습관의학, 심신상관의학에 따르는 일반적인 심신치유법들만으로는 일시적 힐링이 아닌 근본 치료치유를 기대하기 어렵다.

뒤에 알게 되겠지만, 결국 심신의 병리장애와 심신치유의 모든 원인과 결과는 개인의 정신(영·혼)·마음(心)·감정정서(정情)·본능 리비도(기氣)의 의식·무의식의 문제이다. 그리고 그 하향 인과로서 나타나는 에너지의학·양자파동의학적 근본 문제는 언급하지 않더라도 뇌·몸의 통합신경생리학적 문제가 기본 문제인 것이다. 그리고 더 깊이 들어가면, 위에서 언급했듯이 (근본적 생명 주체로서의 존재적 자기인) 영의 무지·무명과 이에 따른 (생명력 발현의 주체로서의 존재적 자기인) 혼의 몽매·미혹으로 인한 장애의 문제이다. 하지만 도입부에서 언급할 문제는 아니다. 『통합심신치유학: 실제』편에서 상술하고 있는 통합심신치유의 모든 좋은 치유법의 치유효과와 치유기제를 촉진, 촉발시키기 위해서도 치유과정에 적극적으로 통합적 치유기제에 대한 온전한 이해와 그 발현을 위한 바른 실행이 중요하다. 하지만 무엇보다도 내담자, 치유대상자에게 앞에서 언급한 심리·정신적 장애가 무시할 수 없을 정도로 있을 경우에는 반드시 단계적으로 통합치유기제를 발현시켜야 한다.

『통합심신치유학: 실제』편에서 이미 통합심신치유의 주요 치유 범주별 치유요법의 치유원리와 실제에 대해서 다루었기 때문에 당연히 이 책에서는 현재 온라인이나 도서관에 넘쳐 나고 있는 치유요법들의 치료치유원리나 요법들을 설명하거나 소개하는 것이 목적이 아니다. 그런 수백 가지 치료치유법 중에는 웬만한 보건건강 관련 치료/치유 관련 전문가들에게는 이미 널리 알려진 것들이 많다. 심지어 건강 관리에 관심이 있는 일반인들도 알고 있는 것이 많다. 하지만 무엇보다 이런 치유법들은 구글이나 포털의 정보로 쉽게 치료치유원리와 치료치유법을 검색할 수 있는 것이 많기 때문에, 치료·치유·건강 지식 정보의 획득이 문제되는 시대는 이미 지났다. 즉, 이제는 누구나 치료·치유·건강 정보는 쉽게 접근하고 획득할 수 있는 시대가 되었다.

그러나 문제는, 그런 수많은 치료치유법 중에는 편파적이거나 부분적으로 과대 포장된 것이 많거나 의식과학·인지과학적 치유기제의 발현과는 무관한 것이 많다는 데 있다. 그래서 그렇게 많은 치유요법을 지식 정보로서만 아무리 많이 알고 있어도 소용없다. 상응하는 치료치유기제를 제대로 알지 못하면, 단순히 치료요법만 알고서 획일적으로 적용시킨다고 해서 근본 치유가 되는 경우는 드물다. 때로는 운 좋게 자신에게 맞는 적절한 치료법을 만나게 되어 치유기제를 몰라도 어느 정도 치료치유가 될 수 있다. 하지만 대개는 치료요법만 알고서 적용시킨다고 해서 치료치유가 반드시 제대로 이루어지지는 않는다는 것이다. 설사 일시적인 치료치유효과가 있어도 강한 스트레스 환경에 다시 직면하거나 깊게 각인되어 경화된 의식·무의식의 병리장애가 있는 경우 병리장애 상태로 다시 환원되기 쉽다. 한마디로, 치유과정에 온전한 치유기제가 제대로 발현되어 지속적으로 작동하지 않으면 심신의 건강기제가 회복되는 상태로 전환되지 않는다는 것이다.

말하자면, 치유자는 내담자나 치유대상자로 하여금 치유자가 상담 회기나 교육에서 이끌어 주는 자신의 병리장애 특성과 자신에게 맞는 치유와 건강에 대한 명료한 앎과 온전한 치유요법의 지속적 실행 의지가 우선 중요하다. 이와 함께 치유기제에 의해 병리기제·병리 상태로의 퇴행적 회귀 탄성 복원력이 점차로 약화되면서 치유기제 소성변형 상태로의 점진적 변형 이행으로 인해 근본적 완화 징후가 보이는 어느 치유임계(회복역치) 상태에 도달하게 된다. 이 순간 병리기제의 부정적(악순환) 경로가 해체 반전되면서 긍정적(선순환) 경로의 치료·치유기제가 발현·작동하는 것이다. 하지만 개개인의 타고나고 성장 과정에 형성된 성명性命의 근기根器의 차이가 너무 크고 병리기제의 상태와 병리 저항·적응 능력도 개인별로 차이가 너무나 다양하다. 그래서 병리기제와 치료기제를 표준화하거나 객관적 기준으로 보편화하여 설명할 수 없다는 것은 자명하다.

하지만 무엇보다 병리 상태를 치유 상태로 해체·반전시키는 치유기제를 발현·작동시켜서 근본 치유효과가 나타나게 하는 것이 중요하다. 그렇게 하려면, 병리기제의 병리적 회귀 탄성 복원력을 약화시켜 치유소성 변형을 일으켜 치유변형 임계(회복역치) 한계 상태에 도달해야 한다. 무엇보다 임계 상태의 치유효과가 제대로 나타날 때까지 지속적인 치유의지와 (학습과 훈련에 의한) 치유적 삶의 정신과 긍정적 삶의 태도로의 의식의 점진적 변화는 치유기제 발현에 결정적으로 중요한 필요충분조건 중의 하나이다.

이와 같이 하여 기본적이고 일반적인 치유기제가 바르게 지속적으로 작동하게 되면, 점차로 호전 반응과 잔존 병리 반응이 반복되다가 어느 순간 어느 임계 시점에 이르게 되면 양자도약적으로 치유가 가속화되고 심신이 건강 상태로 전환된다. 즉, 항상성homeostasis 또는(신과학에서 프리고진의 비선형 소산구조의 비평형계의 요동에 의한 갈래치기 현상으로서 새로운 비선형 동역학적 평형계의 형성과 유사한) 이상성allostasis을 지속하는 치유탄성 복원력이 강화된 건강기제가 작동하게 된다. 그 이후 치유기제는 자기치유에 의해 점차적으로 영적 건강과 영적 성장을 가져오게 하는 고급 치유성장기제로 발전하게 된다.

한마디로, 이 책에서의 관심은 오로지 심신의 모든 수준의 병리장애에 대한 온전한 단계적 치유기제의 발현이다. 그러므로 여러 수준의 통합적·단계적 치유기제를 제대로 알고서 병리기제를 치료기제로 전환시키는 인지과학적·의식역학적·정신과학적 원리와 이를 실제 전문적 상담·치료·치유 과정과 자기치유에 적용하는 요결을 터득하게 하는 데 목적이 있다. 따라서 당연히 여기서는 이 책과 동반하는 통합심신치유학 3부작의 『통합심신치유학: 이론』 및 『통합심신치유학: 실제』편에서 전문적으로 다루고 있는 자연의학의 자연치유요법, 통합의학의 보완대체의학요법, 심신통합의학의 심신통합치료치유요법들을 소개하는 것이 목적이 아니다.

고로 여기서는 통합심신치유학, 뇌인지과학, 신과학, 신의학(에너지의학, 양자·파동의학)의 홀론의학적 치유원리만 간략하게 개관하면서 그와 관련된 전문적·단계적·통합적 치유기제의 원리와 실제 기법에 대해서만 고찰할 것이다. 설령 심신치유 관련 수많은 전문 강좌나 전문 서적을 통해 수백 가지 치료치유요법을 아무리 많이 알고 있다고 해도 소용없다. 그래서 치료치유기제를 제대로 알지 못하고 치유기제를 제대로 발현시키지 못하면 그런 치료치유법들이 단순 힐링이 아닌 지속적 근본 치유효과를 제대로 나타나게 하기는 어렵다는 사실을 알고 깨우치게 하는 데도 이 책의 목적을 두고 있다.

한마디로 말해, 의료적 시술이나 약물치료의 대상이 아니거나 그런 전문 의료적 치료법으로는 치료가 되지 않는 경우, 이를 보완대체하는 자연의학, 통합의학, 생활습관의학, 심신통합의학을 모두 통전적으로 통합하는 통합심신치유학적 치유요법들에 의한 치료치유의 관점에서 치유기제를 이해해야 한다. 그래서 치유기제는 다시 조작적으로 다음과 같이 정의할 수 있다.

"치유기제란 심신의 병리장애를 심화 고착시키는 상향·하향 인과의 악순환(병리장애기제) 고리를 선순환 고리로 반전시키고, 생명력 발현의 항상성·이상성의 회복을 위한 자연치유력, 자기재생 기능, (건강한) 자기방어기제를 활성화시켜 치유력을 회복하여 건강기제를 발현하려는 각성적·의지적·심적·정서적·인지행동적 자각(알아차림) 의식의 과정적 구조 체계 즉, 치유홀라키적 자각의식의 구조 체계이다."

무엇보다, 앞에서 강조한 것을 다시 요약하면 현재의 병리장애 상태와 그 기제를 반전시키는 치유기제를 발현·작동시켜 근본적 치료치유효과가 나타나게 해야 한다. 그렇게 하려면 병리기제로의 회귀 탄성 복원력을 약화시켜 치유소성 변형을 일으켜 치유효과의 기미가 보이는 치유변형 임계 한계 상태에 도달해야 치유기제가 제대로 발현·작동한다. 이렇게 될 때까지 지속적 일상 수행(실행, 학습, 훈련, 수련)에 의해 내담자의 치유의지와 각성적·긍정적 치유적 삶의 정신, 태도를 갖게 하는 것이 치유기제 발현의 필요충분조건이다. 이와 같이 치유와 함께 치유기제가 바르게 발현·작동하게 되면 점차로 호전 반응의 증가와 함께 병리 반응이 약화되다가 어느 시점에 치유역치의 임계 상태에 도달하게 된다. 이 순간 양자도약적으로 치유와 치유기제가 가속화되며 심신이 건강 상태로 전환되기 시작하면, 비로소 치유기제 쪽으로의 회복 탄성 복원력이 강화되면서 항상성/이상성을 회복하는 건강기제가 지속적으로 작동하게 된다.

# 통합심신치유와 치유기제

[그림 1-1]에서 보듯이, 심신치유를 온전하게 이해하려면 심신치유원리, 심신치유요법, 심신치유기제를 온전하게 알아야 한다. 통합심신치유의 이론과 실제에 대해서는 이 책에 동반하는 『통합심신치유학: 이론』편과 『통합심신치유학: 실제』편에 상술되어 있다. 독자들은 심신치유기제의 이해에 앞서, 먼저 통합심신치유학의 이론 및 실제에 대해 제대로 아는 것이 중요하다. 여기서는 심신치유기제와 관련된 통합심신치유의 원리에 대해서만 간략하게 소개할 것이다. (『통합심신치유학: 이론』편이나 『통합심신치유학: 실제』편을 읽은 독자는 이 부분을 건너뛰어도 좋다.)

통합심신치유란 『통합심신치유학: 이론』편의 서두에서 정의한 바와 같이 [그림 1-2]와 같이 나타내어 설명할 수 있다. 그러나 여기서는 이론 편과 실제 편에 기술되어 있는 [그림 1-2]의 통합심신치유학의 정의와 원리를 다시 설명하지는 않을 것이다. 하지만 통합심신치유는 이 장의 뒤쪽에 있는 〈표 1-2〉와 같은 생명홀라키로서의 인간의 몸과 마음(몸맘영BMS, 심기신, 몸기넋맘얼영BEEMSS)에 대한 심층과학적(온생명과학적·통합인간과학적·정신과학적) 이해를 바탕으로 다음과 같이 정의할 수 있다.

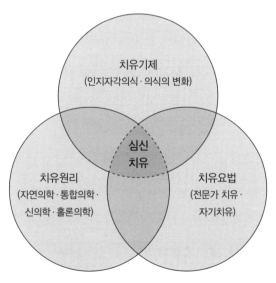

[그림 1-1] 심신치유의 세 요소

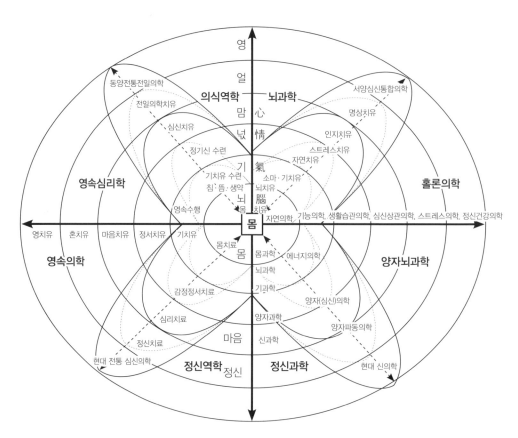

[그림 1-2] 통합심신치유학

- 내담자/치유(교육, 코칭, 지도)대상자 개개인의 생득적 근기(카르마), 유전적 기질·성격·체질을 고려한 현재의 심신의 의식·무의식의 병리장애 상태를 종합적으로 평가한 후,
- 현 상태에 적합한 단계적·AQAl 통합적·유위무위적 최적 심신치유법들을 통해 치유기제를 발현시켜서 어느 정도 열린 의식의 건강한 자아를 회복시킨 후,
- 궁극적으로는 자기치유를 할 수 있는 (마음챙김, MBSR, 통찰명상, 명상치유, 마음챙김 기반 ILP, 양자심신치유 등과 같은) 통합적 고급 심신치유의 적용을 통해,
- 근본적 자기치유 능력을 갖도록 치유하는 일체의 단계적 치유과정을 일컫는다.

통합심신치유에서는 통합심신치유학의 (홀라키적 건강·치유의학으로서의) 홀론의학적 통합치유원리에 따라 통합적·단계적으로 치유한다. 그러나 내담자·치유대상자에 대한 본격적인 치유에 앞서, 또는 병행하여, 먼저 고통받고 불행한 모든 치유대상자 개개인의 고통과 불행의 원인인 인지믿의 각인 오류와 무지를 일깨우는 방편으로서의 통합심신치유기제의 발현을 우선적으로 고려한다. 그렇게 하려면 우선 치유대상자의 근기와 현재의 병리장애 상태, 성격·기질을 고려해야 한다. 이에 따라 심신에 대한 예비 치유 단계와 함께 기본 치유 단계인 각인 인지 오류(오각인) 재인지믿 학습 단계를 거치며 치유기제 발현의 의지를 고취하도록 한다.

그런 다음, 일반 심신치유기제의 발현을 위한 심신치유요법들의 적용에 의해 위축된 혼(존재적 자기)의 건강한 자아를 확립하도록 치유한다. 이를 위해 치유자는 내담자로 하여금 자신에게 맞는 다양한 일반적 유위의 심신치유와 혼의 치유 훈련 단계를 통하여 자기치유를 위한 치유기제의 발현이 어느 정도 가능하도록 유도해야 한다. 특히 먼저 강건한 자기동일시와 올바른 삶의 의미를 아는 실존적 자기와 혼의 자기자애·각성 긍정, 자기정체성·자존감·자기효능감, 신념·용기를 우선 회복해야 한다. 그리하여 심신이 웬만큼 치유되고 의식이 열리게 되어 자기치유를 가능하게 하는 어느 정도 건강한 자기실현을 유도하는 것이 중요하다.

오늘날 자연치유요법/자연의학, 보완대체의학/통합의학, 심신통합의학/통합스트레스의학 등의 심신치유요법들은 전문가에 의한 치유이거나 자기치유이거나 간에 근본적으로 동일하다. 이러한 치유법들은 기본적으로 스트레스나 병리장애나 아건강/반건강 상태의 개인이 자기 스스로 치유하여 항상성을 회복하고 유지하는 자기방어기제, 자기치유력, 자연치유력을 발현하도록 유도하는 데 모두 치유의 근본 목적을 두고 있다. 하지만 이러한 자연의학적 치유나 보완대체의학적·심신통합의학적 심신통합치유들을 보면, 개인의 심신의 불건강/아건강 정도, 만성 생활습관병/대사증후군 상태, 개인의 기질·체질·성격 등에 따라 치유효과가 전혀 다르다. 단순하고 가벼운 상태인 경우 즉각 치유 반응하는 자신에게 맞는 보편적인 치유법도 적지 않다. 하지만 일반적으로 단순한 신체적인 병리나 단순 스트레스기제 과민 반응 장애인 경우가 아니면 쉽게 치유되지 않는다. 특히 복합적 심신의 병리기제가 작용하고 있고 심인성 병리장애가 심화 고착된 경우에는 특정한 의학의 특정한 치유요법, 치유기법이 잘 먹혀들지 않는다. 이러한 치유법들에 의한 치유는 일반적으로 약간 완화만 되었다가 (내인성)내적·(외인성)외적 현실 상황이 더 어려워지고 삶과 사회적 환경이 각종 스트레스를 유발하면 다시 원상태로 돌아가거나 오히려 더 악화되기 쉽다. 게다가 일부 전문가들의 자기경험에서 나온 주관적으로 편향된 치유법들은 서로 상반되거나 다양하고 부분적·파편적 시각에 치우친 것들이 너무 많다는 데 문제가 있다. 따라서 쉽게 치유기제가 발현·작동될 수 없다는 데 근본 문제가 있는 것이다.

더구나 자연의학, 자연치유 관련 도서의 대부분은 질병 종류별 자연치료제, 치료요법을 일반적이고 보편적인 기준에 따라 분류하여, 자연치유법, 자연치유 천연약제, 섭식/섭생, 해독, 보건양생법 등을 열거하고 설명하는 데 그치는 경향이 있다. 반면에 심신의 질병장애별로 그 상태, 정도, 체질, 기질, 성격 등을 고려한 통합적 치유원리 측면에서 보다 근본적인 심신치유원리에 의해 제대로 치유요법들을 설명한 이론이나 전문 서적은 찾아보기 어렵다.

원래 통합의학이란, 비록 아직은 서양이나 국내에서 온전한 의미로 정착되어 있지는 않지만, 심신의 분리된 부분 증상의 임상적·기계적 치료치유 위주의 서양의학과 전일적·전인적 치료치유 위주의 동양의학, 즉 동서의학의 장점을 상호 보완적으로 통합하는 의학을 추구하며 나온 의학이다. 현재 통합의학은 전통 동양의학과 현대 서양의학의 치료법들을 상보적으로 통합한 의학으로 인식되고 있다. 보다 넓게는 자연의학, 자연치유, 전일적·전인적 심신통합치유 위주의(실제로는 뇌·몸 중심의 환원주의적 심신일원론으로서) 심신상관의학, PNI적 통합스트레스의학, 의료적 치료 후 회복치유를 위한 생활습관의학(Life style Medicine) 심신통합치유학으로서의 통합적 치료치유의학들이 모두 일반적으로 통합의학이나 심신통합의학으로 일컬어지고 있다. 일반적이고 보편적인 의미의 통합의학은 서양의학의 한계를 보완하는 치유의학으로서 동양의 전통의학, 자연의학, 자연치유학 중에서 그 효능이 과학적으로 입증된 것들로 보완대체의학과 자연의학의 치료치유법들을 다 포괄하고 있다. 최근에는 아유르베다나 동의학의 허브·약초 요법, 민간 자연요법, 수기치료(도인술), 오감(색·성·향·미·촉) 물리적 에너지/오감 치유 요법, 침치료, 기치료, 보건양생의료기공/요가치료치유, 현대 신의학의 에너지테라피, 양자파동치유, 심령치유뿐 아니라, 현대 서양의 감정정서치료, 인지행동치료, 마음챙김 명상치료 중심의 통합심리치료도 점점 더 보편적으로 받아들이고 있다.

　하지만 자기치유가 아닌 치료치유의 주체는 의사, 상담심리치료사, 상담심신치유사, 보건/건강 전문가들이다. 하지만 심신치유사의 치료적 치유는 전문적 치유와 함께 개인의 자기치유 능력을 길러 주어야 한다. 그러나 치유를 받는 내담자·치유대상자 주체의 자각의식적 치유의지 없이는 치유기제로 발현되지 않아 제대로 근본 치유가 안 된다. 즉, 무슨 범주, 무슨 수준의 치유든 간에 아무리 치유원리가 과학적이고 치유법들이 치유원리에 부합하고 합리적이라 해도 다 마찬가지이다. 치유과정에 치유기제 발현을 위한 개인의 치유인지자각의식과 그 실행 의지, 치유의식 훈련이나 의식 수련이 없으면 치유기제가 제대로 형성되지 않는다. 그 이유는 대부분 자연치유나 심신통합치유에서 개개인의 성명근기의 차이나 병리장애의 차이를 고려하지 않고 획일적으로 치유하기 때문이다. 또는 치유과정에 개인의 의식·무의식의 병리장애를 해체 소멸시키는 인지 학습·의식 훈련·의식 수련 과정이 없기 때문이다. 물론 전통적이거나 공인된 거의 모든 치료치유요법은 치유대상자의 별다른 심인성 심신병리장애가 없는 경우, 심오한 치유원리와 통찰이 있어서 당연히 치유되는 사람들이 있을 수 있다. 하지만 많은 경우 획일적이고 파편적이고 과대 포장된 치유요법 위주의 치료라는 한계와 문제도 지니고 있음을 알아야 한다. 그래서 보통의 힐링이나 스트레스 해소 차원에서의 일반 치유요법들은 일시적 의식 상태의 변화이고 그 자체로도 매우 유익하다. 하지만 시간이 지나면 원래의 상태로 돌아가게 된다. 반면에 전문 치료적 치유는 상태의 변화와 함께 치유기제가 발현되면서 지속적 치유효과가 나타나게 된다. 그러므로 일반 힐링과 전문 치유·자기치유는 명확히 구분해야 한다.

　일반적으로 자연치유·자연의학치유와 심신통합의학치유의 치유원리는 근본적으로는 유사하다. 모두 다 심신이 하나라는 의식, 심신의 자연치유력, 자기치유력의 자각의식이 중요하다고 본다. 하지만 대체로 자연의학은 보완대체의학과 유사하게 주로 자연적으로 스스로 치유하게 하는 자연치유력을 강화하고 회복하게 하는 데 주력한다. 그래서 섭생, 양생, 해독, 색채, 소리, 소마, 접촉, 수기치료 등 신체/소마적 건강 회복 위주의 자연치유를 강조한다. 반면에 심신통합의학이나 통합스트레스의학치유는, PNEI적 심리·신경·내분비·면역학적 반응기제를 강조하며, 자연치유법들 외에

통합심신치유와 치유기제

27

인지행동치료, 감정정서치료 등 심리치료를 포함하여 마음, 의식, 자각을 치유의 주요 인자로 중시한다. 이 책에서 강조하는 통합심신치유학적 통합심신치유는 기본적으로 자연의학과 심신통합의학의 심신통합치유도 중시한다. 그러나 보다 근본적인 치료적 치유를 위해서는 AQAL 통합적 심신치유, 신의학(에너지의학, 양자·파동 의학) 그리고 양자의식 기반 양자심신치유를 포함하는 통전적·통섭적 통합치유를 더 중요시한다. 더 나아가 이 모든 통합적 치유의학들의 유위·무위 통합심신치유를 모두 포괄하는 역동적 통합심신치유학을 지향하는 홀론의학적 통합치유와 치유기제의 발현을 가장 중요한 치유과정으로 본다.

홀론의학적 통합치유의 근본 원리는 단순하다. 모든 심신의 병리장애는 보통 사람은 누구나 정도의 차이는 크지만 성장 과정에 형성된 무의식의 어두운 그림자(카르마, 억압무의식의 병적 방어기제, 콤플렉스, 트라우마, 이상심리 등)로 인해 생긴다. 즉, 유전적 결함 요인, 외적 질병 환경 요인, 독성 유해물질로 인한 신체적 질병을 제외한 대부분의 만성 생활습관병/대사증후군이나 질병은 스트레스의 누적이나 번아웃으로 인한 심신의 피로, 병리장애적 성정과 억압된 그림자 무의식이 근본 원인이다. 근본 치유는 하향 인과의 작용인作用因으로서의 정신, 마음, 감정정서, 리비도 본능, 인지의식의 문제이다. 따라서 치유와 치유기제는 치유대상자에게 맞는 적절한 치유요법과 함께, 이러한 병리장애적 정신, 마음, 감정, 본능, 인지의식을 선순환 경로로 전환하려는 강한 의지력에서 나온 인지자각 훈련(학습, 앎), 자기자애 훈련, 각성 긍정의식 훈련, 혼유 훈련, 메타자각·마음챙김 의식 수련을 통해 단계적으로 형성·발현되어야 하는 것이다.

대체로 보면 일반적으로 몸의 질병이나 만성 생활습관병 치료를 위해 상담사, 심리치료사, 심신치유사, 코치를 찾아오지는 않는다(이런 질병도 근본적으로는 스트레스나 심인성 병리장애가 원인인 경우가 많지만 서양보건의학적으로는 신체적 문제로만 치료하고 있는 것이 현실이다). 하지만 심인성 심신의 병, 심병으로 인해 심신의 병리장애가 있을 때 심신치유, 마음치유, 스트레스치유, 우울, 강박, 분노화 조절장애, 중독 등의 치유를 위해 상담치료·치유사, 치유 전문가들을 찾아온다. 마음이 원인이 된 심신병리장애의 치유문제, 즉 정신, 마음, 감정정서, 이상심리, 중독 문제 등의 상담치료·치유를 받기 위해 오는 것이다. 그러나 하향 인과의 이와 같은 심인성 심리치료·치유, 심신치유요법만으로는 일시적 힐링이 아닌 근본 치료치유는 어렵다. 무엇보다 문제는 치유기제가 발현되지 않고서는 근본적으로 치유되지 않는다는 것이다. 물론 의료적 치료 후나 포기한 암이나 불치병의 치료치유나 회복치유를 위해 건강관리사나 상담치유사를 찾아오지만, 이때도 중심은 정신, 마음, 감정정서의 치유가 우선이고, 이를 위해 강력한 치유기제의 발현이 중심 과제이다

## 통합심신치유기제

그렇다면 모든 통합적 심신치유의학의 치유원리와 치유기제는 어떻게 연관되고 어떻게 이해해야 하는가?

이를테면, 자연치유의 원리는 마음치유보다는 주로 인체가 병리장애, 반건강/아건강 상태에서 벗어나 생명유기체로서 항상성(즉, 유기체의 질서를 유지하며 낮은 엔트로피를 유지하는 속성)을 지속하기 위해 자발적 자연치유력, 자기치유력을 발현하도록 유도하는 데 있다. 이를테면, 섭식, 해독, 양생, 운동, 소마 등 몸의 치유력과 치유기제를 발현하여 몸을 건강 상태로 전환하면서 상향 인과 원리에 의해 감정정서의 안정과 마음의 스트레스도 해소할 수 있다는 것이 핵심 원리이다. 그러나 이러한 치유원리에 따른 자연치유법들에 의해 스트레스, 병리장애, 아건강/반건강 상태를 치유 상태로 전환하게 하는 치유기제는 쉽게 그냥 발현되지 않는다. 온전한 자연치유에 대한 올바른 정보(지식, 앎)와 이에 따른 심신의 병리장애 상태—생활습관병, 물질·행위·의식 중독 상태, 특정 심기신心氣身 기능의 병리장애 상태, 아건강의 취약한 신체 상태 등—에 대한 자각을 통해 자신의 체질·기질·성격에 맞는 올바른 심신치유법에 대한 인식과 함께 지속적 자연치유의 실행 의지가 임계점에 도달해야 기본 치유기제가 발현한다.

앞에서 언급한 바와 같이 자연치유요법/자연의학, 보완대체의학/통합의학, 심신통합의학/심신상관의학들에서 심신의 자연치유력, 자기치유력을 강화하여 온건강의 항상성을 회복시키는 치유법들의 근본 치유원리는 유사하다. 하지만 이러한 각 치유법들은 개인의 아건강/불건강한 상태의 정도, 생활습관병 상태, 선천·후천의 성명근기

등에 따라 치유효과가 다르기 마련이다. 즉각 치유 반응하는 보편적인 치유요법들도 있지만, 전문가들의 자기경험 위주의 주관적으로 편향된(부분적 시각, 파편적 시각에 치우친) 치유법이 너무 많다는 데 문제가 있다. 따라서 내담자·치유대상자의 심신의 복합적 병리장애 상태, 기질·개성에 맞는 치유원리를 모르고 편향된 치유법을 잘못 선택하여 치유하려 들면, 쉽게 치유효과가 나타나지 않고 치유기제가 발현·작동될 수 없다는 것은 자명한 사실이다.

결론부터 먼저 얘기하자면, 모든 예비·기본·일반·고급 치유기제는 일반적으로 복합병리장애기제를 해체 반전시키는 여러 수준에서의 자각·각성 의식기제의 발현이 핵심이다. 그러므로 치유자는 먼저 개인의 병리장애별로 적합한 치료치유원리와 치료치유요법을 잘 알아야 한다. 그리하여 치유대상자의 현재의 병리장애 상태를 제대로 진단평가하고서 최적의 통합치유요법들의 적용과 함께 상응하는 온전한 정신적(혼적)·심적·정서적·기(생명 에너지)적·(뇌)인지적 치유기제의 발현을 유도해야 한다. 이러한 주요 의식·에너지 치유기제가 어느 정도 발현되려면, 심신상관 원리, 혼심뇌상관 원리, 통합생리학 원리를 알아야 한다. 뇌와 몸은 생체 분자, 세포 수준에서는 심리신경내분비면역학PNEI적 반응기제를 따른다는 사실도 알아야 한다. 그렇게 되면, 하향·상향 인과 치유원리에 따라 의식·에너지 치유기제와 신체의 치료치유기전이 일체적으로 발현·작동하는 원리를 알게 된다. 보다 근본적인 수준에서는 신의학(에너지의학, 양자·파동 의학)적 치유원리와 그 기제·기전을 따르기 때문에 이에 대해서도 어느 정도는 알아야 한다. 이런 심신치유 전문가는 통합의학적·홀론의학적 치료치유원리와 통합적 치유기제의 발현 원리를 알고서 단계적 통합심신치유를 할 수 있다.

먼저, 치유 전문가로서 치유자 스스로 치유기제의 형성·발현 원리에 대해 명확히 알아야 한다. 심신의 병리장애와 그 치료치유원리 그리고 내담자·치유대상자 자신의 현재의 심신의 병리장애나 건간 상실 원인이 자기 자신과 병·건강에 대한 무지·무명에서 비롯된 것임을 먼저 깨닫게 하고 치유에 대한 강한 의지를 갖게 해야 한다. 그러고 나서 이를 인지적으로 명확하게 자각하고(알고), 먼저 건강과 치유에 대해 올바르게 인지하는 기본기제의 발현을 위한 인지자각 학습(배워 익히는) 단계를 거쳐야 한다. 이어서 일반 치유기제의 발현을 위한 자각의식 훈련 단계, 고급기제의 발현을 위한 자각의식 수련 단계를 단계적으로 거치게 된다. 하지만 무엇보다 치유요법의 본격적인 적용 전에 우선 내담자 자신의 자기의 삶과 건강에 대한 무지를 인지적으로 깨우치게 하는 것이 가장 중요하다. 온전한 건강과 치유에 대한 강한 의지와 함께 올바른 인지자각 학습과 (주로 각성 긍정 마인드와 혼의 치유를 위한) 의식 훈련을 예비·기본 준비 단계에서 치유대상자의 근기에 맞게 시켜야 한다. 그러면서 치유 실행 단계에 적절한 치료치유요법으로 본격적으로 치유해야 비로소 치유기제가 형성·발현되면서 일시적 단순 힐링이 아닌 지속적 치유효과가 나타게 된다. 이와 같이 단계적으로 치유기제를 위한 치유기법과 치유요법의 적용을 심화시켜 나가면서 자기와 치유에 대한 올바른 인지적 앎으로, 관념적 인식을 넘어 각성적 자각·의식화·체화하는 데 이르게 해야 한다. 이렇게 되면 치유요법의 치유효과가 극대화되면서 의식의 변화·변용과 함께 온전한 건강기제가 비로소 발현·작동하게 된다.

따라서 치유 전문가 수준에서 이러한 엄격한 의미에서의 통합적 심신치유기제를 제대로 알기 위해서는, 먼저 통합심신치유의 이론 및 실제에 관해 『통합심신치유학』에서 상술하는 전통 지혜와 현대 발달심리학, 현대과학을 상보적으로 통합하는 통합심신치유의 원리와 실제에 대해 알아야 한다. 그리고 현재 서양의 뇌신경과학·인지과학과 통합신경생리학, 심리신경 내분비 면역학PNEI에서는 설명하지 못하고 있는 이러한 심층 치유원리들에 따라 어떤 치료치유기제가 어떻게 발현하는지를 알아야 한다. 더 나아가 신의학(에너지의학, 양자·파동 의학)의 원리에 따라 어떻게 몸·맘·얼·영BMSS의 다차원 생명장의 에너지(氣)와 정보(識: 의식, 무의식, 지능, 지각, 자각, 판단, 분별 능력 등)가 뇌와 신체의 분자·세포·조직·기관·기관 계통·유기체 수준에서 상의상관적으로 상호작용하는가를 아는 것도 중요하다. 뿐만 아니라 〈표 1-2〉와 같이 더 상위의 기체氣体(생명원기 에너지체)·백체魄体(감정체)·심체·혼체·영체 수준에서 어떻게 상의상관적으로 교란 상태로 되는가, 그리고 어떻게 조율·동조·합일 3A(Atunement·Atonement·At-one-ment)조화 상태로 전환되는 조건이 형성되는가에 대해서도 기초 원리 정도는 알아야 한다. 또한 이에 따라서 홀론의학적으로 상향·하향의 악순환·선순환 인과에 따르는 심신의 병리장애기제나 치유기제가 어떻게 점

〈표 1-2〉 인간 존재와 의식에 대한 전통지혜와 현대 심리학과 정신과학의 상응성 비교도

| 人間 | 홀라키 구조 (내적) | 홀라키 구조 (외적) | 氣學 | 차크라(단전) | 불교(유식) | 힌두교(베단타) | 자아초월 심리학 | 정신물리학(양자파동장이론) | 발달심리학(자기) | 양자장역학(수정본 양상론) |
|---|---|---|---|---|---|---|---|---|---|---|
| 自性 | 自性識 | - | 一氣 | 아트만 (푸루샤) | 一心 (9識, 자성식) | 투리야 (Turia) | 비이원 (Nondual) | 우주심 | 기저의식 | DMF (활성정보) |
| 靈 | 靈識 | 靈腦 (SF₂뇌) | 靈氣 | 사하스라라 (백회) | 8識 (識) | 지복의 몸 (Ananda-maya-kosa) | 원인계 (causal) | causal (spirit) | 영적 자기 | 영체 중앙자장 (원인체 중앙자장) |
| 魂 | 魂識 | 魂腦 (SF₁뇌) | 魂氣 | 아즈나 (상단전:인당) | 7識 (行) | 이성의 몸 (Vijnana-maya-kosa) | 정묘체 (subtle) | subtle | 혼적 자기 (심혼/심혼 자기) | 혼체 중앙자장 (정묘체 중앙자장) |
| 心 | 心識 | 心腦 (대뇌신피질) | 心氣 | 비슈다(염전) 아나하타 (중단전:전중) | 6識 (想) | 의식의 몸 (mano-maya-kosa) | 심체 (mental) | Mental (H.Astral) | 심적 자기 | 심체 중앙자장 (상위아스트랄체 중앙자장) |
| 情(魄) | 情識 | 情(魄)腦 (대뇌변연계) | 魄氣 | 마나푸라 (태극:신궐) | 전5識 (受) | ~ (하위의식의 몸) | 감정체 (emotional) | L Astral (Emotional) | 감정적 자기 | 감정체 중앙자장 (하위아스트랄체 중앙자장) |
| 氣 | 氣識 | 氣腦 (뇌간) | 元氣 | 스바디스타나 (하단전:기해, 석문·관원) | ~ (욕慾) | 생기의 몸 (prana-maya-kosa) | 생명 에너지체 (life energy) | Ether (Vital life energy) | 충동 본능적 자기 (리비도) | 생명체 중앙자장 (공간간, 에테르체 중앙자장) |
| 身 | 身識 | 身腦 (운동·생리뇌) | 精氣 | 물라다라 (회음) | 四大/五根 (粗大色) | 육신의 몸 (Anna-maya-kosa) | 물질신체 (physical) | Physical | 신체적 자기 | 신체 양자장 (물질양자장) |

점 더 악화되거나 점점 더 치유되는가에 대해서 원리 정도는 알아야 한다. 그리고 이러한 병리장애 상태나 치유 상태가 어떻게 고착 · 강화 · 경화 · 중독 · 교란 상태로 더욱 심화되거나 어떻게 상의 · 상자 · 상생의 조화 상태로 전환되는가에 대해서도 아는 것이 필요하다.

앞에서 언급한 치유기제의 조작적 정의를 다시 통합적으로 요약하면, 통합치유기제란 심신의 병리장애를 심화시키는 상향 · 하향 인과의 병리적 악순환 경로가 아닌 치유의 선순환 과정으로의 전환에 의해 자연치유력, 자기치유력을 발현하려는—통합적 치유자각의식에 의해 통합심신치유력을 발현하려는—정신적 · 심적 · 기氣적 에너지와 의식 · 무의식의 구조적 변화 과정에서 새로이 구성된 각성적 자각의식의 대응 작동 체계라고 말할 수 있다.

이와 같은 통합심신치유기제의 발현을 위한 조건 중에 일부 주요한 필요 · 충분 조건은 다음과 같이 요약할 수 있다.

## 치유기제 발현의 필요 · 충분 조건

- 심신치유기제의 필요 · 충분 조건이 형성되어야 치유기제가 발현한다는 원리를 제대로 알아야 한다. 그러려면 무엇이 치유기제의 필요조건이고 충분조건인지를 알아야 한다.
- 심신치유기제 발현의 기본 필요조건은, 먼저 내담자 · 치유대상자로 하여금 자기 자신에 대한 인지적 무지무명에서 벗어나게 하는 각성 · 자각 훈련이다.
- 그리고 치유자는, 내담자의 심신의 병리장애와 불건강 상태에 대한 온전한 진단 평가에 따른, 치유원리의 정확한 인지자각(앎)에 의한 올바른 판단과 온전한 치료요법의 숙지와 기질 · 개성에 맞는 치료법을 선택해야 한다.
- 반면에 기본 충분조건은 온전한 건강(온건강)의식과 긍정적 · 확신적 의지와 신념으로 건강을 파괴하거나 악화시키지 않는 생활 태도로의 각성적 전환과 기본 치유기제의 지속적 실천 의지이다.

- 심신치유기제는 이러한 기본 필요·충분 조건이 병리장애, 불건강 상태를 점차적으로, 양자도약적으로 호전시키는 선순환 자각의식기제가 임계 한계 상태(항상성 회복역치)에 이르면 발현된다.
- 이를테면, 자연의학·자연치유의 치유기제 발현의 필요·충분 조건은 몸의 자연치유력이 발현되어 몸 스스로 치유되게 하는 인지적 각성자각에 의한 실천이다. 그리고 그에 합일하는 몸과 기질·체질에 맞는 자연치유법(섭생, 양생, 오감치료, 에너지치료, 감정정서치료, 운동, 수기, 기공/요가 등)을 실천하는 의지와 마음가짐, 알아차림 자각의식의 지속적 유지이다.
- 결국 통합치유기제 발현의 필요·충분 조건은 온전한 통합치유정보의 실천 의지와 각성 긍정 마인드 훈련(기유氣癒·백유魄癒·심유心癒)과 혼 되살리기 치유(각성적 혼유魂癒)와 통찰적 메타자각의식(깨어 있는 영적 자각)의 지속적 유지 수련이다.
- 이런 통합치유기제의 발현 조건이 실현되는 임계점에 도달하면 (건강한 자기자애, 자존감을 되찾은) 혼魂이─혼뇌와 심신에 의해 쉽게 번아웃되거나 과민성 스트레스 상태에 빠지거나 만성 생활습관병이나 무의식의 억압병리장애에 시달리거나 갇힌─이전의 상태로부터 점차로 벗어나기 시작하게 된다.

## 통합치유기제 발현의 주요 지침

치료치유기제는 어떤 범주나 수준의 치료치유법이든지 간에 각 치료치유요법에 따른─인체 뇌신경과학, 분자생물학, 생리학, 생체전자기학, 양자물리·화학, 기과학, 심리과학, 정신·의식역학, 자연의학, 통합심신치유학, 신의학(에너지의학, 양자파동의학) 등의─해당 각 과학/의학적 치료기전·치유기제 원리를 망라한다. 크게 나누어 보면, 치료치유기제는 ① 생체 전기·자기, 생체 분자·세포 수준의 에너지·정보 전달 다중 회로 체계의 물질적, 생물리·화학적, 뇌신경과학적, 신경생리학적 치료치유기전, ② 심신통합의학, 통합심신치유학 등의 전일적 통합심신상관의학적 치유기제, ③ 심기신心氣身, 〈표 1-2〉와 같은 BEEMSS(몸기정맘얼영)의 각 의식 수준의 인지과학·

인지심리학, 심층 의식역학적 치유기제, 그리고 ④ 양자파동의학·양자치유학(양자의식·양자자기의 자각·메타자각의식)적 양자치유기제의 네 가지 범주로 구분하여 다룰 수 있다.

이 책에서는 이러한 각 수준과 범주의 과학·심리학·의학의 치료·치유 기전·기재 이론에 대해서는 다루지 않고, 다만 관련 학문의 치유기제 관련 기본 핵심 원리와 패러다임만 언급할 것이다. 결론적으로, 치유자는 통합심신 치유기제의 발현의 이해를 위해 필요한 다음과 같은 몇 가지 원리에 유의해야 한다.

- 모든 수준의 치유기제는 각 수준의 에너지기제와 의식 정보기제 양면의 홀라키(포월체)로서 통합적·상의상관적 치유기제로 다루어야 한다(상향 인과, 하향 인과 홀라키적 치유기제).
- 치유기제는 치유대상자의 복합적 병리장애 상태, 선천·후천의 성명性命의 근기에 따라 단계적·수준적으로 발현한다.
- 통합심신치유기제는 통합적 인지자각 학습과 그 실행 의지에 의한 예비·기본 치유기제 단계, 통합적 자각의식 훈련에 의한 일반 치유기제 단계, 통합적 마음챙김자각의식 수련에 기반한 고급 치유기제 단계의 세 단계로 구분 할 수 있다.
- 부정적 의식·무의식에 대한 고급 치유기제 수준은 아니지만, 일반 치유기제의 발현에 도움을 주는 삶은 깨어 있지는 않아도 일이나 관계나 소통이나 사소한 일상 취미나 휴식에도 무심의 몰입, 열정, 즐김, 자기신뢰, 자기확신, 각성적 자기긍정을 실천하는 건강한 자아(혼)를 되살리는 삶이다.
- 온전한 치료치유원리에서 온전한 치료치유요법이 나오고, 온전한 치료치유요법에서 온전한 치료치유기제가 나온다.
- 이 책에서는 통합심신치유학 3부작 중 이 책에 선행하는 『통합심신치유학: 이론』편과 『실제』편의 온전한 통합심신치유원리와 실제에 따른 통합적 온전한 기본·일반·고급 심신치유기제를 단계적으로 다룬다.
- 인간의 심신(BMS, BEEMSS)은 단순히 연결되어 있거나(3차원 공간·4차원 시공간적으로 뇌·신체와) 차원이 동일한(뇌과학·신경생리학적으로 환원시킨) 일원일체一元一

體가 아닌 다차원의 일체—體, 즉 다원일체이다. 즉, 모든 존재자가 전개자全個者/포월자(홀론holon)이며 전개체全個体/포월체(홀라키holarchy)이다. 따라서 인간에 대한 이러한 삼원일체三元—體의 심층과학적 원리를 알아야 통합심신치유학의 홀론의 학적 속성과 이에 따른 통합심신치유기제, 심신통합적 유위·무위 치유기제를 제대로 이해할 수 있다.

• 모든 심신치유가 상향·하향 인과의 치유홀라키 체계이듯이, 마찬가지로 치유기제도 하위의 치유기제를 초월하며 포함하고 작인(의도적·의지적·자율적 지배, 통제, 관리, 조절)하며 하위의 기제에 의존하는 상향·하향 인과의 홀라키 체계이다.

통합심신치유학 • 치유기제

## 제 2 장

# 기본 심신치유기제

통합심신치유학 [치유기제] 편

# 들어가는 말

치유자들이 심신치유기제, 즉 심신의 치유 메커니즘의 작동 발현 원리를 온전하게 이해하고 그 실제를 치유현장에서 제대로 적용하려면 이 책에 동반하여 3부작으로 집필한 『통합심신치유학: 이론』편과 『실제』편에 상술되어 있는 통합심신치유의 이론과 실제에 대해 먼저 이해하는 것이 필요하다. 치유자들이 치유기제를 온전하게 이해하고 치유현장에서 치유대상자에게 발현하도록 하려면 치유기제 관련 이론과 실제의 원리들을 온전하게 알아야 하기 때문이다. 이를테면, '통합심신치유학'에 따른 인간과 그 온생명의 정신과학적 원리, 환원주의적이 아닌 (심층) 뇌인지과학 원리, 자연의학적 (심층) 온생명의 자기복원력·항상성 유지 원리, 온생명의 주체인 참나와 영의 생명 파동 원리, 혼(혼과 뇌)의 홀라키적 생명력 발현 원리, 외적 홀라키로서 인지 생성 변환 체인 (양자) 뇌의 인지 원리 등을 제대로 알아야 한다.

요컨대, 먼저 몸과 마음(몸맘영, 몸기넋맘얼영)의 온생명의 원리에 대한—전일적·홀라키적 생명 인식, 현대 생명과학·통합인간과학적 원리, 전통지혜의 음양오행·음양삼극·오운육기의 치유과학적 원리, 정기신精氣神 치유 수련의 정신과학적 원리 그리고 현대의 뇌인지과학, 신과학, 신경정신의학, 나선동역학, 통합생리학, 통합의학(보완대체의학), 신의학(에너지의학·양자파동의학) 등 홀론치유의학의 기본 개념과 치유원리에 대한—온전한 이해가 선행되어야 한다. 이에 따른 홀라키적 몸맘얼영BMSS의 여러 수준·분면·상태·계통에 대한 켄 윌버의 AQAL 통합적 현대 통합심신치유, 유위무위 통합양자심신치유의 원리와 실제도 제대로 이해해야 할 필요가 있다.

그러나 이 장에서는 먼저 심신치유기제와 관련된 심신의 병리와 치유의 자연의학·통합의학적 기초 원리에 대한—웬만한 심신치유자는 다 아는 상식을 바탕으로 내담자/치유(교육, 코칭, 지도) 대상자의 기본적 인지 학습과 관련되는—기본 심신치유기제의 이해에 필요한 내용만 개략적으로 언급할 것이다. 즉, 『통합심신치유학: 이론』편 제3장에 상술되어 있는 전통 한의학/동의학의 정기신精氣神/심기신心氣神/성명정性命精의 전일적 자연치유원리에 상응하는 자연의학적 자연치유의 기본 원리와 뇌인지과학적 인지(밈) 학습 원리만 간략하게 고찰하고 나서, 기본 심신치유기제 발현의 원리와 현장치유요결에 대해 알아볼 것이다.

중의학, 동의학, 아유르베다 등 동양의 전통의학은 누구나 알듯이 전일의학/전인의학이다. 뿐만 아니라 전통지혜의 서양의학도 원래는 히포크라테스가 "자연이야말로 병을 치료하는 의사다."라고 말했듯이, 모두 심신의 '자연치유력'을 회복하며 병을 치료하는 전일의학holistic medicine이며 자연의학이었다. 한마디로, 자연치유력이란 모든 생명체는 생명을 유지하고 생명력을 발현하려는, 즉 생명의 '항상성homeostasis'을 회복하고 유지하려는 본성이 있기 때문에 가능하다고 보았다. 다시 말해, 모든 생명은 생체의 분자·세포·조직·기관·유기체 수준에서 '질서'를 유지하려고 하는 항상성이 있다. 이와 같이 부의 엔트로피를 최적 수준에서 항상성을 갖고 가급적 낮게 유지하려는 본성이 있기 때문에 자연치유력이 가능한 것이다. 신생물학적으로 말하자면, 자연치유력을 가능하게 하는 기능은 생명의 자연생명력 발현에 자동창출/자기조절autopoiesis 기능이 있기 때문에 가능하다.

무엇보다 대부분의 사람은 타고난 근기, 기질·체질과 삶의 환경과 조건에 따라 심신의 병리장애나 건강 상태에 정도의 차이가 심하다. 여하튼 대체로 누구나 몸의 아건강/반건강의 만성 생활습관병만이 아니라 부정적인 심리적 의식·무의식으로 인해 다양한 정신·심리적 발달장애와 이에 따른 심신의 취약한 부분이나 질병이 있기 마련이다. 이와 같이 대체로 보통 사람들은 몸이나 심신의 온전한 온건강 상태의 건강기제가 제대로 작동하지 못하고 있다. 그렇지만 심신의 자연치유력, 자기치유력으로 인한 치유기제 균형추의 작동으로 인해 그나마 아건강/반건강 상태에 머물고 있는 것이다.

이와 같은 인체의 자연치유력의 원리는 일반적으로 (〈표 1-2〉와 같이 몸·기·정·맘·얼·영BEEMSS 일체로 이루어진) 인간의 존재적 주체(영혼, 심혼psyche의 실존적 자기) 스스로 인체의 항상성을 회복하는 능력을 지니고 있다. 그러므로 심층 온생명과학적으로는 생명 주체의 작용인agency으로 인해 생명체의 자기치유력의 강화, 항산화 능력의 증가, 재생 능력의 증가, 면역력의 증가, 유기체의 생명기능의 활성화가 가능하다고 설명한다. 그러나 자연의학에서는 이러한 근본 원리를 그냥 생명이, '자연'이 '스스로' 그러한 능력을 가졌다거나, 신생물학적으로는 자동창출, 자기재생, 형태형성장 등의 개념이나, 슈레딩거가 정의한 생명의 '부의 엔트로피'를 최소화하려는 '자연본성'으로 설명하고 있다. 하지만 대부분 인간 존재의 생명의 현상계를 넘어 심층적, 다차원적 실상 정묘계·원인계의 본성을 모르는 학자들이다 보니 모두 '자연'이 스스로 그리한다고 설명할 수밖에 없는 것이다.

그러므로 자연의학의 이러한 자연치유의 근본 원리는 생명의 영적 본성에 대한 근본 원리를 알아야 온전한 이해가 가능하다. 하지만 이 책에서는 생명의 존재적 주체로서의 참나, 영혼에 대해서는 별도로 다루지 않는다. 대신 이 책에 동반하는 『통합심신치유학: 이론』편에서는 어느 정도 상세하게 다루고 있다. 나아가 『이론』편에는 동의학의 전일적 치유원리, 신의학(에너지의학, 양자파동의학)의 양자원리 그리고 온건강과 관련된 온생명, 온생명장의 원리에 대해서도 신과학적·정신과학적으로 비교적 상세하게 고찰하고 있다.

몸과 마음의 자연의학적 치유와 치유기제 발현의 기본 원리는 단순하다. 인체에는 그릇된 생활습관이나 심신의 건강 관리에 대한 무지로 인한 독소, 과로, 스트레스에서 벗어나게 하려는 소위 자연치유력이라고 일컫는 생명력 발현과 항상성을 회복 유지하려는(생명 주체인 영혼의 작용인) 본성이 있다. 이를테면, 신체 내 생체 분자, 세포, 조직, 기관의 기능 이상을 설사, 감기, 열중, 독성 물질 배출 등에 의해 정상 상태로 돌리려 하는 생명 주체의 자동창출 본성이 있는 것이다. 이와 같이 인체는 (생명력 발현 주체에 의한) 자기치유력·자기회복력·재생기제를 갖고 있어서, 당연히 심각한 병리장애 상태에 가서야 유위·무위의 자연치유적·의료적 치료를 하기보다는 가벼운 장애 상태에서의 자기치유를 목표로 해야 쉽게 치유할 수 있다.

일반적으로 널리 알려진 다양한 범주의 자연의학적 주요 자연치료치유법, 통합의학(보완대체의학)적 치료치유법에 대해서는 『통합심신치유학: 실제』편 2부에서 상세하게 다루고 있다. 널리 알려진 전형적인 치유법으로는 『실제』편 1부에서 저자가 제안하는 유위·무위 통합심신치유 프로그램 모듈을 [그림 2–1]에서 보여 주는 몸 치유·기(에너지)치유·감정치유·마음(심리)치유·혼유·영적 치유 그리고 그 외에도 뇌과학·신경생리학 관련 치유, 문화적 치유, 가족치유, 사회적 치유 등의 AQAL적 유

```
                          유위무위 통합심신치유

          핵심 통합치유모듈                          부가 통합치유모듈
```

| 몸치유 | 기·에너지 치유 | 감정치유 | 마음치유 | 혼치유 | 영 수련 |
|---|---|---|---|---|---|
| **유위** | **유위** | **유위** | **유위** | **유위** | **유위** |
| • 헬스·스포츠<br>• 에어로빅<br>• 다이어트<br>• **춤동작치유**<br>• 각종 도인술<br>• **기능의학치유**<br>⋮ | • **이완·방송·관기법**<br>• **양생도인기공**<br>• 무술기공<br>• 기치료<br>• **수면요가치유**<br>• **하타요가치유**<br>⋮ | • 미술·음악·예술<br>　치료<br>• 댄스치료<br>• 웃음치료<br>• EFT<br>• 자애명상<br>• **향기테라피**<br>• **오감치유** | • 마음공부<br>• AQAL 알아차림<br>• 양자원리양자의식<br>• 독서모임 참여<br>• 기존 상담심리치유<br>• **에니어그램 자기치유**<br>• **인지행동치료**<br>• 인문치유 | • 신명 살리기<br>• 극기 훈련<br>• 의지력 개발 훈련<br>• 각성 긍정 확언<br>• 혼기 강화 훈련<br>• 각성 만트라치유<br>• 거울명상치유 | • 탈동일시 주시 훈련<br>• 카르마 해체<br>• 영적 독서<br>• 기도·염불·주력<br>• 독경·간경<br>• 헌신봉사·보시<br>　실천<br>⋮ |

| 무위 | 무위 | 무위 | 무위 | 무위 | 무위 |
|---|---|---|---|---|---|
| • 기공·요가 체조<br>• 소마운동<br>• 무술 수련<br>• **식사명상치유**<br>• **웰든크라이스치유** | • **하단전의수**<br>• **알아차림양생 도인기공**<br>• **마음챙김참장공**<br>• 태극권<br>• **차크라힐링**<br>• 마음챙김 요가<br>• 양자파동 에너지<br>　치유 | • 그림자치유<br>• **마음챙김 기반 감정/정서 치유**<br>• 각성 기반 감정치유<br>• 한계 상태 의식치유<br>• 무기대 감정치유<br>• 재인지 및 정서 치유 | • **마음챙김 명상 위빠사나/통합명상**<br>• 각성 기반 의식치유<br>• 양자의식치유<br>• **마음챙김 기반 인지행동치유**<br>• **그림책 읽기·글쓰기 마음챙김 치유**<br>• 통합양자심신치유 | • 가공·요가 수련<br>• 종교 귀의<br>• 카르마 해체<br>• 정신 통합<br>• 로고테라피<br>• 연민 교환 | • 마음챙김 명상<br>• 止·觀 명상<br>• 위빠사나 수련<br>• 관상정관 수련<br>• 세면목 수련 |

| 자연치유 | 뇌과학·신경<br>생리학 관련 치유 | 전통요법치유 | 문화적 치유 | 가족치유 | 사회적 치유 |
|---|---|---|---|---|---|
| **유위** | **유위** | **유위** | **유위** | **유위** | **유위** |
| • 섭생·음식 요법<br>• 아로마 향기요법<br>• 숲치유<br>• 꽃원예요법<br>• 소리요법<br>⋮ | • **뇌파·뉴로피드백치유**<br>• 뇌인지치유<br>• **PNI적 스트레스 관리**<br>• **통합스트레스의학치유**<br>⋮ | • 생약·약초 치유<br>• 침. 뜸<br>• 해독요법<br>• 효소요법<br>• **치료도인기공**<br>⋮ | • 윤리치유<br>• 공동체 참여 소통<br>• 봉사 자선 활동<br>• 대인 관계치유<br>• 정서치유<br>• **섹스테라피**<br>• **시네마 치유 코칭**<br>⋮ | • 부부관계 상담<br>• 가족관계 상담<br>• 자녀 양육 상담<br>• 가정생활 환경 개선<br>• 가족여행<br>⋮ | • **회복치유력 생활 교육**<br>• 영성교육<br>• 직업 정신<br>• 일/전문가 정신<br>• 리더십 훈련<br>• 사회 환경 개선<br>• 제도 개혁 참여<br>⋮ |

> • 교차 훈련을 통해 효과 극대화
> • 모듈형 수련
> • 기상 전, 기상 후, 취침 전 1~5분 수련, 일일 수시 수련
> • 맞춤형 수련 가능
> • 통합적 수련

**[그림 2-1] 유위·무위 통합심신치유 모듈**

위·무위 치유법과 같은 수많은 치유요법이 있다. 최근에는 자연치료 중심의 자연의학은 심신의 자연치유의 원리를 강조하면서 신체·에너지를 넘어 약물치료가 아닌 통합의학(보완대체의학), 심신통합의학의 제반 치유법들(미술/색채 치료, 음악/소리 치료, 웃음/정서 치료, 심리치료 등)을 치유법 범주별로 분류하여 포함시키고 있다. 이렇게 되면서 통합의학의 보완대체의학, 심신통합의학, 심신상관의학과의 차이가 점차로 없어지고 있다. [그림 2-1]에서 보이듯이, 물론 통합심신치유학적으로는 영적·혼적·심적 차원의 통합 치유·수련은 자연의학을 넘어서는 무위적 치유범주이다. 하지만 기본 인지적 학습이 중요한 기본 치유기제 발현 차원에서는, 비록 심신치유자들에게는 상식화되어 있어서 설명하지 않았지만, 자연의학적 치유원리에 대한 온전한 이해가 중요하다.

# 통합심신치유학적 기본 심신치유기제

앞에서 강조한 바와 같이, 오늘날 자연의학, 보완대체의학, 심신통합의학의 치유요법들은 심리치료를 제외하고는 자연치유적 치유원리들과 유사하다. 이들 예방·치유의학요법들에도 치유원리나 치유기법적으로 내포되어 있지만, 여기서는 먼저 통합심신치유학적 관점에서 중요한 기본 치유요법들의 치유기제를 다룰 것이다. 이와 함께 (재래적 인지행동치유를 제외하고는 아직 이들 치유의학들에는 없는) 뇌인지과학적 인지오류자각 훈련, 자기자애 각성자각 훈련, 각성 긍정 인지믿 훈련 등에 의해 발현되는 기본 치유기제를 중심으로 기술하였다.

모든 심신치유기제 발현의 핵심은 원리적으로는 단순하다. 기본적으로 내담자·치유대상자에게 필요하고 알맞은 최적의 치유요법에 의해 내재적 치유기제가 발현되도록 하는 것이다. 그러나 앞에서 누차에 걸쳐 강조했듯이, 무엇이 내담자/치유대상자의 근기·기질·상태에 맞는 최적의 치유요법인가를 치유자들이 알기는 어렵다. 그래서 치유자 자신이 잘 아는 일반적 치유요법만으로는 내담자/치유대상자에게 적합한 치유기제의 발현이 어렵다. 그래서 치유자에게는 치유요법과 함께 치유기제 발현을

위한 스마트한 노력과 의지와 자각이 필요하다. 무엇보다 치유기제의 발현에 가장 중
요한 요인은 내담자/치유대상자 자신의 자기·삶·건강에 대한 인지적 무지·오해·착
각·무관심의 각성적 자각 훈련과 함께, 이에 따른 온전한 치유의지와 치유기제에 대
한 온전한 자각의식의 각성 훈련이다. 다시 말해, 무엇보다 중요한 것은 자각의식의
각성을 통해 자기정체성과 자존감의 상실 상태와 병리장애에 대한 부정적 의식 상태
를 긍정적 자각의식으로 전환·변화시키는 자각 훈련을 해야 하는 것이다. 이와 함께
기본 치유기제의 발현을 위한 지속적 치유의지의 각성과 (예비적 기본 치유 단계로서)
지적 인지(믿)자각(앎)의 학습이 필요하다. 더 나아가 자연의학적 기본 치유를 넘어 통
합심신치유학적으로 일반 치유기제의 발현을 위한 지속적 각성자각 훈련이 필요하
다. 보다 전문적으로 말하자면, (혼적) 자기에 대한 온전한 이해를 바탕으로 일반 치유
요법들의 일반 치유기제의 발현을 위한 성찰적 각성 긍정의식 훈련과 혼의 자기자각
각성의식치유 훈련(혼유魂癒) 그리고 고급 치유기제의 발현을 위한 통합적 마음챙김자
각의식 수련 같은 것을 근기에 맞게 단계적으로 실행해야 한다.

그러나 무엇보다 먼저 건강, 치료·치유, 자기 자신에 대한 무지무명에서 벗어나 명
료한 인지자각 학습에 의해 관념적 인식을 넘어서는 각성의식화의 실현이 중요하다.
그래서 치유의지가 박약한 내담자/치유대상자에게는 치유의지의 고취에 의한 각성
자각적 발현을 위한 강인한 의지력, 극기력, 신념 훈련(혼의 단련) 같은 것이 필요하다.
반면에 예비 치유 단계에서 내담자/치유대상자 누구에게나 공통으로 기본적으로 가
장 중요한 것은, 일상 속에서 먼저 현재의 위축된 삶의 패턴에서 벗어나 활기와 신명
을 살리기 위한 레저, 운동, 스포츠, 취미 여가 생활, 사회적 소통 중에 자신이 할 수 있
고 관심 있는 것들을 하도록 유도해야 한다. 특히 누구에게나 필요한 기본 치유기법
으로서 생명 에너지(생명원기)의 온전한 발현을 위한 섭식·섭생, 좋아하는 (과격하지
않은) 소마/운동, 치유기공/요가 수련 등의 선택적 실행이 매우 중요하다.

기본 치유기제의 발현 원리에 대해 다시 한번 요약해 보자. 무엇보다 기氣(생명원기,
생명 에너지)의 중요성을 아는 사람들에게는 기본 상식이지만, [그림 2-2]에서 보여 주
고 있는 동양의 전통 정기신精氣神 수련 원리에 따르면 생명기가 허하고 막히면 악순환
병리장애 상향·하향 인과에 의해 아래로 신체 기능이 약화되고 위로 감정·마음·정

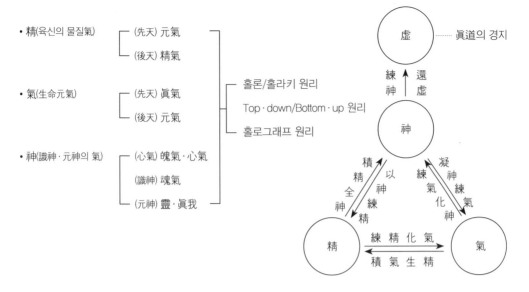

[그림 2-2] 정·기·신 수련 원리도

신(혼)이 허하고 교란된다. 반면에 기(에너지)의 양생 유주가 원활하면 신체·감정·마음·혼 에너지(기)체의 상하향 인과 선순환 치유경로가 활성화된다. 그런 까닭에 생명원기의 양생유주는 생명력의 발현과 치유와 치유기제 발현에 가장 기본적인 핵심 필수 요소이다. 그리고 기본적으로 위축된 혼의 신명을 되살리는 (개개인에게 맞는) 신명나는 것, 춤/노래/놀이 등 유희가 중요하다. 보다 근본적으로는 이완치유(이완·방송기공, 요가니드라, 아우토겐, 바디스캔), 대화 소통하기, 여행, 탄트라 사랑하기, 교제, 심신 단련 등이 일시적인 스트레스 해소와 억압된 감정 해소뿐 아니라 거의 모든 심인성 병리장애에 대한 초기 예비 단계의 치유와 기본 치유기제의 발현에 있어서 중요하다.

특정 치유요법과 함께 기본 단계를 넘어 다음 장에서 다루게 될 보다 본격적인 일반 치유기제의 발현을 위해서는 자기 자신의 기질·성격과 자신의 병리장애 상태에 대한 무지몽매함에서 벗어나는 기본적인 지적 인지(밈)자각 학습이 필요하다. 이에 따라 심안이 밝아지면서 위축된 혼을 되살리며 혼안魂眼이 열리는 훈련이 필요하다.

앞으로 결국 모든 치유기제의 핵심은 혼유魂癒임을 알게 될 것이다. 그러므로 종국적으로 이 책의 뒤에서 다루게 될 마음챙김/MBSR/ILP나 통합양자심신치유에 의한 고급 치유기제의 발현을 위한 유위무위쌍유有爲無爲双癒·성명쌍수性命双修까지도 혼의 치유가 선행되어야 한다.

자신의 삶이 경제적으로 궁핍한 상태는 아닌데 불행하거나 불안하거나 우울하거나 번아웃이나 스트레스로 인해 신경증적으로 과민 반응하거나 공황장애, 우울, 강박, 집착, 중독 등에 시달리는 사람들은 웬만한 심신치료치유법이나 통합스트레스치유법으로는 근본 치유가 되거나 회복되기 어렵다. 따라서 자신에게 맞는 심신통합치유요법과 함께 예비적·단계적 통합심신치유기제를 반드시 실현해야 한다. 그리하여 각성자각 훈련이 되면서 병리장애 상태에서 어느 정도 벗어나야 자기치유가 가능한 마음챙김, 통찰적 자각 수련에 의해 각성적 주시의 기제 같은 고급 치유기제가 발현한다.

무엇보다도 모든 것(심인성 병리장애, 번아웃, 신경증, 과민성 스트레스 등)이 혼의 문제, 혼과 뇌의 문제인 것만은 사실이다. 외인성이 아닌 만성 생활습관병 같은 신체의 병은 결과적으로 모든 심인성 병리장애 정보(識)들이 COEX화, 누적 각인되며 나올 때마다 몸의 생리 체계를 약화시키는 교란 반응으로 인해 생긴 것이다. 하지만 앞에서 언급한 바와 같이, 역설적으로 심신의 병리장애기제를 치유기제로 전환하려면 치유를 위한 혼의 강한 의지부터 살아나게 하는 것이 중요하다. 또한 앞에서 누차 강조했듯이, 먼저 치유자에게 내담자의 체질·기질·성격과 현재의 병리장애 상태에 상응하는 최적 치유법에 대한 인지자각이 있어야 치유기제의 발현이 가능하게 할 수 있다. 그러므로 치유자는, 먼저 내담자·치유대상자의 정확한 건강 상태, 병리장애 상태, (체질, 성격, 기질 등에 따른) 신체기관 계통의 취약성 등을 알아야 한다. 그렇게 하려면 개개인의 육장육부 내의 기의 상의·상관적 흐름이 타고난 체질·기질의 특성에 따라 모두 서로 다르다는 것부터 알아야 한다. 또한 치유대상자의 본능, 감정정서의 기질 차이, 성격 차이, 혼기魂氣·혼식魂識 차이, 카르마식·영식靈識 차이도 어느 정도 알아야 한다. 그리고 혼의 위축으로 인한 무의식장애 증후군—억압무의식 그림자, 부정적 방어기제, 콤플렉스, 트라우마, 망상분열성 장애, 공황장애, 기분장애, 중독장애, 강박장애, 우울증, 자존감 상실, 정체성 장애 등등—에 따른 현재 정신·심리 장애 상태를 제대로 알아야 한다. 이를 바탕으로 적절한 치료치유요법들의 치료치유원리와 장단점과 한계를 고려하여 최적의 치유요법을 잘 선택해서 통합적으로 치유해야 치유기제가 발현한다는 것을 의미한다.

상식적인 말이지만 몸의 치유는 가급적 자연의학적 자연치유에 의해 치료치유하되, 항생제는 불가피하고 의료적 처치로 급한 경우가 아니면 쓰지 않고, 치유되기 전에는 독성이 거의 없는 것이 검증된 약만 제한적으로 써야 한다. 물론 치유가 진행되고 기본 치유기제가 어느 정도 발현되면서 자기암시 각성 만트라에 의해 거의 무해하다는 약조차도 점차로 끊어야 한다. 마찬가지로, 정精·기氣·신神(신身·기氣·심心) 치유를 위한 자연의학적 치유도 체질·기질과 치유대상자의 현재 신체 상태에 맞는 올바른 자연 식자재, 약초, 생약재, 천연 발효 식품 등의 섭식섭생에 의한 몸의 치유부터 해야 한다. 그리고 자신의 기질·성격에 맞는 소마운동, 접촉수기치료, 오감(색채, 소리, 향기, 이완, 물, 빛, 냉온열)치료, 보건의료기공/요가 치유, 기치유, 감정정서치료(음악, 미술, 예술, 춤, 웃음치료 등), 마음챙김/MBSR/명상 치유 등등을 통해 통합적으로 치유해야 한다. 이와 같이 하면 별다른 심신의 장애가 없는 한 즉시 어느 정도 치유가 되거나 점차로 치유기제가 발현되면서 치유효과가 나타나고 건강기제가 발현작동하게 된다.

그러나 소마치유에서는 하향 인과적 심리치료치유와 치유기제를 그리 중시하지 않는다. 몸의 치유를 통해 심신의 치유를 도모하기 때문이다. 하지만 스트레스를 비롯한 모든 병리장애는 모두 유독성 물질, 감염성 질병 같은 외인성인 경우를 제외하고는 몸과 마음의 상향·하향 인과 모두의 문제이다. 그래서 홀론치유의학적 통합심신치유와 홀라키적 통합치유기제가 치유 성공의 여부에 가장 중요한 요인이다. 더구나 분노조절장애나 우울증이나 범불안장애나 신경증, 강박, 중독 등등의 심적 장애가 있는 사람들은 일반적으로 스트레스와 내인성·외인성 자극에 더욱 민감하고 취약하다. 그래서 통합치유기제의 발현 없이는 일반적으로 널리 알려진 심신 치유법들이 일시적 힐링 효과를 제외하고는 별 효과가 없는 경우가 허다한 것이다.

# 기본 치유기제의 발현 원리

지금까지 강조해 온 바와 같이, 기본 치유기제는 치유의지를 갖고서 통합심신치유학의 치유원리에 따라 동양전통지혜의 전일의학적, 자연의학적, 현대과학(환원주의가 아닌 심층 뇌인지과학·생명과학·생리학)적으로 치유하면 발현된다. 그러나 정신의학·심리학, 발달심리학적으로 검증된 (소위 서양심리치료의 400종이 넘는 BETA 모델/ABC 모델에 따른) 심리치료·치유법들과 자연의학/보완대체의학적 심신치유요법들 그리고 신의학(에너지의학, 양자·파동 의학)적 치유요법들을 올바르게 치유현장에서 적용해야 치유기제의 발현이 가능하다. 즉, 이 모든 범주의 심신치유법들을 개인의 근기와 병리장애에 알맞게 선택하여 단계적 인지자각의식 학습·훈련·수련과 함께 온전하게 적용하여 치유 실행해야 형성·발현될 수 있는 것이다 그러므로 치유기제는 모든 치유요법을 기계적으로 적용만 하면 그냥 형성되는 것이 아니다. 온전한 치유기제의 형성을 촉진하려면, 먼저 기존의 심신치유의 근본 문제와 한계를 깨닫고 시작해야 한다. 이에 따라 앞에서 강조한 치유기제의 발현을 위한 기본기제의 필요·충분 조건, 일반기제의 필요조건, 고급기제의 필요조건, 최상의 통합치유기제 홀라키의 필요충분조건을 알고서 실행해야 한다. 무엇보다도 넓은 의미의 자연의학뿐 아니라 모든 전일적 통합의학에 공통이 되는 통합치유기제는 통합심신치유학의 몸기정맘얼영 BEEMSS 온수준의 전 스펙트럼에 걸친 심기신의 각 수준에 상응하는 치유요법들의 단계별 치유기제 홀라키 체계로 이해해야 한다.

여기서는 심신의 치료적 치유기제의 발현과 관련된 자연의학뿐 아니라 현재의 제반 통합적 치유의학들의 근본 문제는 무엇인가에 대해 제1장에서 강조한 내용과 관련하여 보다 상세하게 고찰하였다.

먼저, 문제는 치료 전문가들이 개인차를 고려하지 않고 치료치유 전문가로서 자기 틀에 갇혀서 획일적으로 편향되거나 자기이해 중심의 치료치유법으로만 치유하려는데 있다. 즉, 자기가 전문적으로 잘 아는 치유요법과 상담 기술만을 중심으로 치유하려는 상담·치료·치유의 태도·사고·의식을 가지고 있는 것이 문제인 것이다. 무엇보다 치유자와 내담자 간의 바람직한 라포(신뢰·공감·교감), 치유동맹이 형성되지 않으면 안 된다. 운 좋게 단순한 치유문제를 가진 내담자, 치유대상자를 만나기 전에는 치료치유가 제대로 안 되고 상호 무기력해지기 쉽다. 그러한 상태에서 벗어나기 위해 보건건강·치료·치유·상담 전문가들은 먼저 통합심신치료치유기제에 대해 확실하게 아는 것이 중요하다. 하지만 일반적으로 전문가들이 전통적인 상담이나 심리치료·심신치유요법은 잘 알아도 치유기제에 대해서는 제대로 모르고 있다는 것이 현실적인 문제이다. 그러나 치유기제의 형성·발현 원리와 실제 발현 유도기법을 모르면, 전문 치료치유든 자기치유든 간에 치유요법 기술의 틀과 전문가 자신의 치유경험 위주의 치료치유요법만으로는 상담·치료·치유가 제대로 되기 힘들다. 좋은 전문 치료치유자나 자기치유 전문가가 되려면 단순히 치유요법만 알아서는 안 되고 병리장애기제 상태를 건강기제 상태로 전환시키는 통합적 치유기제를, 그것도 예비 치유와 함께 단계적으로 기본·일반·고급 치유기제를 마스터해야 한다.

누차 강조했듯이, 치유기제는 내담자·치유대상자의 혼(자기)의 위축장애로 인한 부정적 자기와 자존감 상실의 악순환으로 인한 상하향으로 심화된 병리적 인과 경로를 선순환 인과 경로로 전환시킬 때 발현된다. 그래서 이를 위한 자기자애와 치유의지의 고취, 자기 자신(뿐 아니라 모든 사람)의 생각·사고의 오류와 한계에 대한 인지적 자각의식의 각성 훈련이 시급한 문제이다. 그러므로 전문 치유자로서 단순한 힐링(스트레스 해소, 일시적 증상 완화 힐링)에 불과한 치유가 아닌 근본적 치료치유와 자기치유로의 유도가 가능한 치유 전문가가 되어야 한다. 치유자 자기부터 스스로 깨어 있는 의식으로 기본·일반·고급 치유기제를 제대로 알고 터득하고 의식화·체화하지 않으면 좋은 치유자가 될 수 없다. 당연한 말이지만 단계적 치유요법·기예와 상응하는 치유기제의 발현도 제대로 모르고, 자기 스스로 치유·성장을 통해 2층밈의식으로 성장하지도 못하면서 남을 치유할 수는 없는 것이다. 치유자가 자신이 아는 치료치유요법 위주로, 개인별 병리장애, 선천·후천의 성명·근기 차이를 무시하고 획일적으로 무차별하게 치료치유하고 치유교육하는 치유기술자 같은 전문가가 너무 많다는 데 문제가 있다.

치유자가 온전하게 치료치유기제를 알고 적용하려면, 우선 스스로 성찰적으로 자기·영혼·인간·생명·우주의 진리에 대한 문자 위주의 텍스트 문헌들의 지식 이해를 넘어서는 심안과 혜안(영안)이 열리면서 무지무명에서 벗어나야 한다. 전문 지식만으로 전문가 행세를 하는 시대는 지났다. 누구나 마음만 먹으면 원하는 지식 정보의 획득이 가능한 구글, 인터넷 정보 검색 시스템, SM·BD·AI … 들 때문에 앞으로 그런 단순 지식 전문가는 필요 없는 시대가 되었다. 앞으로는 AI가 더 잘 알고 더 잘하는 지식·지능이 아닌, AI가 할 수 없는 주체인 인간의 의식·무의식·초의식, 심혼·혼·영혼의 영역이 인간 고유의 영역이 될 것이다. 그래서 존재적 주체가 아닌 초지능 S/W AI가 도저히 흉내 낼 수 없는 인간의 창조적 정신, 깨어 있는 의식, 초의식, 양자의식, 영성, 궁극의식, 명상·수행, 명상 인류 등에 대한 통찰적·경험적 앎과 깨달음이 필요하다. 이를테면 영혼·자기·의식·무의식·초의식에 대해 모르는 치유자, 인간 본성·정신·영성에 대한 진정한 앎이 없는 치유 전문가는 설 땅이 없는 시대가 오고 있음을 정신 차리고 깨달아야 한다.

뿐만 아니라 오늘날 심신치유 전문가들이 환원주의적 뇌인지과학, 뇌신경생리학의 설명으로 인해 뇌에 대해 근본적으로 오해하고 있는 것이 문제이다. 보통 이들은 뇌를 인지생성·의식형성 전환체로서 뇌 지도 각 부분의 오묘한 기능을 보는 게 아니라, 그런 뇌의 기능들을 인간의식(의식, 무의식, 마음, 정신)의 근본으로 착각하고 있다. 추리소설을 쓰듯이 어떤 피험자들의 정신·심리 상황에서 어떤 뇌 부분의 뇌파가 활성화되니 그 부분이 바로 그런 정신심리 작용의 원인이라고 단정하고 추론하는 뇌과학자들의 극단적인 환원주의적 해석을 경계해야 한다.

그러므로『통합심신치유학: 이론』편에서 다루고 있는, 유물론이나 환원론을 넘어서는 양자뇌과학, 의식파동역학의 의식 홀로그래프·홀라키 원리에 기반한 신과학·정신과학, 신물리학·양자역학, 정신물리학·의식역학적 인간 이해가 중요하다. 이에 따라 양자심신치유학·홀론의학적으로 혼·뇌, 심·뇌의 내적·외적 홀라키의 상의상수相依相隨적 상관관계를 온전하게 이해하는 것이 매우 중요하다. 왜냐하면 인간의 모든 인지자각·의식·무의식―생명원기·리비도 본능·충동, 중독, 감정정서 공감·교란 의식, 심적·이지적 긍정·부정 의식, 혼의 의지·신념의 각성·위축 의식 등―이 모두 다 인지생성 변환체로서의 뇌의 기능과 혼(정신)과 마음(의식·무의식)과의 내적·외적 홀라키로 상호 의존적·상의상수적으로 연관되어 있기 때문이다.

반면에 현대 뇌과학의 뇌신경생리학적 인지기능지도는 주사 현미경, MRI, fMRI 등을 비롯한 수많은 해부학적 뇌영상 기술, EEG, 뉴로피드백 등의 뇌파 검사·측정·분석 장치들의 도움으로 놀랄 만큼 상세하게 뇌의 기능을 세분화하여 특정 인지에 대응하는 시각적 뇌파 활성도를 영상으로 밝히고 있다. 그래서 뇌신경생리학적으로 뇌의 신경망(Neural Network: NN) 회로는, 기본적으로 오감각 인지자각 기능을 정교하게 통합하는 대뇌 신피질·변연계(해마·편도체·대상회 등)·뇌간(중뇌·교뇌·연수 등)을 통하여 지知·정情·의意 기능의 인지를 가능하게 한다. 그리고 뇌의 NN은 간뇌(시상·시상하부 등)·소뇌·뇌하수체·송과체 등을 통해 스트레스 반응(SAM, HPA) 경로를 형성·통합·조절한다. 뿐만 아니라 이들은 보다 정교하게 자율신경·내분비 기능·정밀운동·생체리듬 등을 통합 조절하는 복잡계적 중추신경생리 체계를 구성하고 있다.

뇌의 NN의 이러한 생존을 위한 오감각 정보 처리에 기반한 복잡한 신경생리·내분비·면역 기능을 설명하는 정밀 뇌기능지도에 의해 현대 뇌신경생리학이 정립되었다. 이에 따라 스트레스기제, 인지사고기제, 정서처리기제, 생리기제, 운동기제 등 복잡계적 뇌의 인지적 생체·생존·생리 기능을 정교하게 알아냈으니, 이는 현대 뇌신경생리학의 놀랄 만한 쾌거이다. 하지만 아직도 현재의 뇌과학은 뇌의 신비한 기능, 특히 정신 현상 기능의 몇%도 제대로 밝혀내지 못하고 있다. 그래서 현대 뇌과학이 아직 알지 못하고 가 보지 못한 미답의 경지는 무수하게 많다.

## 심신치유기제의 심층 인간과학적 이해

앞으로 뇌의 놀랄 만한 기능이 더 밝혀진다 해도, 뇌는 어디까지나 생명 주체(참나, 영혼, 심혼, 자기)가 아닌 주체의 지知·정情·의意·행行의 형성·발현·전환 기능체임을 잊지 말아야 한다.

예컨대, 보통 인간이 고통과 불행 속에 살고 있는 무의식·심층무의식·초의식의 병리장애 발현기제의 원인과 장애적 상호작용 현상을 뇌과학은 전혀 제대로 설명하지 못한다. 왜냐하면 뇌과학은 모든 인간 불행의 원인인 주체(자기self, 영spirit, 혼soul, 심혼

psyche)의 상위 차원의 심층의식의 작용기제들—부정적 내면의식, 억압무의식, 심층(카르마)무의식, 꿈·최면·초능력 등 초의식의 발현기제, 억압된 그림자의 병리적 방어기제, 정신병적 무의식의 발현기제 등—의 작용인作用因에 대한 과학적 설명을 엄두조차 못 내거나 전혀 모르고 있기 때문이다. 이를테면, '최면 암시에 의한 뇌감각인지의 완전 무력화기제는 어떻게 가능한가? 꿈과 명상태에서 명료하게 경험하는, 한 번도 이 세계에서 경험하지도, 보지도, 상상도 해 본 적 없는 세계를 왜 어떻게 현실보다 더 명료하게 볼 수 있는가? SF 영화보다 더 선명하고 찬란하게 신비로운 세계를 완벽한 계시적 구성으로 어떻게 그 어떤 영상보다 더 선명하게 볼 수 있는가? 이 세상에서 한 번도 본 적 없는 문헌, 수리, 언어, 글을 쓰고 읽고 보고 드라마보다 더 소름 돋게 완벽한 고도의 상징적 함의로 구성된 계시몽·예지몽·자각몽·명석몽 등 수없이 많은 신비한 꿈의 초의식 현상은 무엇인가? 등'을 뇌과학으로는 전혀 설명하지 못한다. 현재의 뇌과학에서는 이러한 꿈을 꿀 때 안구가 빠르게 움직인다고 해서 REM 수면 상태 일종이라고만 운운하며 무의식과 초의식이 뭔지 모르는 환원주의적 뇌과학으로, 경험한 적도 상상할 수도 없는 꿈의 의식 세계를 의식의 파편으로만 설명을 하려고 한다. 하지만 이와 같은 의식·무의식·초의식에 대한 뇌의 인지변환체로서의 기능은 이러한 뇌과학자들의 환원주의적 시각을 몇 차원 뛰어넘는 선천적 능력이나 수행에 의해 경험하는 경지이다. 그러나 수행을 통해 초의식 정신세계를 경험하지도 못하고 인정하지도 않는 그들에게는 상상도 못 하는 경지의 수준인 것이다.

뿐만 아니라 깨어 있는 알아차림, 각성, 주시의식이 뭔지 전혀 모르는 지금의 뇌과학 수준에서는 당연히 특정 기능의 뇌신경세포회로NN의 활성화나 뇌파의 변화가 안 보이면 뇌의 어디에서 어떻게 이러한 초의식을 발현하는지 알지 못한다. 현실적으로 뇌의 감각자극 기반 신경생리 반응기전, 스트레스 반응기제를 순간 무력화시키며 반전시키는 무의식·심층무의식, 자각·메타자각·초자각의 모든 범주의 자각 인지 현상은 지금의 뇌과학의 수준에서는 제대로 이해도 설명도 못 한다. 즉, 대뇌신피질의 뇌파 반응과 무관하게 초감각의식(양자의식)으로 알아차리고 각성 주시하는 순간, 현재의 신경생리학, 스트레스의학적 기전/기제가 완전히 소멸되고 역전되는 원리를 추론이 아닌 과학적 설명으로는 엄두도 내지 못한다.

앞에서 강조한 바와 같이, 모든 내면의 병리적 억압무의식을 의식 훈련에 의해 어느 정도 감소시키거나 변화 소멸시키는 것이 치유기제 발현의 핵심이다. 하지만 현재의 뇌과학은 이러한 다양한 의식 훈련의 원리도 제대로 설명하지 못하고 있다. 더구나 현재의 뇌과학은 양자뇌과학이 아니므로 뇌의 어느 부분의 뇌파와 무관한 메타자각, 초감각 양자의식의 기제 원리에 대해서는 완전 무지하고 무력하다. 더구나, 심층무의식, 초의식 현상 현상—깊은 알파($\alpha$)파 입정入靜, 쎄타($\theta$)파 입정入定, 델타($\delta$)파 입신入神 상태의 명상태·선정태禪定態—을 의식 수련에 의해 알아차리고 깨우치고 신비 체험하고 통찰하는 것이 고급 치유기제, 고급 영성기제의 발현의 핵심이다. 그러나 지금의 뇌과학으로는 그 원리의 과학적 설명을 엄두조차 못 내는 상황이다.

말하자면, 현재의 뇌과학 수준에서는 뇌의 모든 감각자극에 대한 대뇌의 인지정보 처리회로와는 무관한 $\theta$파나 $\delta$파 수준의 깊은 명상태에서 무엇이 일어나는지 모른다. 즉, 현재의 뇌의 모든 지知·정情·의意 인지 반응 정보, 뇌와 몸의 스트레스 반응기제 정보를 념念·지止·관觀 수행의 깊은 선정禪定의 메타초자각 각성의식으로 깨어 있는 상태를 설명할 수 없다. 다시 말하자면, 고급 치유·영성 기제가 발현된 수행자는, 특정 뇌 영역의 신경회로NN 작동 세타($\theta$)파나 델타($\delta$)파의 변화 없이 디폴트 모드Default mode에서 통찰적으로 각성·주시하며 알아차리는 상태가 된다. 이런 상태에서는 보통 사람의 내인·외인 감각자극으로 인한 뇌신경 반응, 스트레스 반응기제가 생기지도 않고 습기가 일어나도 순간 변화 소멸시키거나 반전시킨다. 그래서 어떠한 스트레스 자극에도 이들은 스트레스를 받지 않거나, 보통 사람들의 과민한 스트레스 반응과는 전혀 다르게 약간의 스트레스가 일어나도 자동 반응이 아닌 각성자각적으로 대응한다. 이 말은 스트레스가 아닌 사무량심·자비심·지복감·환희심의 각성·주시, 메타자각, 초자각의식으로 깨어서 대응하는 이들의 노스트레스no stress 디폴트 모드 기제 원리를 설명할 수 있는 뇌신경생리학적 기제 원리가 아직 없다는 것이다. 따라서 특히 현재의 뇌과학의 이러한 맹점과 한계를 넘어서는, 환원주의자인 뇌과학자·뇌파치료자들도 잘 모르는 뇌의 심오한 인지변환체로서의 기능을 이해하려면 양자뇌과학, (『통합심신치유학: 이론』편에서 본격적으로 다루고 있는) 정신·의식 역학의 원리에 따른 의식·뇌인지뇌 상관변환의 원리를 이해해야 한다. 이것은 쉽지 않은 양자파동의식

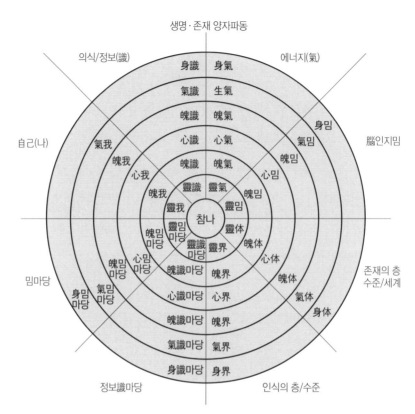

생명·존재 양자파동

의식/정보(識)

에너지(氣)

自己(나)

腦인지밈

밈마당

존재의 층
수준/세계

정보識마당

인식의 층/수준

身識　身氣
氣識　生氣
魄識　魄氣
心識　心氣
魄識　魄氣
靈識　靈氣
身밈
氣밈
魄밈
心밈
魄밈
靈밈
靈体
靈界
魄体
心体
魄体
氣体
身体
魄界
心界
魄界
氣界
身界
氣我
魄我
心我
魄我
靈我
참나
身識마당
氣識마당
魄識마당
心識마당
魄識마당
靈識마당
魄밈마당
心밈마당
氣밈마당
身밈마당
靈밈마당

**[그림 2-3] 인지밈 변환 사분면 홀라키도**

역학, 양자·파동 의학의 원리이다. 하지만 『통합심신치유학: 이론』편에서 비교적 상세하게 다루고 있는 (〈표 1-2〉의 심층 인간의식 홀라키를 사분면 홀라키로 나타낸) [그림 2-3]의 인지밈 변환 사분면 홀라키 기제에 대한 온전한 이해가 중요하다.

　이러한 인지적 앎을 바탕으로 무엇보다 내담자/치유대상자의 심신의 병리장애 상태에 대한, 적합하다고 보는 치료치유법의 장단점·한계에 대한, 그리고 내담자의 기질·체질·성격에 맞는 치료치유법의 선택에 대한 치유자의 자각인지가 가장 기본적인 필요조건이다. 그리고 그 외의 상하위 홀라키적 치유기제들도 심신의 장애 상태에 따라 필요한 여러 수준의 자각의식 통합치유기제 홀라키임을 알아야 한다. 이를테면 자연치유법들에서 과일, 곡물, 채소, 꽃, 열매, 뿌리 등의 자연 섭식치유 식물은 영양, 해독이 사상체질의 소음성, 태음성에 맞으면 소양성, 태양성에는 해롭고 독성이 되는 것이 많다. 물론 체질도 삼극음양체질, 팔체질, 64체질 등 다양하기에 절대적인 것은 아니다. 그런데 자연치유요법들에 체질을 제대로 구분해서 치유하는 치유 전문가들

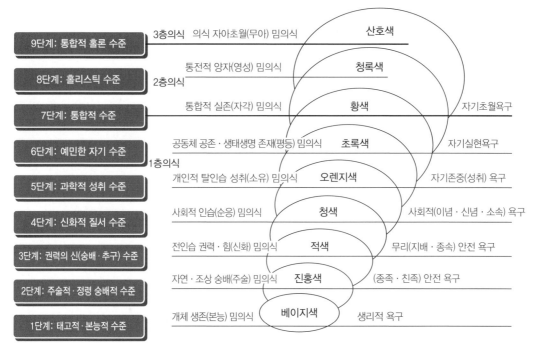

| | | |
|---|---|---|
| 9단계: 통합적 홀론 수준 | 3층의식  의식 자아초월(무아) 밈의식 | 산호색 |
| 8단계: 홀리스틱 수준 | 통전적 양자(영성) 밈의식 2층의식 | 청록색 |
| 7단계: 통합적 수준 | 통합적 실존(자각) 밈의식 | 황색 |
| 6단계: 예민한 자기 수준 | 공동체 공존 · 생태생명 존재(평등) 밈의식 | 초록색 |
| 5단계: 과학적 성취 수준 | 1층의식  개인적 탈인습 성취(소유) 밈의식 | 오렌지색 |
| 4단계: 신화적 질서 수준 | 사회적 인습(순응) 밈의식 | 청색 |
| 3단계: 권력의 신(숭배 · 추구) 수준 | 전인습 권력 · 힘(신화) 밈의식 | 적색 |
| 2단계: 주술적 · 정령 숭배적 수준 | 자연 · 조상 숭배(주술) 밈의식 | 진홍색 |
| 1단계: 태고적 · 본능적 수준 | 개체 생존(본능) 밈의식 | 베이지색 |

자기초월욕구 · 자기실현욕구 · 자기존중(성취) 욕구 · 사회적(이념 · 신념 · 소속) 욕구 · 무리(지배 · 종속) 안전 욕구 · (종족 · 친족) 안전 욕구 · 생리적 욕구

[그림 2-4] 인간의식의 나선동역학(가치밈)적 변화

은 드물다. 치유에 체질을 고려한다고 해도 자기가 아는 체질론을 맹목적 · 절대적으로 적용하는 경우가 허다하다. 더구나 질병장애가 심인성이고 심신복합적일 때는 기존의 자연요법들이 다 맞는 것이 아니다. 체질, 기질, 성명근기와 병리 상태를 고려해서 적절한 통합적 치유처방과 치유기제를 적용해야 한다.

보다 근본적으로는 『통합심신치유학: 이론』편에서 본격적으로 다루고 있는, [그림 2-4]와 같은 인간의 심층적 · 역동적 가치의식, 사회적 자기, 생존 · 실존 의식으로 가장 중요시하는, 인지밈(가치밈)의식의 나선동역학(spiral dynamics)적 자각 측면에서 보아야 한다. 각 수준의 가치밈의식 (사회적 가치 체계로서의 생존 · 소유 · 실존 · 통합 의식)의 병리장애 · 불건강 상태의 치유를 위해서는―원기양생 강화자각(氣眼), 감정정서 공감력 자각(魄眼), 마음의 긍정의식자각(心眼), 혼의 각성 · 신념의식자각(魂眼), 영적으로 깨어나는 지혜자각(靈眼)의 자각의식 홀라키 모두가―각 가치밈 수준의 의식자각 치유기제 홀라키로 필요함을 알 수 있다. 이러한 자각의식들이 다양한 치유요법 · 치유기법의 의식치유 훈련과 심신통합 치유 · 수련을 통해 각성적 자각, 알아차림, 마음챙김자각으로 의식화 · 체화되면 모든 가치밈의식 수준의 악순환의 상향 · 하향 인과 병리장애기제를 선순환의 건강기제로 전환시키는 치유기제가 발현·작동하게 된다. 즉, 이러한 치유기제들이 임계역치에 이르게 되면 각 수준의 병리장애기제를 반전시켜 치유기제가 작동하면서 건강 상태로 전환되어 점차로 지속적인 건강기제가 발현한다.

병리기제와 치유기제는 동전의 앞뒤와 같은 반전 관계이다. 앞에서 강조한 바와 같이, 치유기제는 깨어 있는 의식·각성·자각의 관념화 → 의식화 → 체화 과정을 통해 새로이 변화(변환·변용) 형성되는 각 수준의 인지자각의 대응의식 홀라키 구조 체계이다. 일반적으로 심인성 심신의 병리장애기제는 부정적 심리(의식·무의식)의 고착퇴행에 의해 발현된다. 반면에 치유기제는 긍정적·의지적·자각적·각성적 의식에 의해 발현·작용·작동하게 된다. 왜 각성적, 긍정적 인지·인식·사고가 절대적으로 중요한가? 초자각적 각성을 하면, 우리의 내면 무의식·잠재의식·인지(표층)의식에 각인된 모든 식識은—인지적 무지와 잘못 각인된 오각인 인지와의 자기동일시로 인한 영의 무지무명, 혼의 몽매미혹 상태에서—생존 본능·쾌락 추구 본능과 이기적 본능에서 나온 (도피, 회피, 두려움, 공포, 혐오 등의) 오각인된 식識의 자동 반응식일 뿐임을 확철하게 통찰적으로 깨닫는다. 이와 같이 성장과 삶의 과정에서 과거에 잘못 각인(오각인誤刻印)되고 COEX화되어 구조화된 모든 부정적 각인 식識(인지·지각·인식·관념·의식·무의식)이 모든 고통, 불행의 원인인 것을 알고 깨닫게 되기 때문이다. 그래서 모든 고통과 불행의 원인인 오각인 식識을 이기적 긍정이 아닌 각성적 긍정으로 전환하는 훈련을 해야 한다. 왜냐하면 뇌의 재인지밈 훈련, 각성자각의식 훈련(뒤의 기본·일반 치유기제 요결들에 나오는, 그림자 작업, 무기대·한계 상태 각성 훈련, CV/PA 시각화·확언 훈련, 자기자애 만트라, 자비/연민 자각 훈련 등), 다양한 각성자각 훈련들에 의해 각성 긍정기제로 전환시켜야 치유기제가 발현하기 때문이다.

그렇다면 왜 개인이 (카르마와 유전적으로) 갖고 태어나고 성장 과정에 삶의 조건과 환경에 따라 고착화되는 체질·기질·성격 등의 성명性命근기에 맞는 치료치유법이 중요한가? 물론 이런 것들과 무관하게 좋은 섭식재료, 천연약재, 소마운동, 기공/요가 같은 좋은 치유요법들도 있다. 하지만 많은 경우 개개인의 몸, 심신의 특질이 다르기에, 획일적으로 적용 시에는 오히려 치유보다는 부작용이나 독성의 악화를 초래할 수 있다. 이는 무수하게 많은 널리 알려진 사례들만 보아도 쉽게 알 수 있다. 그런데도 건강 프로그램이나 인터넷상의 건강 정보 전문가나 한의사들은 상업성에 영합하여 서양의 학적인 획일적 상식으로 인체에 좋고 나쁜 것을 구분하고 권장하는 데 심각한 문제가 있는 것이다. 섭식치유의 경우, 대체로 개개인의 몸이 먼저 자신에게 맞는 것을 알기에 편견 없이 당기는 것과 당기지 않는 것을 구분하면 된다. 하지만 건강에 좋다는 걸 심신이 느끼지 못하는 경우에는 오링테스트를 비롯한 전문 체질검사를 통해서도 알 수 있다.

물론 앞에서 언급한 바와 같이, 몸치유는 누구나 전문 치료적 치유자의 도움으로 자신의 병리장애에 대한 온전한 진단과 자신의 체질에 맞는 치료치유(섭식, 운동을 비롯한 자연치유들)를 제대로 한다면 치유기제가 쉽게 발현될 수 있다. 그리고 심인성 정신(영혼, 혼soul, 심혼psycle)장애로 인한 마음·감정정서·정동본능 등의 중독이나 장애증후군이 없다면 단순한 인지자각과 의지만으로도 치유기제가 발현되어 건강을 회복할 수 있다. 하지만 인지와 의지도 자각의식의 문제이므로, 몸치유도 건강을 회복하려는 (혼의) 의지적 자각의식기제 발현의 문제이다. 당연히 성장 발달 과정의 정신장애나 혼의 위축장애, 감정장애, 충동 본능장애, 이상심리장애 증후군 등으로 인해 마음이 극심한 외적 사회 환경이나 삶의 조건에 상응하는 정신신경병적 증상이나 번아웃이나 스트레스 상태에 갇혀 있으면, 곧 신체 건강마저도 잃고 만다. 그래서 모든 심신치유기제는, 결국 뇌인지치유기제, 자기자애치유기제, 혼의 치유기제, 유위·무위적 자기치유기제, 고급 치유기제의 발현 문제로 귀결된다. 또한 이를 위한 유위·무위적 의식치유기제의 인지밈 학습, 존재적 가치밈을 향한 삶의 태도 전환, 의지력 강화를 위한 각성적 자각의 문제인 것이다. 그리고 (양자·파동치유 원리를 아는) 이 시대의 수준 높은 치유 전문가는 궁극적으로 그 근본 바탕이 『통합심신치유학: 이론』편에 상술되어 있는 양자파동·양자자기의 양자의식기제의 문제인 것을 깨닫게 될 것이다.

## 심신치유기제 발현 조건 요약

치유자의 입장에서 보면, 모든 심신치유요법에 필요한 치유기제 발현의 핵심 기본 필요조건은 다음과 같다.

- 첫째, 치유대상자의 심인성 심신병리장애 상태에 대한 명료한 인지자각
- 둘째, 적용 가능한 치료치유법들의 장단점·한계에 대한 인지
- 셋째, 치유대상자의 체질·성격·기질에 맞는 치료법의 선택적 적용

이러한 기본 치유기제의 발현의 필요조건을 촉진하려면, 자연과 인간이 하나, 즉 대비동체大悲同体이므로 자연이 스스로 자연치유력을 발현하여 치유가 된다는 자연의학의 원리에 대한 기본적 인식이 필요하다. 이를 바탕으로 동의학의 의역동원醫易同源, 음양오행, 음양삼극陰陽三極, 오운육기五運六氣, 정기신精氣神 원리에 대해 확고한 깨우침을 가져야 한다.

넓은 의미의 자연의학·보완대체의학·심신통합의학을 포함하며 초월하는 홀론의학적 통합심신치유학의 관점에서 보면, 기본·일반 치유기제의 발현을 위한 치유과정에서 인지적 각성 긍정자각치유의식은 필수적으로 필요한 기본 조건이다. 더 나아가 가능하면 가급적 모든 치유과정에서 치유대상자의 근기와 의식의 열림 수준에 따라 기본 치유기제와 일반 치유기제가 어느 정도 발현되어야 한다. 그런 다음 자기치유를 위해 인지적 각성자각 치유기제와 혼의 치유기제가 어느 정도 확립되면, 마음챙김, MBSR, AQAL통합 알아차림 ILP 같은 통합심신치유와 이들 통합적 치유들을 모두 포괄하고 넘어서는 유위·무위적 퀀텀통합치유IQHLP 같은 고급 치유기제도—완전하지는 않아도 치유대상자의 의식이 열리어 관심을 보이면—다양한 치유기법과의 단계적 치유기제와 함께 적용하는 것이 좋다.

지금까지 논의한 넓은 의미의 자연의학적·홀론의학적 통합심신치유의 핵심 치유기제의 발현을 위한 필요·충분 조건들은 다음과 같이 다시 요약, 정리할 수 있다.

- 병리장애와 치유에 대한 온전한 이해와 함께 삶의 '의미'와 존재적 '자기'에 대한 심층 인지과학적 올바른 이해가 필요하다. 그리고 이에 따른 치유에 대한 강한 의지, 의욕, 활력의 충전이 중요하다. 그와 동시에 우선 삶의 태도와 생활 방식,

생활 패턴의 긍정적 변화를 유도하는 운동, 소마, 춤, 노래, 웃음치료, 유희, 기공/요가, 심신이완(이완방송공, 바디스캔, 아우토겐, 요가니드라) 훈련 등등 이들 중에 자신에게 맞고 끌리는 것들의 실행이 기본 필요조건이다.

• 치료치유법들의 치유원리와 장단점, 한계를 반드시 점검해서 내담자/치유대상자에게 맞는 치료치유요법의 선택이 필수필요조건이다.

• 이를 위해 현재 자신의 몸·기·넋(정情)·맘·얼의 병리장애 상태와 원인에 대한 명확한 성찰적 인지자각이 필요하다. 그러고 나서 내담자 자신의 체질·기질·성격을 잘 알고서 자신에게 맞는 치료치유요법을 선별적으로 적용하도록 해야 한다(물론 자기치유가 가능한 고급 치유기제가 발현되고, 영적으로 깨어나는 어느 단계에 가면 이런 모든 것은 의미가 없어진다).

• 예를 들면, 체질은 습관적·충동적이 아니면 당기는 음식이 자신의 체질궁합에 맞는 것이다. 그래도 모르면 오링테스트 등을 통해 알고, 알려지, 거부감 등으로 왠지 싫고 당기지 않으면 맞지 않는 것이므로 그런 음식 식자재, 천연약재는 피해야 한다.

• 자신의 정신건강에 좋지 않은—본능충동장애, 중독장애, 분노·화·감정 조절장애, 사소한 일에 정신신경증적으로 예민하고 과도한 스트레스 반응, 강박·긴장·불안·공황 장애, 인지행동장애, 혼의 위축·집착, 정체성 장애, 페르소나적 우울증, 자존감 상실, 심한 콤플렉스, 트라우마, 자폐성, 실존적 허무·우울, 심한 자기애 우울, 경계선장애, 양극성 감정 우울, 심한 카르마장애, 이상(성)심리 충동 등등—다양한 정신·심리·감정 장애 증후군들 중에(자아이질적ego dystonic이거나 자기변형적auto plastic인) 혼의 위축으로 인한 자아·성격의 불안정, 정신심리적 불건강 상태에 대한 긍정적 각성 성찰이 중요하다.

• 그래서 치유자는 내담자로 하여금 두려움 없는 탈동일시·탈중심화의 깨어 있는 마음챙김·통찰적 자각 주시 기제같이, 완전하지는 않아도 모든 것을 각성적 자각 알아차림 의식의 햇볕에 드러내도록 유도하는 인지 학습·훈련에 의해 단계적 치유기제의 발현을 유도한다(그렇게 하면 서양심리치료 중 감정정서치료, 예술치료, 인지행동치료, 인문치료, 명상치료 등도 당연히 치료적 치유효과가 있을 수 있다.)

• 그러나 그보다 이 책에서 제시하는 영각靈覺·혼유魂癒에 의해, 즉 영적으로 인지적 무지무명에서 깨어나고 혼의 각성에 의해 혼이 되살아나게 유도하는 다양한 범주와 수준의 기본적·일반적 유위·무위 치유 등이 더 근본적인 치료적 치유기제를 발현시킨다는 것을 깨닫는 게 중요하다.

• 치유기제 발현에 가장 강력한 (정신, 마음, 정서) 의식 에너지는 사랑·지복감·감사·헌신·미소/웃음·화해·소통·공감/공명·교감·합일이다. 그러므로 모든 치유요법과 의식 훈련·수련은 이러한 각성적awakening 긍정의식 에너지 중 일부가 강력하게 발현할 수 있는 치유기법이나 요법이 아니면 치유기제가 발현되지 않고 일시적 힐링치유에 그치기 쉽다.

• 내담자/치유대상자가 몸·소마 운동이나 훈련으로 시작하여 점차로 마음챙김, 알아차림, MBSR 등에 끌리거나, 마음챙김 기공/요가 명상 수련 등에 끌리게 되면 좋은 마음챙김치유 전문가의 지도하에 효과적으로 수련하여 고급 치유기제의 발현에 의해 성찰적으로 깨어나고 자기치유와 함께 영적 성장도 가능하게 된다.

• 요컨대, 모든 정신, 마음, 감정, 본능, 생명원기와 관련된 심신의 병리장애는 성장 과정에 잘못 각인된 온전하지 못한 (오감언어적) 인지와 앎에 대한 자기동일시의 무지로 인해 생긴 것이다. 즉, 현상 세계에 대한 (인식과 존재) 모두가 상호 의존적·대대적對待的 조건에 의해 순간순간 생성·소멸하는 연기적 무자성의 마야(환허幻虛의 홀로그램 식識)의 세계라는 인지 원리를 깨닫지 못하는 영의 무지·무명과 이에 따른 혼의 몽매·미혹으로 인해 생긴 것이다. 그러므로 먼저 존재로서 우주, 인간, 자기, 실존에 대한 종교적, 초종교적 성찰과 각성의 바른 앎(정지正知)을 위한 인지밈 학습과 각성자각 훈련이 필요하다.

• 기본·일반 치유기제의 확실하고 신속한 발현을 위해서는 단지 모든 부정적 시련 환란, 스트레스성 대상·환경·조건에 대한 일반적인 서양의 긍정 마인드 훈련으로는 안 된다. 보다 적극적으로 자기자애명상, 탈동일시 훈련, 자비(연민) 교환, 각성 긍정(무기대 각성, 한계 상태 각성, 재인지밈, 카르마 해체 등) 훈련, (대상과 환경의 모든 것의) 절대 수용 훈련, (병리장애로 인해) 깨어나게 해 주어 오히려 감사하는 각성자각 훈련·수련 등이 매우 효과적이다.

- 치료치유, 건강 정보 관련 지식은 필요한 전문 지식과 필수 교양 외에는 모두 신뢰할 만한 구글·SNS 치유·건강 정보에 맡기면 된다. 그러나 병리장애·치료치유·온건강의 모든 것에 대한 근본적·일상적 앎과 깨우침을 위해서는 적절한 인지밈 학습 체험·의식 훈련·의식 수련의 실행이 필수적이다. 왜냐하면 영혼이 무지몽매, 무명미혹에서 벗어나야 온건강을 위한 온전한 치유기제를 발현시킬 수 있기 때문이다.

- 의식·무의식·초의식, 혼식·혼기, 영식·영기, 성명性命 등 영혼에 대한, 영속 철학·심리학·수행에 대한, 그리고 의식(에너지氣, 정보識)에 대한 신과학·의식역학·정신과학적으로 심층적인 온전한 앎(정지正知·정해正解·정견正見)은 고급 치유기제 발현과 영적 성장기제를 촉진시킨다.

- 모든 치유는 유위·무위 쌍수에 의해 가능하면 최상위의 통합양자치유·수련까지 해야 치유기제와 의식의 변용을 쉽고 깊게 발현하는 것이 가능하다. 더 나아가 양자의식·양자자각·양자자기·양자사고·디바인 매트릭스·양자영성을 깨우치면 고급 치유기제와 영적 성장을 최상으로 발현시킬 수 있다.

- 무엇보다도 모든 지각·인지·의식의 각인 원리, 혼과 뇌(지知·정情·의意)의 상의상수相依相隨적, 의식역학적 작동 원리를 알면 치유기제를 쉽게 촉진시킬 수 있다. 즉, 뇌와 혼의 관계와 독특한 인지생성 변환체로서의 뇌의 외적 홀라키적 위치와 기능으로 인한 재인지밈 치유원리, 무기대·한계 상태 치유원리, 카르마 해체 치유원리 등을 깨우치면 치유기제의 발현을 보다 깊고 쉽게 촉진시킬 수 있다.

- 더 나아가 의식의 깨어남과 각성과 함께 뇌의 시냅스 활성화와 가소성을 확신하고서 뇌의 장애기전을 치유기전으로 전환시키는 뇌파 훈련, 바이오피드백 훈련, 그리고 천기 에너지에 의한 뇌정화淨化 심상화 훈련을 하면 치유기제가 보다 쉽게 발현된다.

- (고급 치유기제를 배우면 알게 되겠지만) 치유 중심으로 서양에서 발전되어 역수입되어 보편화된 일반 마음챙김 근거 치유·마음챙김 명상과는 달리, 온전한 통찰적 마음챙김·알아차림·메타자각의 주시·각성 수련은 모든 내적·외적 자극으로 인한 모든 수준의 심파를 탈동일시 대상화된 공상空像(홀로그램)식識으로 주시

하여 소멸시키는 강력한 무위 치유와 영적 성장의 기제를 발현시킨다.

- 이러한 통찰적 주시·각성 수련은, 특히 보통의 마음챙김으로는 하지 못하는 혼의 위축장애 작인에 의해 생기는 마음의 긴장·강박·신경성 과민성 스트레스기제와 감정정서·충동 본능, 뇌스트레스 인지 반응, 몸스트레스의 체인 반응을 쉽게 끊고 약화시킨다.

- 더 나아가 초자각적·통찰적(양자자기의 양자의식적) 주시를 하면 모든 번뇌·망상, 장애성 반응을 순간 소멸시키며 감쇄 소멸 속도를 더욱 가속화시킨다(하지만 홀로그램 식識의 기표記表 자체는 사라지는 것이 없다. 다만 활성화된 억압 에너지가 소멸될 뿐이지 모든 각인된 식識은 기의記意 상태로 다시 활성화되지 않는 기표記表 상태로 비활성화되어 심층무의식의 흔적으로 존재할 뿐이다).

## 기본 치유기제: 인지자각 학습

### 기본 치유기제 인지자각 원리

보통 사람의 심신의 모든 병리장애 증후군은 누구나 정도의 차이는 크다. 하지만 지금까지 강조해 온 치유기제의 핵심 원리, 근본 원리에 의하면 성장 과정에 형성된 다양한 복합적 억압무의식의 그림자(카르마, 억압무의식의 병적이거나 미숙한 방어기제, 콤플렉스, 발달 트라우마)의 COEX화로 인해 심신치유는 단순한 문제가 아니다. 특히 서양의 상담심리치료 방식의 치유는 성인의 경우 적합한 치료법을 만나면 어느 정도 치유는 되지만 근본 치유는 지극히 어렵다. 더구나 유전적 결함 요인, 외적 질병 환경 요인, 독성 유해물질로 인한 신체적 질병을 제외한 대부분의 만성 생활습관병이나 질병은 하향 인과적인 심인성 스트레스의 누적으로 인해 생긴 것이다. 그러므로 만성 심인성 심신피로, 혼의 위축·장애로 인한 부정적인 병리장애적 성정과 억압무의식의 그림자장애가 문제이다. 따라서 치유도 상향 인과보다 하향 인과가 지배적인 혼(정신), 마음, 감정정서, 충동적 이상심리 등의 장애적 인지의식의 각성적 자각

(awakening awareness) 문제가 더 지배적이다. 결론적으로, 모든 심인성 병리장애의 기본 치유기제는 이러한 병리장애적 정신, 마음, 인지의식을 선순환 경로로 전환하는 인지자각 학습, 의식 각성 훈련, 의식자각 수련을 통해 형성 발현되는 것이다.

그렇지만 심신치유에서 치유자는 어디까지나 내담자·치유대상자들에게 일반 상담이나 코칭식이 아닌 멘토링식이면서도 로저스식 내담자 중심의 상담으로 스스로 자아의 문제와 자기인지의 오류와 한계를 알아가게 하는 소크라테스식의 대화로 시작해야 한다. 그래서 보편적이고 신지식적인 현대의 보편화된 인지과학적·신과학적 앎에 대해 소통·공유하며 신뢰를 쌓은 후 수평적 대화로 지식·정보·앎의 공유·공감·소통에 의해 내담자/치유대상자 스스로 확신하도록 유도하는 게 최우선이다. 그러고 난 후 내담자 스스로 자신에게 맞는 치유법을 자각하고 원하는 것을 선택하여 실행하도록 유도해야 한다. 절대로 일방통행이 아닌 스스로 뇌인지과학적으로 잘못(오) 각인된 (인간의 보편적인 인지적 무지무명으로 인한 고통과 불행의 원인인) 모든 인지밈 식識의 불완전성·불확실성을 수긍하고 깨닫게 하는 게 중요하다. 물론 치유자 자신도 예전에는 몰랐었다고 고백하는 게 좋다. 이것이 모든 전통지혜의 가르침의 핵심이고 현대 첨단 뇌인지과학·통합신경생리학, 신과학, 에너지·양자과학, 신의학(에너지의학, 양자·파동 의학)의 기본 원리라는 걸 깨닫게 하는 게 중요하다. 그리하여 내담자·치유대상자 스스로 실제로 각성자각하고서 인지 학습과 자기자애와 혼유 훈련을 실행하고 싶은 강한 치유의지를 유도해야 한다. 따라서 진정한 근본 치료적 치유를 위해서는, 특히 다음과 같은 요인들에 유의해야 한다.

63

- 일반적으로 사람들은 몸의 병, 만성 생활습관병의 치료를 위해 통상 의사가 아닌 건강관리사, 상담사, 심리치료사, 심신치유사, 치유코치를 찾아오지는 않는다. 대개 심신의 병리, 특히 심인성 병리장애으로 인해 심신의 장애가 있어서 고통을 받을 때 사람들은 약이나 주는 정신과 의사들보다는 심신치유, 마음치유, 스트레스치유, 우울, 강박, 중독 등의 근본 치유를 위해 상담자나 치유자를 찾아온다.
- 무엇보다도 신경안정제나 처방해 주는 정신과 의사들에게 실망하고 정신과에서 제대로 다루지 못하는 정신·마음이 원인인 심인성 심신병리장애의 근본 치유 문

제, 정신·마음·감정정서·이상심리, 중독 문제 등의 근본 치료치유를 받기 위해 상담자를 찾아오는 것이다. 그러나 상담심리치료사도 정서·행동·인지 ABC심리치료 위주의 서양상담심리치료의 특성상 이러한 하향 인과적 병리장애의 근본 치료 문제는 각성적 인지자각에 의해 병리장애기제를 반전시키는 의식치유기제가 발현되지 않고서는 제대로 치유되지 않는다. 그러나 치유자도 이러한 치유기제의 원리를 제대로 알지 못하는 경우가 대부분이다. 물론 의료적 치료 후나 포기한 암이나 불치병의 치료치유나 회복치유를 위해 건강관리사나 상담치유사를 찾아온다. 하지만 이때에도 치유의 중심은 정신·마음·감정정서·기(에너지)·몸의 치유가 우선이다. 그래서 이를 위해서는 단계적으로 강력한 인지자각 치유기제의 발현이 선결 과제이다.

- 모든 치유기제는 영의 깨어남과 혼의 각성 상태의 작용인에 의해 맘·넋(정情)·기·몸을 작용하게 하는 (중심적 인지생성 변환 기능체인) 뇌의 상호작용 반응·대응·대처 기제에 의해 결정된다. 그러므로 모든 치유기제는 이것을 혼의 각성자각(awakening awareness) 훈련과 이에 따른 뇌의 가소성에 의해 치유회복 탄성(healing resilience) 쪽으로 변형·변화시키는 기제를 발현시키는 것이다.

- 왜 각성 긍정 인지자각(cognitive awareness)의식이 치유에 결정적인가? 뇌인지과학적으로 인지와 결합하여 동시에 발현되는 감성·감정·정서적 인지의 표층의식·무의식으로의 각인 심화 법칙 때문이다.

- 치유와 치유기제 모두 상향·하향 인과의 홀라키지만 하향 인과가 더 지배적이다. 혼이 한번 위축되고 두려워하면 뇌의 인지와 몸에 각인된 (정보)식識은 그 두려움에 지배받아 더욱 깊게 각인되고 그대로 자동 반응한다. 즉, 치유와 병리를 가져오는 인지는 감정정서와 결합되면 더욱더 깊게 각인되고 더욱 심화된다. 정서와 무관하게 단순히 인지밈으로만 각인된 것은 병리·치유와 무관하고 기억도 쉽게 사라진다. 그러나 두려움·공포·우울·집착·스트레스와 함께 각인된 인지는 병리장애 상태가 더욱 깊어지게 한다. 반대로, 긍정적으로 좋은 감정정서로 즐겁고 좋은 심상화 감성과 함께 인지 학습하면 치유가 되는 좋은 방향의 가치밈으로 각인된다. 이것이 의식역학적 각인 심화의 기본 법칙이다. 뇌의 인지밈 재인지 훈련

도 각성 긍정심리와 함께해야 치유기제가 쉽게 발현하는 이유인 것이다.

- 인지지능이 뛰어나든 아니든 간에, 깨어 있지 않은 거의 모든 보통 인간은 타고 난 근기와 카르마와 유전적 요인·기질·체질에 따라 삶의 고통과 불행을 느끼는 데 있어서 정도의 차이가 크다. 반면에 명운복덕을 잘 타고나 자기만족 속에, 자 존감과 행복감 속에 사는 소수의 사람들을 제외하고는 설사 재물과 명예와 권력 을 가졌다고 해도 이상심리나 분노조절장애, 트라우마, 콤플렉스 등의 다양한 정 신심리장애로 인해 고통이나 불행 속에 살고 있는 사람도 많다. 따라서 어디까지 나 어느 개인이든 현재의 자기 자신과 자기의 삶과 시대적·환경적·사회적 조건 에 대한 주관적인 부정적 의식으로 인해 받는 불행과 고통에서 벗어나고자 치유 자를 찾아올 때 치유가 가능한 것이다.

- 당연히 제대로 갖지도 못하고 억압, 수탈, 생존의 문제와 삶의 다양한 시련에 시 달리며 사는 보통 사람들은 깨어 있지 않은 경우 거의 모두 고통받으며 불행한 삶 속에 살아간다. 대부분 선천적 근기(카르마)와 유전적 소인에 따라 다르지만, 성 장 과정에 콤플렉스, 트라우마, 이상심리와 억압무의식 그림자, 부정적·병리적 방어기제까지 있는 경우, 위축, 우울, 자존감 상실, 분노화 장애, 이상심리, (자아 동질적 성격장애 수준은 아니지만) 어느 정도 사회적 적대·혐오 심리, 투사 등으로 고통을 받는다.

- 왜 그런가? 왜 수많은 사람이 고통, 불행, 위축, 두려움·공포·공황, 분노화 장애, 사회적 적대·혐오 심리, 중독장애 등으로 고통받으며 사는가? 보통의 인간들은 자기가 어떤 존재인지, 영적 존재인지 알지 못하고 바이오 로봇같이 외적·내적 자극에 자동 반응하며 살고 있다. 그런 삶을 사는 원인은 무엇인가? 모든 병리장 애 현상의 직간접 원인을 모두 논하려면 책 한 권으로도 부족하지만, 근본 원인이 무엇인가라는 질문에 대한 답은 너무나 쉽고 단순하다.

- 앞에서 누차 강조한 바와 같이, 모든 고통과 불행의 원인은 인지적 무지와 이로 인한 영의 무명과 혼의 몽매미혹으로부터 깨어나지 못하는 데서 비롯된다. 그렇 다면 '왜 무지무명에, 몽매미혹에 갇히게 되는가?'는 인지과학적으로 지극히 단 순하고 자명하다. 왜냐하면 인간은 뇌의 오감에 의해 느낀 감각적 지각 이미지와

학습된 언어적 밈의 상징에 의해 인지지각하고, 지知·정情·의意(삼부뇌: 대뇌신피질·지知, 대뇌변연계·정情, 뇌간·의意)에 의해 형성된 사회적 자기밈에 의해 자기감이 생기고 사고와 관념을 형성 각인하기 때문이다.

## 기본 치유기제: 인지 학습·훈련 원리

### 기본 인지 학습 훈련 지침

1. 인지(밈) 학습·훈련, 연습 과정에서 현재의 의식, 부정적 의식에 자동 반응하여 올라오는 억압무의식의 그림자(트라우마, 부정적·미성숙 방어기제 등)를 절대로 거부하면 안 된다. 거부하는 것을 느끼는 순간, 즉각적으로 각성자각(awakened awareness) 훈련을 해야 한다. 거부하는 경우, 즉시 혼의 의지와 뇌의 뉴런회로가 작동하게 되고, 이에 따른 마음과 감정정서와 자동 반응은 더욱 악화된다. 그러므로 인지 학습·훈련에서는 무엇이든 (아직 마음챙김을 제대로 할 수준은 아니나) 부정적 인식으로 바꾸어 반응하는 순간, 각성 긍정 상태로 전환하여 거부하지 않고 거부되는 것조차도 거부하지 않으며 있는 그대로 받아들이는 훈련을 한다. 마음챙김자각 수준의 탈자동화, 탈동일시는 아니더라도 계속 즉각 알고 깨닫고, 그렇게 긍정적으로 생각하고 사고하기를 반복하며 각성 훈련 한다는 걸 의미하는 것이다.

2. 그렇다고 진정한 마음챙김 수련같이 알아차림·자각에 의한 비개입적·수용적 대응을 전제로 하는 것은 아니다. 의식적으로 인지의식의 현 상태를 거부하지 않고 거부의식 자체를 오각인된 기표記表의 기의記意화 자동 반응임을 각성하며 계속 인지 학습·각성 훈련을 한다. 그렇게 반복하면 거부하는 의식 강도가 점차로 약화되면서, 어느 순간 임계점에 도달하게 되면서 의식의 변화가 일어난다. 그때까지 계속 (각성적·의식적) 의지로 반복 훈련한다.

3. 기본 인지 학습에서 가장 중요한 것은 자신의 인지적 무지로 인해 오각인된 부정확하거나 착각하거나 오해하는 인지의 가능성을 언제든지 인정하는 각성적 의식이다. 누구나 생후 지금 현재까지 뇌와 신체·백체·심체·혼체·영체에 각인된 식識(의식, 무의식)의 부정확성과 불확실성, 이로 인한 착각이나 오해가 대부분이라는 사실 등을 각성적으로 자각해야 한다. 뿐만 아니라 그것들을 절대시하며 그것들로 인해 내적·외적 자극에 자동 반응하고 춤추며 살아왔다는 사실을 인정하고 깨닫는 것이 기본적으로 가장 중요하다.

## 뇌와 혼의 인지의식 법칙 학습

1. 뇌의 인지 과정과 인지 결과의 부정확성과 불확실성, 오인·오해·착각 가능성을 인정한다.

2. 의식의 훈습과 무의식의 발현(현행) 의식 사이의 작용·반작용의 의식역학의 법칙을 이해한다.

3. 뇌의 뉴런회로NN의 인지 과정에 의해 한번 형성 각인된 의식, 그리고 이에 상응하는 혼의 무의식의 장場에 한번 훈습된 식識 정보는 유사조건에 자동 반응하고, 이를 의지적으로 거부할수록 더욱 강화된다.

4. 특히 생명의 생존·안전을 위협하거나 불안, 쾌락 본능과 관련되는 인지의식들은 정확성에 무관하게 한번 각인되면 계속 뉴런의 예민성이 강해지고 과민해진다. 모든 통증이나 신경과민은 정확성의 문제가 아니고 본능적·정동적 충동, 감정정서와 함께 각인되면 무조건 강화된다.

5. 모든 심신의 스트레스, 신경성 심리, 감정정서, 본능적 추동장애의 원인은 혼의 위축, 정체성 장애, 투사, 리비도적 욕동, 반사회적 추동 본능 의지 때문이다. 뇌의 뉴런은 이에 PNEI적, 신경생리학적 스트레스기제로 자동 반응한다. 이것이 혼식魂識(심식心識·감정·본능)과 뇌와 신체 사이의 의식의 (훈습·각인·발현) 작동기제의 법칙이다.

6. 이것을 반전시켜 혼의 자기정체성, 자존감을 되찾고 되살리는 훈련을 해야 한다. 먼저 혼·뇌의 작용 법칙을 깨우치고 각성 긍정 자기자애, 자기격려(괜찮아, 할 수 있어, CAN DO!)를 수용적·의도적으로 전념 지속하는 연습 훈련을 하면 된다. 이렇게 하면 위축된 혼은 신명과 자신감이 되살아난다.

7. 뇌의 어떤 외적 자극과 부정적인 내적 반응에도 잘못된 인지(오인지) 반응으로 당연시하면서 재인지밈 학습만 하면 도약적으로 인지가 바르게 강화된다.

8. 뇌와 혼의 의식·무의식의 작용 법칙을 알아야 한다. 예컨대, 생명, 안전, 고통 회피, 쾌락 추구 등에 대한 과민 반응은 뇌의 인지밈 훈련에 따라 달라진다.

## 혼·뇌의 인지자각 훈련

1. **혼·뇌 각성 확언 만트라**: 혼과 뇌에게는 항상 진짜 진정성을 갖고 "고맙다, 미안하다, 괜찮다, 더 잘할 수 있다, I CAN DO IT!"이라는 걸 항상 격려하고 염송하며 각성한다. 누구나 쉽게 할 수 있는 것이지만, 자기혼과 그 무의식의 의식 변환 반응체인 뇌에게 자기자애, 자기격려를 하며 동시에 각성한다.

2. **혼의 두려움의 법칙**: 혼은 주체이고 뇌는 (인지 생성·발현) 실행체이다. 그러므로 뇌는 혼의 두려움, 위축으로 인한 근거 없는 신경증적이고 막연한 과민성 두려움에 신체의 PNI 스트레스기제가 과민 반응하도록 한다. 예컨대, 벌레가 몸 어딘가에 들어온 것 같아 간지럽다고 생각하면 뇌는 온몸이 간질거리기 시작하는 것처럼 터무니없이 반응한다. 그래서 혼의 위축을 되살리기 위한 도전·용기·대범·긍정 의식 훈련을 해야 한다.

3. **혼·뇌의 무지·무명의 법칙**: 혼과 뇌의 몽매미혹의 불가피성·무모성에 대한 인지자각이 중요하다. 혼과 뇌는 무엇을 어떻게 하는 것이 자신의 몸에 좋은 건지 나쁜 건지 인지적으로 제대로 아는 것이 없다. 몸뿐이 아니라 본능·감정·마음·정신같이 의식이 위로 올라가고 깊이 들어갈수록 주체이지만 지혜와 분별력이 없는 혼과 기능체인 뇌는 무엇을 어떻게 해야 지혜로운 반응인지 더욱더 모른다. 더구나 보통 사람은 본능, 감정정서, 마음, 무의식, 정신·혼·영, 자기, 참나가 무엇인지, 왜 그런지, 그런 게 있는 건지 없는 건지, 내가 누구인지를 전혀 모른다.

4. **자신(뇌, 몸·본능, 칠정·혼)과 친해지기**: 내외의 모든 자극에 대한 반응과 본능적 추동과 욕구를 알아차리고 자기격려하고 자기자애하고 재인지(밈)각성하기

5. **자기와 자신의 몸을 사랑하고 신명 나게 하기**: (실존적 자기인) 혼에게 성장 과정이나 삶의 환경 조건에서 생긴 모든 문제는 자신의 인지적 착각 오각인 오해탓인 걸 모르고 스스로 위축된 부정적 자기로 인해 자신의 몸과 마음을 함부로 소홀하게 다루어 심신의 병리장애가 생긴 것에 대해 (자기언급으로) 스스로 미안해하고, 격려하며 몸의 뇌세포, 신경세포, 장세포, 근골피육 세포들이 춤추고 신명 나게 한다.

6. **자신도 어느 누구도 탓할 대상이 없다**: 자기 자신과 관련된 모든 문제는 모두 착각, 오해, 오각인으로 인해 그렇게 반응하는 건데 내 탓, 네 탓해 봐야 너와 나의 몸과 마음만 더욱 상하고 악화될 뿐이다.

7. **재인지밈 훈련**: 내 뇌의 인지밈을 더 명료하게 알고 학습하려고 노력하는 훈련 외에는, 그래서 무지무명에서 깨어나는 것 외에는 길이 없다. 그것이 곧 하느님의 섭리, 부처의 일승법계─乘法界 다르마, 우주의 법칙이다.

8. **자기와 세상 이해하기 훈련(분노화 조절장애 해체 훈련)**: 보통 인간은 더 잘 먹고 더 잘 누리고 더 잘 살려는 자기중심적·이기적 본능 욕망에 의해 살기 때문에 부딪히고 싸우고 갈등하기 마련이다. 그 순간 그들도 나도 바이오 로봇같이 자동 반응하며 최선을 다해 그러는 것이다. 그 어느 것도 제대로 온전하게 인지·인식·이해하고서 그러는 것이 아니다. 모두 착각 오해로 인해 오인하거나 피상적·단편적으로 불확실하게 지각 인지된 그대로 반응한

결과일 뿐이다. 그러므로 어느 누구도 탓할 수 없다. 나부터 그 원리와 법칙을 깨닫고서 잘 못 인지된 자아 중심적 본능적 욕망과 욕구로 인해 그런 것이니 자기파괴적이 될 필요는 없다는 각성적 자각이 인지밈 훈련의 출발점이다.

9. **한계 상태 각성 훈련**: 다음에는, 내가 왜 화가 나는지 그 원인을 생각해 본다. 그 상대, 사회, 집단의 하는 짓? 왜 그런지 모르나? 그냥 그의, 그들의 하는 짓이 분통 터트리고 못 견디게 하나? 그들이 그렇게 어리석거나 잘못하는 것은 그들이 가진 인지·의식의 한계 상태 장애 때문인데, 그것이 그들의 그 순간의 최선이다. 내가 분통 터뜨리면 내 몸과 마음만 상하고 망가지는데 그래도 좋은가? 이와 같은 각성적 성찰자각 훈련을 분노·화·혐오 등의 부정적 감정이 치솟을 때마다 더욱 반복 강화한다. 부정적 감정정서에 빠진 나 자신이나 혐오스런 대상이나 비정상적·극단적·반사회적·반인륜적 계층이나 종교나 인종이나 모두 그들의 한계 상태 가치밈 때문임을 깨닫고, 나와 그들의 한계 상태를 동시에 각성하는 훈련을 강화시킨다. 그런 각성 훈련을 지속하면 자기와 대상과 집단과 사회에 대한 부정적 의식의 강도가 순간순간 점차로 약화된다. 이렇게 되면 기본 인지 치유기제가 점점 양자도약적으로 발현되고 있는 것이다.

# 기본 치유기제 요결

## 인지자각 치유기제

---

### 예비 인지자각 학습 지침

1. 내담자/치유대상자 자신의 치유의지자각 고취

2. 내담자의 자기 자신의 특질(기질, 체질, 성격)에 대한 인지자각 유도

3. 내담자 자신의 병리장애 상태자각, 최적통합치유법에 대한 인지자각 학습(배우고 익힘) 유도

4. 내담자/치유대상자에게 치유기제 형성의 바탕이 되는 자기 심신의 정확한 건강 상태, 병리장애, 신체기관 계통의 취약성, 강인성 등은 모두 음양오행, 오운육기, 육장육부의 기의 상의상관적 흐름의 타고난 체질·기질·성격의 특성에 따라 다르다는 기본 원리자각 유도

5. 내담자가 자신의 본능, 감정정서의 기질 차이, 성격 차이, 혼기/혼식 차이, 카르마식/영식

차이 그리고 무의식장애 증후군(억압무의식 그림자, 부정적 방어기제, 콤플렉스, 트라우마, 망상 분열장애, 기분장애, 중독장애, 혼의 위축, 강박장애, 해리성 장애, 우울증, 자존감 상실, 정체성 장애 등등)과 관련된 자신의 현재 상태를 성찰적으로 인지자각하도록 유도

6. 모든 심신의 병리장애는 모두 혼과 뇌의 잘못된 인지(밈)의 문제임을 알고 반복 각성 훈련 하면 모든 부정적 의식(마음·감정·이상심리·충동·중독)은 점차로 사라진다는 확신 유도

## 기본 인지자각 치유지침

1. 가급적 자연의학적 자연치유원리에 따른 유위·무위적 심층·뇌인지과학적, 정신과학적 치유기법과 치유요법만이 근본 치유를 가능하게 한다는 인지자각 고취(항생제는 불가피하 고 의료적 처치로 급한 경우가 아니면 안 쓰고, 독성이 거의 없는 검증된 약만 한시적·제한적으로 사용하도록 유도)

2. 내담자/치유대상자의 체질과 현재의 신체 건강 상태에 맞는 올바른 천연 식자재, 약초, 생 약재, 천연 발효식품 등에 의한 섭식·섭생 치유를 유도한다.

3. 내담자의 기질, 성격에 맞는 소마운동, 접촉수기치료, 오감(색채, 소리, 향기, 이완, 수기, 빛, 냉온열…)치유를 선택적으로 적용한다.

4. 기본적으로 마음챙김 기반 도인양생 기공치유/요가치유 외에 치유자의 치유 전문성에 따 라 기치유·레이키치유, 오감치유·감정정서(음악, 미술, 예술, 춤, 웃음…)치유 등을 중점 활용 한다. (자기치유를 가능하게 하는 고급 치유인 마음챙김치유, 명상치유는 아직 적용하지 않는다.)

5. 다양한 자연치유를 통해 치유하면, 별다른 심신의 장애가 없는 한 즉시 어느 정도 치유가 되거나 치유기제가 발현되면서 치유효과가 나타나고 건강기제가 작동하게 된다.

6. 기능의학적 몸치유, 소마치유는 상향 인과적 심신치유이므로 하향 인과적 치유기제를 중 요시하지 않는다. 몸의 치유를 통해 심신의 치유를 도모하기 때문이다 그러나 스트레스를 비롯한 모든 병리장애는 모두 유독성 물질이나 감염성 질병 같은 외인성인 경우를 제외하 고는 홀론의학적으로 몸과 마음의 상향·하향 인과 모두의 홀라키치유문제이고 치유기제 가 치유의 성공 여부에 가장 중요한 요인이다.

7. 더구나 분노조절장애나 우울증, 범불안장애나 신경증, 강박, 중독 등의 심적 장애가 있는 사람들은 스트레스와 내인성·외인성 자극에 더욱 취약하다. 그렇다 보니 치유기제의 발 현 없이는 대개의 널리 알려진 심신치유법들이 일시적 힐링 외에는 근본 치유에 별 효과 가 없는 경우가 허다하다. 근본 이유는 모든 정신심리적 심인성 병리장애의 원인이 인지 오류와 함께 결합된 혼과 뇌의 지知·정情·의意·행行의 문제이기 때문이다.

## 기본 치유기제 발현 요결

1. 모든 심신치유기제 발현의 핵심은 기본적으로 자기에게 필요하고 맞는 최적의 온전한 치유요법의 내재적 치유기제가 발현되면 그 치유요법에 의해 치유하고자 하는 병리기제의 전환에 의한 치유가 가능하다는 것이다. 그러나 대체로 어느 한 치유요법만으로는 치유기제의 발현이 어렵다. 그래서 통합심신치유요법과 함께 치유기제 발현을 위한 스마트한 노력과 각성자각 훈련이 필요하다.

2. 무엇보다도 치유기제의 발현에 있어 가장 중요한 요인은 내담자/치유대상자 자신의 현재 정신심리장애 상태와 치유에 대한 온전한 자각의식의 각성이다. 즉, 자각의식의 각성 훈련을 통해 인지치유기제가 발현되면서 병리기제의식의 전환과 부정적 의식의 변화를 가져오게 해야 한다.

3. 이와 함께 기본 치유기제의 발현을 촉진시키는 치유의지의 각성과 지적 인지(밈)자각 학습(앎)이 필요하다. (기본 인지치유기제에 이어지는 일반적 기제로는 성찰적 긍정의식 훈련과 혼의 자각의식치유 훈련 등이 있다. 그리고 고급 치유기제가 발현하려면 통합마음챙김자각의식 수련 같은 것을 근기에 맞게 단계적으로 실행해야한다.)

4. 그러나 무엇보다 먼저 건강, 치료치유, 자기 자신에 대한 (인지적) 무지무명에서 벗어나 명료한 인지자각 학습(앎)에 의한 치유의지의 의식화의 실천이 중요하다. 그래서 치유의지의 발현을 위한 강인한 의지력, 신념 훈련이 필요하다.

5. 그리고 가장 중요한 것은 생명 에너지(생명원기)의 온전한 발현을 위한 섭식·섭생, 좋아하는 과격하지 않은 운동, 소마/기공/요가 치유의 실행이다. 정기신精氣神 원리에 의해 생명기체가 허하고 막히면 아래로 신체기능이 약화되고 위로 마음·정신이 허하고 교란된다. 생명원기의 양생이 치유기제 발현의 가장 기본적인 필수요소이다.

6. 그리고 기본적으로 위축된 혼의 신명을 되살리는 신명나는 유희와 스트레스와 억압된 감정 해소를 위한 놀이, 여행, 사랑, 교제, 심신 단련 등을 통한 현재의 생활과 삶의 패턴을 바꾸는 게 중요하다.

## 치유현장에서의 단계적 의식치유기제 발현 훈련·수련

1. 오각인 인지자각의식 학습 훈련
2. 각성 긍정치유 훈련
3. 자기자애 자각의식 훈련

4. 위축된 혼을 되살려 혼기魂氣와 용기·신념을 강화하는 혼의 치유(혼유魂癒)에 의한 중독, 충동 습관을 극복하기 위한 중독치유 훈련(일반 치유기제)

5. 모든 정신·심인성 부정적 자기인식, 자존감 상실 장애의 치유를 위한 혼의 치유 훈련·수련(혼유기제)

6. 마음챙김자각의식 수련(고급 치유기제)

7. 양자초자각의식 수련(고급 치유기제)

## 자기자애 치유기제 요결 : 각성 긍정 자기자애 만트라

1. **치유대상**: 정체성·자존감 상실, 자기혐오·거부·후회·실망, 심신병리장애 고통 집착·건강염려증·위축 장애기제에 갇힌 사람들

2. **치유요결**: 자기각성 긍정 → 자기격려·자기신뢰·자기사랑(자기몸, 자기뇌, 자기생명본능, 자기감정, 자기마음, 자기혼, 긍정·격려·신뢰·사랑)−자존감·자기자애 CV/PA 만트라

3. **장애 원인**: 모든 자기장애는 영혼, 자아/자기/혼, 몸·맘·영에 대한 무지몽매로부터 생긴 것이므로 해체하여 자기애 회복

※ 타인·사회에 대한 분노·화·원망·원한, 타인 거부·혐오, 카르마 장애기제에 갇힌 사람들은 바른 자아정체성 회복, 자기긍정·자기각성 에너지·의식 회복 후, 타인·사회 긍정·포용·용서, 연민·자애·자비 에너지·의식 발현, 카르마 해체는 다른 강력한 치유기제로 치유

## 치유기제실행 요결

1. **몸치유 실행 요결**: 대사증후군(만성 생활습관병)으로 아프거나 피로하거나 기능이 약화된 뇌·신체·기관 부위, 감각부위에 대해 깊숙이 느끼고 심상화하면서 각성 긍정 자기자애 만트라(구체적 자기자애 CV/PA 격려, 자기긍정, 자기확신)−몸(뇌, 감각기관, 육장육부, 근골피육, 조직, 세포…) 각 부위에 대해−괜찮아, 고마워, 미안해, 수고했어, 힘들지, 좋아지고 있어, 더 잘할게, 힘내, 사랑해…

2. **마음치유 실행 요결**: 자아/혼의 위축으로 인한 마음·감정·본능의 장애로 느끼는, 즉 거부, 우울, 후회, 집착, 두려움, 콤플렉스, 트라우마, 강박, 분노·화 칠정장애, 이상심리·충동 등에 대해 깊숙이 느끼고 심상화하면서 각성 긍정 자기자애 만트라(구체적 자기자애 CV/PA 격려, 자기긍정, 자기확신) 자아/魂(知·情·意, 마음·감정·본능)−괜찮아, 더 잘할 수 있어,

점점 더 좋아지고 있어…

※ 유아 즉 무아, 유위 즉 무위 의식 훈련은 탈동일시와 동일시의 양면 훈련임.

## 기본 치유기제 학습 요결

### 예비 인지자각 학습 요결

#### 1. 자각 대상에 대한 무지각성

- 자신의 몸·마음, 자기·타인에 대한 무지뿐 아니라 사회·세상, 영혼·참나, 온우주 등 진리에 대한 무지무명 인정
- 누구나 자신이 전공하는 것 외에는 심신의 건강, 몸·뇌 등 몸의 건강, 이상 상태에 대해 제대로 아는 것이 별로 없다는 것을 인정하는 각성적 자각
- 몸뿐 아니라 기, 정서, 마음, 정신(혼, 영), 자기/자아, 의식, 무의식, 초의식에 대해 아는 것이 별로 없다는 것을 인정하는 각성적 자각

#### 2. 인지자각 학습 요결

- 몸, 건강은 온라인 건강 정보, 구글 정보, SNS 정보를 이용하되, 옥석을 구분하고 신뢰 있는 소스, 공감되는 것만 주의해서 선택적 학습 권장
- 자신의 체질·기질·성격에 대해 알고 싶으면 신뢰할 만한 전문가나 문헌을 골라서 공부하기 권장
- 대인관계·소통에 대한 공부, 쉽고 재미있게 쓴 뇌·마음 관련 도서를 온라인 강좌로 공부하되 뇌과학·분자생물학·생리학의 환원주의적 일원론에 경각심 고취, 특히 인간의 모든 의식·마음·정신을 유물론적으로 전도시켜 뇌를 인간의 정신·의식·마음의 본질로 설명하는 책들은 뇌의 지각·인지·의식 생성 변환 기능 관련 부분 외에는 주의하도록 각성시킴
- 도서관 도서를 이용한 학습은 동일 주제 관련 책들 중에 권위와 신뢰가 느껴지고 편향된 주관적 관점이 아닌 보편적·통합적으로 서술된 도서를 선정하는 안목을 길러야 함을 강조
- 양자원리, 양자우주, 생명, 뇌인지 등에 대한 재미있는 온라인 동영상, 강좌, 도서로 공부하되, 환원주의·유물론적인 내용은 외면하고 통찰적 핵심 지식만 섭취해야 함을 강조

**기본 인지자각 학습 단계의 예비 치유기제 발현 요결**

1. 현재 생활의 새로운 변화를 가져오게 한다(치유대상자의 심신의 병리장애 상태에 따라 다르게, 관심을 끄는 것들 중에)
   - 하고픈 운동 중에 적절한 것을 선택해 시작, 소마/기공/요가 배움
   - 유희: 오락 · 취미, 공연 관람…
   - 여행: 해외, 가까운 국내 명소들
   - 소통: 수다 대상, 말이 통하는 친구들
   - 정서적으로 안정되는 것을 배움(그림, 음악, 글쓰기, 서예…)

2. 매 순간 모든 것에서 배우는 학습 자세를 갖는다
   - 일상, 건강, 사회생활, 대인관계 등 모든 것에서 순간순간 자신의 실수, 타인을 통해 배움
   - 뇌과학에 관한 쉽고 재미있는 책들
   - 자기계발서 중에 좋은 것들, 이끌리는 것들 탐독
   - 영적 독서
   - 좋은 건강 정보

## 각성 인지자각 학습 요결

**인지자각 원리**

내담자와의 라포 형성 후, 아픈 데와 문제를 안 후, (뇌)인지과학적 상식을 자연스레 객관화 · 보편화시켜 공감을 유도하며 설명해 준다. 무엇보다 치유자 자신의 학습, 깨달음, 체험 내용을 통해 깨우치게 도와주고 관심을 갖거나 선호하는 것부터 실행을 유도한다.

1. 우리가 절대시하는 오감 · 언어 · 상념 · 생각 · 사고 · 인식 · 관념이 뇌인지과학에 의하면 뉴런(신경회로NN)의 (전기화학적 발화에 의한) 시냅스 간의 디지털 · 아날로그 정보의 인지변환의 연속적 · 이산적 과정에 의해 생성 발현된다고 보는 것은 옳다. 그러나 자칫하면 정신 · 마음 · 의식의 근본을 뇌인지기능으로 환원하는 황당한 인식론적 오류를 범하기 쉬운 측면도 있다. 뿐만 아니라 그 인지생성 발현 결과는 인지적으로 실제적이 아니거나 틀리기 쉽

고 부정확하다.

2. 그와 같은 인지정보는 무엇이든 간에 무의식의 상태, 뇌의 인지 능력의 건강 상태에 따라 다르다. 더구나 한번 각인된 인지식識은(부정확하거나 오류이거나 간에) 사라지지 않고, 자동 반응을 거부하면 신경과민 증상과 함께 더욱 강해질 뿐이다.

3. 혼식(무의식)과 뇌 각인 표층인지의식은 상의상수相依相隨하며 정신심리적 대상에의 애착·집착 에너지인 카텍시스와 편향된 이상한 인지스키마에 사로잡히고 갇혀서 자동 반응한다. 그래서 대체로 황당한 강박적 집착, 감정정서·분노화 조절 장애, 이상심리 충동, 욕동 장애, 중독장애 증후군 등에 사로잡혀 고통받기 쉽게 되어 있다.

4. 그러한 인지성능은 어릴 때는 인지가 발달 단계에 있어서 부정확할 뿐 아니라 전조작심·구체조작심 수준이라서 문제가 있지만 뇌가소성이 있어서 쉽게 치유된다. 그러나 성인이 된 후 나이가 들수록 인지성능은 더욱더 고착 퇴행·퇴화한다. 그러므로 많은 사람이 무지몽매로 인해 더욱더 불행하게 살고 있다는 것이 보편적 사실임을 내담자 치유대상자로 하여금 깨닫게 해야 한다. 이와 같이 치유자는 자신이 깨달은 사실을 내담자에게 보편적·정보 공유적 태도로 알려 주며, 공감을 유도하고 깨우치고 각성자각하도록 유도해 주어야 한다.

5. 깨우치고 깨닫고 깨어나면, 혼(생명력 발현의 존재적 주체로서의 자기)과 뇌의 홀라키적 작용원리에 의해 혼이 각성하여 되살아나게 하는 신념·의지력 강화 훈련이 뒤따라야 한다. 이와 같은 각성자각에 수반하는 뇌의 재인지(밈) 학습을 통해 뇌에 이미 각인된 표층의식에 자동 반응하는 신경회로가 각성적 자각에 의해 점차 변하도록 반복적으로 각성 암시해야 한다. 그리하여 혼의 무의식과 뇌의 표층의식이 동조 반응하는 임계점에 도달하는 순간 인지가 변화된다.

6. 그래서 내담자/치유대상자에게 그냥 관념적 지식으로 뇌신경의 문제, 인지의 문제를 머리로 지식으로 알아봐야 아무 소용없음을 깨닫게 해야 한다. 무엇보다 재인지밈 훈련에 의해 점차 재인지(밈)성능이 강해지며 기존의 각인된 식識은 사라져 해체 소멸되어 버리도록 계속 반복 각성하게 해야 한다.

7. 자기의 선입관념, 인지적 사고, 고정 관념의 틀, 즉 자기인지스키마의 자각, 스키마 허물기, 정지正知, 정사유正思惟, 정견正見, 여실지견如實知見하는 각성자각적 성찰 훈련을 통해 고정 관념의 틀을 벗어나게 하고, 디카텍시스하도록 유도해야 한다.

## 인지자각 학습 요결: 인지자각 재인지밈 훈련 요결

1. **현재의 인지상태 자각 각성 훈련**: 현재의 자신이 안다고 믿고 있고 어정쩡하게 알면서도

영향받거나 마음 걸려 하는 인지·인식·관념·사고방식·이념의 재인지·해체 소멸 훈련을 한다.

2. 세상에 절대적으로 확실하고 정확한 오감언어적 인지는 없다. 그러나 더 확실하고 올바른 인지는 있다는 것을 확신하고, 항상 격물치지格物致知적으로 받아들일 준비가 되어 있음에 대한 자기각성을 강화한다.

3. 내가 현재 정확하다고 믿는 것은 과연 정확한가? 재검토하고 더 확실한 인지를 만나면 더 심원한 인지밈에 대한 재인지밈 학습을 시작한다.

4. 긴가민가하면서도 끌려 가고 영향받는 것들을 과감하게 해체한 후 보다 정확한 인지 학습 전까지 확신을 유보한다.

5. 잘 모르는 것은 무조건 거부하지 않고 부인하거나 영향받지 않고, 다만 더 정확한 인지와 인식을 하기 위해 재인지밈 훈련에 몰입한다.

6. 현재의 인지보다 더 확실하다는 것을 확신하면 확실하게 인지한 후 확신하며 받아들인다.

7. 그러나 뒤에 더 확실한 인지자각이 다시 생기면 기존 확신을 유보한다. 그러고 나서 더 확실한 것을 다시 재인지 학습한다. 더 강한 확신이 생기면 더 확실한 인지를 현재의 인지를 능가하는 인지로 각성적 확신 속에 받아들인다.

8. 궁극의 진리에 대한 깨달음 외에는, 모든 현상적·실상적 인지자각들은 실재가 아니고 격물치지, 여실지견하기 전까지는 현재의 인지에 모든 것을 의존하지 않는다. 오로지 현재 이 순간에 최선으로 인지하여 아는 것에 불과한 것임을 항시 각성한다. 그리하여 더 나은 인지를 학습할 마음의 준비가 항상 되어 있어야 한다.

## 뇌인지밈 학습 원리 및 치유기제 발현 요결

1. 모든 고통, 행·불행은 그 순간 뇌신피질의 인지와 변연계의 정서와 뇌간의 본능과 SAM 축의 자율신경계와 HPA 축의 호르몬 분비로 인한 몸과 뇌의 스트레스 반응이 그렇게 느끼게 작동해서 그렇게 느껴질 뿐 실재가 아니다. 단지 개인마다 정도와 상태가 다른 자동 인지 반응적 생리기제일 뿐이다. 그것도 부정확하거나 잘못 인지되거나 착각하게 된 인지 기능의 한계 때문에 생긴 것이다.

2. 모든 것은 허구적 인지의 공상空像(hologram), 환상, 착각의 상相(이미지) 때문인 걸 깨우치고 나면 반복 각성 훈련을 할수록 더욱더 자유로워질 수밖에 없다.

3. 뇌인지, 신경생리학적 기전의 오류, 착각 그리고 무의식의 허구는 어느 것도 실재적인 인식이란 없다는 걸 입증한다. 그것이 온우주의 현상계의 실상이다. 온우주 내 모든 존재하

는 생명과 자연의 상태는 그냥 모두 생명대하의 흐름이고 파동일 뿐이다.

4. 그렇다면 매 순간 모든 게 공空의 환상(홀로그램)이란 걸 깨닫고 각성하고 깨어서 먼저 자기자애(자기존재를 사랑)한다. 그러고 나면 모든 대상을 측은지심, 연민, 자비, 사랑으로 대할 수밖에 없다. 모든 걸 각성 긍정으로 느끼고 받아들일 수밖에 없다

5. 아무리 우주와 존재와 세상이 삶이 어려워져도, 그런 가운데 각성 긍정으로 받아들이는 인지 학습과 의식 훈련을 하면 그 속에 축복과 다행이, 귀인이, 다음 생의 축복과 구원의 길이 있다는 영속진리를 자각한다.

6. 모든 부정적 식識이 모두 오각인 인지로 인해 생긴 것이고, 이렇듯 황당하니 이를 해체 반전시키는 각성 긍정, 지복감, 합일의식, 격물치지, 정견正見, 정사유正思惟, 정지正知가 더욱 중요하다는 원리를 깨닫는다.

7. 뇌의 황당한 부정적 지知·정情·의意·행行 인지 작용기전을 바르게 반전시키고 뇌의 인지 밈을 훈련시키는 것이 무엇보다 중요하다는 원리를 깨닫는다.

8. 대부분의 사람은 건강, 생활, 일 등에 자신의 부정확하거나 파편적인 지식, 선입견을 절대적인 것으로 믿고 받아들이는 데 삶의 불행·고통과 모든 문제의 근본 원인이 있다는 사실을 모른다. 즉, 이는 연기緣起의 인과因果적 자연의 법칙(섭리, 법성)과 뇌의 인지법칙을 모르는 '무지무명 때문'이라는 원리를 깨닫는다.

통합심신치유학 [치유기제] 편

통합심신치유학 · 치유기제

제 3 장

일반 심신치유기제

통합심신치유학 [치유기제] 편

# 들어가는 말

치유대상이나 연령별 세대에 따라 광범위한 전문 치료적 치유(comprehensive therapeutic healing)를 해야 할 전문 치유자들은 내담자/치유대상자의 세대(아동, 청소년, 성인, 노인)나, 전문 분야—몸 수기치유, 소마/기공/요가 치유, 감정정서·오감·예술 치유, 중독치유, 의식치유, 혼치유, 마음챙김·명상 치유, 파동치유, 영치유 등과 관련된 치유상담, 치유교육, 심신수련·수행, 건강 관리 상담 등—에 따라 치유 분야는 다르기 마련이다. 그러나 어느 분야의 치유 전문가든 치유자에게는 전문적인 심신치유와 심리치료에 대한 식견과 건강전문가로서 온건강—신체적·정서적·사회적·정신적·영적 건강—전반에 대해 광범위한 의미에서의 심신치유 전문가로서의 능력이 요구된다. 즉, 단순한 일시적 힐링으로서의 심신치유를 넘어서는 전문 치유(therapeutic healing)적인 심신치유에 대한 전문 식견 그리고 내담자/치유대상자들이 치유요법·치유원리·치유기제를 습득한 후 자기치유를 하도록 유도할 수 있는 능력이 요구된다.

따라서 다시 요약하자면, 오늘날 심신치유 전문가들(심신치유사, 치유교육사, 건강관리사, 상담치유사, 치유코치 등)은 서양의 상담심리치료의 기본도 알아야 하지만 그와 함께 통합심신치유학에서 강조하는 심신통합치유—소마운동, 기공/요가 치유, 명상치유, 자연치유, 뇌파치유, 에너지(기) 치유, 파동치유, 감정정서치유, 최면치유 등등 거의 모든 자연치유적인 유위·무위의 보완대체의학적 심신치유, 의식치유, 혼의 치유, 심령·영적 치유—와 같은 전통과 현대의 전일의학·홀론의학적 심신BMS 통합치유에 대해 온전하게 알아야 한다. 즉, 위에서 언급한 전통과 현대의 자연치유와 현대심리치료와 명상치유, 혼치유·영적치유 등의 전통 및 현대의 심신치유 전 스펙트럼에 대해 심신치유 전문가로서 폭넓은 식견이 필요하다.

이미 『통합심신치유학: 이론』편에서 상세하게 설명했지만, 치유자는 인간의 심신, 즉 몸맘영BMS, 심기신心氣身(성명정性命精, 정기신精氣神)에 대한 삼원일체三元一体적 온전한 이해와 그 치유기제에 대한 바른 앎이 요구된다. 더 나아가 전통지혜(영속심리학,

영속의학, 영속 수행)와 현대 심리학과 양자·파동 의학(에너지의학, 양자의학, 파동의학)에 상응하여 보다 세분화된 신身·기氣·백魄(정情)·심心·혼魂·영靈의 〈표 1-2〉와 같은 육원일체六元一体적 다차원의 생명에 대해 알아야 한다. 말하자면, 즉 신체身体·기체氣体(에너지체)·백체魄体(감정체)·심체心体·혼체魂体·영체靈体의 홀론·홀라키적 원리에 대한 온전한 이해가 필요하다. 특히 이 시대의 치유 전문가라면 누구나 인간의 생명을 다차원의 생명장 양자파동으로서의 에너지氣와 정보識(인지지능, 의식·무의식·초의식) 수준에서 양자파동(에너지/기氣, 정보/식識)에 대한 바른 이해가 필요하다. 왜냐하면 이 책에서 거듭 반복 강조하는 얘기지만 모든 심리치료·심신치유·심신치유기제를 관통하는 인체생명장 홀라키의 상향 인과上向因果·하향 인과下向因果의 생명홀라키적 장애기제와 치유기제에 대한 명료한 이해가 필요하기 때문이다. 그래야만 치유자는 모든 심리치료법, 심신치유요법을 올바른 심신BMS(심기신心氣身, 정기신精氣身)의 삼원일체三元一体/육원일체六元一体적 치료치유원리에 입각하여 통합적 심신치유기제와 함께 보다 심오하게 적용할 수 있다.

예컨대, 아주 단순한 예로 관상동맥질환 같은 심장병이 있는 경우 제때에 의료적 심장 시술을 받으면 누구나 쉽게 치료된다. 상식적으로 치료 후 회복치유를 위한 건강 관리는 적절한 운동, 섭식이 필수이다. 치료 후 심장의 기능을 정상태에서 지속시키고 건강한 심장의 기능을 유지 강화하려면 어떻게 해야 하는지도 누구나 알고 있다. 그리고 시술할 정도는 아니지만 심장이 약하고, 심폐 기능이나 심혈관 계통이 취약한 사람은 어떻게 해야 하는지도 누구나 잘 알고 있다. 다만 치유기제 측면에서 보면, 이런 사람들은 당연히 적절한 심신치유원리에 따라 최소한의 기본 심신치유기제를 발현시키는 것이 필요하다. 하지만 이러한 기본 치유기제조차도 기본적으로 치유원리를 잘 알고 치유자각의식과 온전한 지속적 실천 의지가 있어야 발현 가능한 것이다. 당연히 적절한 섭생과 운동은 필수이지만 심장 기능 강화와 심혈관 건강 관리를 위한 자각과 실천 의지가 없다면 건강을 쉽게 잃어버릴 수 있다. 말하자면, 시술한 사람들은 대체로 회복치유와 건강 관리를 위해 주의할 것이다. 만약 시술한 사람이 무절제하게 생활하거나, 시술할 정도는 아니지만 만성 생활습관병 상태에 있는 사람이 일상에서 일과 대인관계, 삶과 환경 조건으로 인한 분노·화, 번아웃, 스트레스, 과로, 무절제한 음주 습관 등을 지속한다면 어떻게 될 것인가는 자명하다. 당연히 의지의 박약에 수반하는 혼의 위축과 중독장애로 인해 시술해야 할 정도로 위험하게 더욱 악화될 것이다. 즉, 치료 후나 현재의 아건강·반건강 상태에서 다시 기능 저하로 인해 약한 심장이나 심폐, 심뇌혈관의 상태는 머지않아 더 심각한 병리기제로 되돌아설 수 있다. 따라서 전형적 혼의 위축장애인 무절제와 의지의 박약으로 인한 단순한 생활습관병 장애조차도 단순하게 구분하여 치유하는 것이 쉽지 않다. 그래서 어느 수준의 어떤 병리장애든지 간에 적절한 치유요법과 치유기제에 따른 일반 치유기제에서도 온전한 건강 관리를 위한 의지의 실천 훈련이 특정한 치유기법의 치유기제를 발현 유지시키는 데 매우 중요하다. 앞장의 기본 치유기제와 함께 (다음 장에서 다루게 될) 혼의 위축을 되살리고 신명을 되살리는 생활습관의 변화와 꾸준한 지속적인 의지력 강화 훈련만이 지속적 치유효과와 함께 일반 치유기제를 발현시킬 수 있다.

하지만 앞의 단순한 예와 같은 단순 생활습관성 몸의 병리장애인 경우와는 달리, 혼의 위축장애 관련 심인성 장애가 원인이거나 혼·마음·감정 본능의 복합적인 병리장애기제가 만연되어 있는 경우에는 치유가 단순하지 않다. 일반적으로 보다 복합적인 아건강·반건강 상태의 심신병리장애나 정신심리적 장애로 고통받는 개인의 경우에는 기본 건강 관리나 기본 치유기제만으로는 안 된다. 보다 일반적으로 다양한 정신심리적 발달장애로 인한 복합적으로 만연된 심신장애로 고통받는 경우에는 통합심신치유에 상응하는 통합적 일반 치유기제의 발현에 의한 치유와 온건강 관리가 필요하다. 즉, 이 장에서 강조하는 통합심신치유에 의한 일반 치유기제를 발현하기 위한 신체적·행동적 건강, 정신심리적·혼적 건강, 사회적 건강, 문화·정서적 건강의 (켄 윌버의 AQAL) 사분면 통합건강 관리와 치유홀라키적 통합심신치유에 의한 통합적 일반 치유기제의 발현이 중요하다. 그러나 인간의 모든 고통, 불행, 병리장애 문제는 결국 혼(존재적 주체로서의 자기)의 문제이므로 기본 및 일반 치유기제가 어느 정도 발현되면 다음 장에서 다루는 혼의 치유魂癒만큼 중요한 것은 없다. 뒤에서 본격적으로 다루게 될 혼의 치유기제의 발현을 위한 혼유魂癒 훈련·수련은 모든 단계의 기본·일반·고급 치유기제와 함께 단계적으로 병행해야 하는 가장 중요한 유위적 치유기제이다.

83

# 통합심신치유학과 일반 치유기제

이 책 치유기제의 이론적 바탕인『통합심신치유학: 이론』편에서, 그리고 앞에서 정의한 바와 같이 통합심신치유에서는 동양의 전일적·치유과학적 심신치유와 현대의 자연의학적 자연치유, 통합의학의 보완대체의학적 심신통합치유, 서양심리치료의 심리치료적 치유, 신과학·신의학적 양자·파동 치유, 통합양자심신치유를 망라하는 홀론의학적 통합심신치유를 바탕으로 하고 있다. 따라서 통합심신치유학에서는 상보적·통전적으로 통합하는 온전한 통합적 심신치유를 강조하고 통합적·단계적 치유기제의 발현을 중요시한다. 여기서는 3부작의 다른 두 저서에 상술되어 있는 통합심신치유학의 이론 및 실제 측면에서 중요한 통합심신치유기제를 중심으로 간략하게 고찰할 것이다.

서양의 상담·심리 치료 중에 심적 장애의 치유와 정신건강의 회복에 합당한 심리치료를 모두 내포하는 통합심신치유학에서는 감정정서·마음·정신 차원의 장애증후군 내담자에 대한 심신통합적 치료적 치유(therapeutic healing)를 지향한다. 일반적으로 인간의 몸·마음·영혼(BMS, 심기신身氣心, 정명성精命性, 정기신精氣神)은 어느 특정한 수준/차원이 특히 더 나쁘고 약화되고 교란되어 장애가 더 심할 수 있다. 그러나 심신의 치유는 어느 한 수준/차원의 문제가 아니다. 〈표 1-2〉에서 보듯이 신체身体(육체), 기체氣体(에너지체, 리비도/생명 에너지, 충동 본능), 백체魄体(감정·정서체), 심체心体(마음·심리), 혼체魂体(심혼, 정신, 정묘체, 혼식/말나식, 혼적 자기), 영체靈体(원인체, 영식/아뢰야식, 영적 자기)의 전 스펙트럼 차원에 걸친 문제이다. 따라서 어느 수준의 장애와 병리이든지 생명홀라키로서 상향 인과上向因果·하향 인과下向因果 원리에 의해 생명의 온수준/온차원으로 점점 더 확산되고 악화되면서 심화되기 쉽다. 심신의 치유기제도 제1장에서 여러 맥락에 따라 정의한 바와 같이 정확히, 다양한 양식의 병리기제를 반전시키는 치유적 심신·의식(마음, 정신)의 스펙트럼의 선순환 상향·하향 인과에 의한 온수준·온차원 치유홀라키 기제의 발현이다. 그런 까닭에 치유도 심신의 전 스펙트럼에 걸쳐, 특히 영적 치유나 영적 각성은 제외한다고 해도 몸에서 혼으로, 혼에서 몸으로 온 수준에 걸쳐 치유할 수 있는 통합적 심신치유와 함께 통합심신치유기제의 발현이 되는 치유가 되어야 한다.

따라서 이 책에서 강조하는 모든 심신치유의 기제는 심신의 온스펙트럼, 온차원의 치유기제의 원리를 이해하는 데 필요한—생리학, 뇌인지과학, 심리학, 양자역학·파동역학, 양자과학, 에너지/氣 과학, 에너지의학·양자의학, 의식역학·정신물리학, 전일적 동양의학, 전통지혜의 영속 철학·종교·심리학·수행 등—전통과 현대의 (뇌) 인지과학·(심층) 과학·신과학·정신과학의 인간 생명과 의식에 대한 심층과학적 원리에 바탕을 두고 있다. 다시 요약하면, 전통지혜와 현대의 생물학적·뇌인지과학적·통합의학적·심리과학적 원리 그리고 신의학, 양자역학·양자과학, 신과학·정신물리학(의식역학)·정신과학의 원리에서 나온 치유원리와 그에 따른 치유요법에 바탕을 두고 있다. 여기에다 단계적 온수준의 자각의식(메타자각, 초자각 각성의식)의 발현에 의한 홀라키적 통합치유기제를 기본 원리로 하고 있다. 이와 같은 주요 치료치유·치유기제의 관련 주요 분야의 (그 분야 전문가 수준의 전문적 내용 이해가 아닌) 기본 원리들을 다시 요약 열거하면 다음과 같다.

- (환원주의적이 아닌) 심층 (양자) 뇌신경 인지과학 원리
- 역동적 정신의학·심층심리학·통합심리학 원리
- (환원주의적이 아닌) 통합신경생리학PNI, 스트레스의학 원리
- (환원주의적이 아닌) 심체심리학·심신통합의학 원리
- 의식역학·정신물리학 원리
- 신의학(에너지 의학, 양자의학·파동의학) 원리
- 신생물학·신과학 원리
- 기과학·기의학 원리
- 나선동역학적 치유·치유기제 원리
- 양자역학·양자과학의 통합 양자패러다임 원리
- 자아초월 상담심리치료·심리학 원리
- 영속철학·영속심리학·영속의학·영속수행 원리

앞에서 열거한 홀라키적 통합치유·치유기제 관련 심층과학적 학문들의 핵심 원리는 통합심신치유학의 자연의학적, 통합치유학, 신의학의 치유·치유기제의 원리와 기과학·신과학·정신과학의 원리를 관통하는 것이다. 기계적인 신체적·생물학적인 생리학적 기전과 정신적인 심적 기제는 심신통합의학적 시각과 통합심신치유학의 원리에서 보면 분리된 개념이 아니다. 마치 여러 겹으로 짜인 융단(다원일체多元一体) 같은 것이다. 이 책의 논의 범위를 넘어서지만 양자·파동 의학의 원리에 의하면 통전적·통관적으로 생명양자 파동장의 차원만 다를 뿐 병리·치유기제의 원리는 근본적으로 양자장과 장 사이의 파동 에너지(氣)와 정보(識·知·理)의 교란·동조·간섭·전사·변환 메커니즘의 차이일 뿐 모두 같은 것이다. 통합심신치유학의 관점에서 보면, 외인성 질병, 사고 등을 제외하고는 심인성(정신·마음·감정·본능에 기인한) 심신병리장애, 치료치유, 건강 문제 모두 [그림 3-1]에서 보듯이, 개인의 (뇌의) 인지자각, 마음챙김 의지·태도 모두(전통지혜, 유식학의 현대 심층심리·의식과학적 해석에 상응하는) 마음·정신 관련 의식·무의식·초의식의 문제이다. 그래서 질병·병리기전 같은 생리학적 상태를 말할 때를 제외하고는, [그림 3-1]과 같은 정신적·심적·정서적·본능적

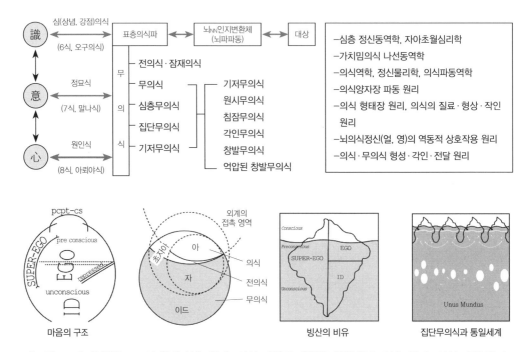

**[그림 3-1] 유식학唯識學의 현대 심층 심리·의식 과학적 해석을 위한 주요 심층 인지·의식 과학 원리**

의식·무의식·초의식(심층무의 식)의 정신역학·의식역학적 기제 원리에 의한 작용 상태가 병리·장애기제, 치료치유기제, 건강기제의 핵심 문제이다.

결국 심신치유와 심신치유기제의 핵심은 [그림 3-1]에서 유식학의 원리에 의해 보여 주듯이, 의식역학적으로 심心·의意·식識의 다차원의 의식(몸기넋맘얼)의 작동기제 원리를 따르는 의식치유와 의식치유기제를 발현하는 주체인 영혼(8·7식)의 작용인作用因(agency)의 문제이다. 이는 곧 혼의 치유, 혼유魂癒와 혼유기제의 문제이다. 그래서 역설적으로 의식치유와 일반 치유기제의 발현에서 가장 중요한 필요조건은 위축된 장애 상태의 혼을 되살리는 신체 단련과 (뇌인지) 의식 훈련이다. 혼유 훈련이 심화되면 자연스레 혼유 수련이 된다. 더 나아가 심화된 명상·의식 수련으로서 (고급 치유기제인) 마음챙김·알아차림·각성, 깨어 있는 의식 수행으로 성장 변화(변용)한다. 이는 의식치유와 심신치유기제의 홀라키적 성장 과정이다. 심신치유와 일반 치유기제 홀라키에서 상향·하향 인과의 쌍방향 모두 중요하다. 하지만 결국 모든 것은 유식唯識과 신해행증信解行證 수행 원리에서 나온 일체유신조一切唯信造, 일체유식조一切唯識造, 일체유심조一切唯心造이므로 정신·마음·의식의 하향 인과가 치유와 기제에서 가장 중요하고 지배적인 요인이다.

치유를 위한 가장 바람직한 접근은 신의학(에너지의학, 양자·파동 의학)을 포함한 모든 자연의학·통합의학적 치료치유법들을 홀론치유의학적으로 상보적으로 통합하는 것이다. 그리고 심신의 치유원리, 치료치유요법, 치유기제를 모두 치유홀라키와 치유기제 홀라키로 이해하는 것이다. 이에 따라 진정한 전인의학/전일의학적 통합심신치유와 통합심신치유기제를 동양의 전통 (전일/전인)의학적 정기신精氣神치유, 현대 통합의학(보완대체의학)적 심신치유, 현대 심리치료치유, 에너지치료치유, 양자·파동치료치유, 양자의식치유에 의해 홀라키적으로 치유해야 한다.

물론 어떤 사람이 매일 자신의 체질에 맞는 섭식을 하고 기공/요가, 운동, 소마, 수기 치유 등을 한다면 별다른 심신의 장애가 없는 한 건강기제가 발현하여 건강해진다. 그러나 다른 병리장애 문제가 있다면 이때의 치유기제는 뇌의 인지자각기제와 혼의 치유의지의 발현이 중요하다. 이를테면, 스트레스의학적으로 스트레스에 차 있는 사람은 스트레스기제로 인한 몸의 질병기전으로 인해 건강하게 살 수 없다. 모든 내외의 자극에 조건반사적으로 반응하는 보통 사람들은 통상적 삶의 환경과 조건으로 인한 번아웃과 스트레스의 원인인 외적 요인(외인)에서 쉽게 벗어날 수 없다. 그렇다면 치유자는 보다 심층적 원인인—자신의 심층 내면 카르마, 억압무의식, 그림자, 부정적 방어기제, 트라우마, 콤플렉스 등—부정적 의식·무의식 같은 번아웃과 스트레스를 촉발하는 더 심각한 내적 장애 원인(내인)에서 이들을 벗어나게 하는 에너지역학적·의식역학적 양자·파동 치유의 치유기제를 알아야 한다.

동일한 사건에 대해 사람마다 스트레스를 전혀 안 받는 사람에서 사소한 일에도 스트레스를 예민하게 받는 사람에 이르기까지 개인별 차이는 광범위하고 다양하다. 그 원인은 당연히 통합신경생리학적 스트레스기전만의 차이 때문이 아니라 주로 정신·마음의 장애, 즉 심인성 병리장애 증후군 때문이다. 결국 충동적 이상심리, 억압된 분노·화, 억압무의식 그림자(공포, 두려움, 강박, 콤플렉스, 트라우마, 자존감/정체성 상실) 등의 장애, (물질, 행위, 이념, 의식) 중독 등에 갇힌 병리장애기제에서 벗어나는 에너지·의식 치유기제—영유, 혼유, 심유, 백유, 기유의 통합적 의식치유기제—를 제대로 알고 발현시키는 근본적인 문제로 환원된다. 심신의 모든 외적 스트레스 환경·조건에 의한 스트레스기제는 외적 요인으로서 조연助緣은 되지만, 발현 원인은 심신의 병리장애의 상태가 근본 주인主因임을 알고서 통합적·근본적 심신치유기제를 발현시킬 수 있어야 한다.

왜 많은 사람이 병들고 사고당하고 장애와 질병에 시달리거나 반건강 상태의 대사증후군의 만성 생활습관병 속에 시달리면서 반건강 장애 상태의 고통 속에 갇혀 살고 있나? 그 근본 원인은 보통 사람들의 인지적 무지무명과 혼의 위축에 있음을 지금까지 누차 강조해 왔다. 그러므로 이 책에서 강조하는 단계적·통합적 치유기제의 중요성을 쉽게 깨달을 수 있다. 먼저, 모든 고통과 불행은 모두 제2장의 기본 치유기제에서 보여 주고 있듯이 개인의 무지·무명, 몽매·미혹이 초래한 불행과 고통 때문이라는 사실을 인지적 자각 학습·훈련을 통해 각성하고 깨우친다. 동시에 혼의 위축장애를 되살리기 위한 신명 나는 유희·운동과 함께 신념과 의지력 강화 훈련이 필요하다. 이와 함께 오직 단계적으로 마음챙김, 각성자각의식에 기반한 몸·소마, 기공/요가·명상 수련 등의 훈련·수련을 통해 깨어나면 단계적 치유기제의 발현에 따라 자기치유를 할 수 있게 된다.

건강, 질병, 치료, 치유에 대한 온전한 정보와 앎은 자신에게 맞는 온전한 건강·치유에 대한 인지자각의식의 각성 차원에서 절대로 중요하다. 그런데 이미 앞에서 언급했듯이, 이 시대는 웬만하면 어느 정도 검증된 지식은 거의 모두 구글을 통해 알 수 있는 시대가 되었다. 제대로 알고자 하고 어느 정도 검증된 것을 구분하여 선별할 줄 안다면 인터넷 포털/SNS를 통해 얼마든지 알 수 있다(사실 노하우적인 것은 검색이 제대로 안 되고, 옥석의 구분이 잘 안 되는 것이 문제이다). 그러므로 건강·치유의 지식 정보는 중요하나 이제는 지식 정보 획득의 문제가 아니고 병리, 치료치유, 건강에 대한 온전한 인지의식이 문제인 것이다.

지식 정보는 누구나 어느 정도 쉽게 알고 획득할 수 있는 시대가 되었다. 반면에 자기 자신이나 참나·영혼·마음·실존·인간·생명·우주 등에 대해서는 사전적이거나 편향된(환원주의적인) 학문적 지식들은 넘쳐나지만, 자기 자신의 영혼·마음·정신에 대해 제대로 알 수 있고 배울 수 있는 기회가 거의 없다. 부모나 선생도 모르니 가정교육이나 학교교육을 통해 배울 기회도 없이 자라나 거의 모두 다 닫힌 학술적 학문의 시각·조망이나 관련 전문 분야의 경쟁사회 속으로 그냥 휩쓸려 들어가게 된다. 그렇다 보니 스스로 깨칠 기회도 없어서 결국 인간 존재로의 자기정체성을 (책에서 배우는 담론이나 학술적 의미가 아닌 깨우쳐) 제대로 아는 사람은 찾아보기 힘들다. 깨어나는 수행을 제대로 하지 않는 석학, 학자, 수행자, 전문가들도 차이는 크지만 마찬가지이다. 자기를 모르면 지혜가 생길 수 없고 심신의 건강도 삶의 행복도 무지무명·몽매미혹으로 인해 다 잃고 만다. 그래서 보통 사람들은 대체로 (정도의 차이는 크지만) 자기(자아, 영혼)에 대해 무지한 채로 스스로 만든 인지·인식·관념의 고통과 불행의 감옥 속에 갇혀서 산다. 누구나 타고난 근기가 높거나 수행으로 깨어난 사람들을 제외하고는—스트레스, 콤플렉스, 트라우마, 분노, 화, 중독, 혐오, 우울, 자존감 상실, 두려움, 집착, 충동, 갈등, 이상심리, 이상행동 등—정도의 차이는 크지만 정신심리장애 증후군에서 완전히 벗어나서 사는 사람은 극히 드물다. 많은 경우, 나이가 들수록 진정한 수행적 삶으로 깨어 있는 사람을 제외하고는 이념이나 사고 행동이 지혜보다는 자아중심적 생존 욕망의 가치믹 수준으로 퇴행, 고착, 퇴화된 의식에 갇혀 사는 사람이 의

외로 너무나 많다.

심신치유기제 발현의 핵심은 이러한 인간에 대한 온전한 이해와 함께 질병, 아건강, 번아웃, 스트레스와 고통에 찬 불행한 삶에서 벗어나는 원리와 실제를 온전하게 깨우쳐 아는 데 있다. 그러므로 치유자는 내담자/치유대상자로 하여금 그 원리와 실체를 인지적으로 알고 나서 삶의 지혜를 성찰과 알아차림에 의해 깨우치게 하기 위해, 제2장의 기본 치유기제에서 보여 주고 있듯이 일상의 삶 속에서 각성적 자각의식으로(학습, 훈련, 수련을) 실행하도록 유도하는 것이 중요하다.

누구나 쉽게 알아차릴 수 있지만, 외인성 사고 질병을 제외하고 내인성 병리장애는 몸이 여러 번 경고 해도 의식이 밖으로 향해 있어서 보통 사람들은 자기의 내면의 장애로 인한 신체의식 반응에 대체로 둔감하고 무감각하다. 질병불안장애(IAD) 증후군은 정반대의 심리장애이지만 대체로 심한 병리장애가 생기고 나서야 후회한다. 모두 자각의식(알아차림)이 없는 데서 기인하는 의식·무의식의 자동 반응의 문제이다. 누차 강조했듯이, 깨어 있지 않은 의식 상태에서는 건강 정보 지식만으로 다행히 자기에게 맞는 건강 관리를 한다면, 그리고 별다른 정신심리적 장애가 없다면 심신의 건강을 어느 정도 유지할 수 있을 것이다. 하지만 실천하고 있는 건강법·치유법 자체가 자신에게 안 맞는 것이거나 삶의 환경이 나쁜 쪽으로 급변하게 되면, 언제든지 스트레스가 다시 심해지며 쉽게 무너질 수 있는 것이 심신의 건강이다.

지금까지 강조했듯이, 현대 신과학·신의학·인간과학(심리학, 정신의학, 분자생물학, 뇌신경생리학, 통합생리학, 현대 의학, 통합의학, 에너지의학, 양자파동의학 등)은 눈부시게 발전했다. 하지만 (양자천체물리학의 상상을 초월하는 발달로 인해 우주의 생성 진화의 비밀을 풀고 모든 것의 이론에 근접한 듯해 보이지만, 실상은 4% 정도의 네 개 기본 에너지만을 알아낸 것에 불과하고 96%는 미지의 암흑 물질, 암흑 에너지로 남아 있는 것과 마찬가지로) 앞의 제2장에서는 뇌과학이 눈부시게 발전해 왔지만 뇌의 신비한 기능에 대해 아직 몇 %도 제대로 모르는 수준에서 모두 뇌인지 환원주의에 빠져들고 있는 뇌과학의 한계와 문제에 대해 강조했었다. 실은 뇌인지과학뿐 아니라 인간과학(인체생명과학·신경생리학·현대 의학·심리학·정신의학)도 모두 다 블랙홀 심연 같은 인간 존재의 무의식·심층무의식·초의식에 대해, 생명의 실상에 대해, 아직 몇 %도 제대로 아는 게 별로 없다는 것을 알아야 한다.

　그런데도 현재 뇌과학과 생명과학, 의학, 심리학은 인간에 대해 거의 다 알아낸 듯이 일부 현상적·임상적으로 관찰한 결과를 일반화하여 단정적으로 인간에 대해 얘기하고 있다. 현대의 과학적 학문들이 우주, 생명, 인간에 대해 많은 것을 알아낸 것은 놀랄 만한 사실이다. 하지만 우리 우주의 에너지에 대해 겨우 4% 정도만 알아냈듯이, 전체에 비해 몇 %도 안 되는 지식으로 인간과 생명에 대해 육안에 보이는 현상만을 오늘날의 확장된 측정 도구로 밝히는 과학―물리·화학, 생명과학, 생리학, 뇌신경과학, 인지과학―의 미래의 위상을 상상해 보라. 몇 세기나 몇 천 년 뒤에 과학기술이 현재와 비교하거나 상상도 할 수 없을 정도로 발전하게 될 때와 비교하여 상상해 보면 쉽게 알 수 있다. 타임머신을 타고 미래로 간 현재의 환원주의적 과학주의자들이 인간은 21세기 전까지는 인간과 온 우주에 대해 너무 무지하여 제대로 몰랐고 이제는 거의 다 알게 된 것 같다고 말할 수 있는가? 그렇다면 자기부정, 자가당착의 역설이 된다. 그래서 우리는 블랙홀 심연 같은 인간 존재의 영혼, 의식·무의식·초의식의 깊이에 대해 전통지혜가 밝힌 혜안을 현재 (양자물리학·의식역학·정신물리학 같은) 심층과학이 상보적·상동相同적으로 밝히고 있는 심층과학적 인식에 유의해야 한다. 따라서 현재의 모든 치유자는 겸허한 마음으로 전통지혜(영속철학·심리학·의학·수행)와 현대 과학·의학, 신과학·정신과학을 상보적으로 통합하는 지혜를 갖는 게 중요하다고 본다. 그러므로 이 책에서는 AI시대의 치유자들이 인간과 인간의 문제(병리장애, 고통·불행, 치료치유, 건강…)에 대한 상보적·통합적·통섭적·통관적 관점에서 나온 온전한 통합적 치유와 치유기제의 중요성에 대해 깨우쳐야 함을, 맥락은 다르지만 반복하여 강조하고 있는 것이다.

## 통합심신치유기제 원리 요약

> • 인간 생명의 모든 것은 홀라키적으로 뇌와 몸으로 발현된다. 하지만 그 근원은 의식, 즉 본능적 욕망/의지, 감정정서, 마음 그리고 그 주체인 혼, 영의 문제임을 깨우쳐야 한다.

- 인지적 무지가 모든 불행의 원인이므로 정확한 정보, 지식, 앎이 치유의 필수적 필요조건이다. 그러므로 우선 구글 정보와 AI의 시대에 올바른 인지를 위해서는 검증되고 신뢰할 수 있고 합리적이고 과학적인 정보를 최대한 활용해야 한다.

- 무엇보다 영적 무지·무명, 혼적 몽매·미혹에서 벗어나서 바른 인지 학습(바르게 배우고 익혀서 앎)을 강한 의지와 용기와 신념으로 지속해야 어느 순간 양자도약적으로 기본 치유기제가 발현된다.

- 두려움 없는 자기확신으로 절대 각성 긍정의 삶을 추구하는 인지·자각 의식 훈련으로 깨어나야 한다.

- 나쁜 물질, 행위, 감정, 이념, 사고 중독에서 벗어나야 하고, 그러기 위해서는 각성적 자각 의식 훈련으로 깨어 있어야 한다.

- 무의식적 나쁜 습관에서 탈출해야 하고, 그러기 위해서는 성찰적 각성자각의식으로 깨어 있어야 하며, 깨어 있기 위해서는 통합심신치유 훈련과 수련을 해야 한다.

- 통합심신치유기제의 발현을 위해서는 심신치유, 심리치료, 보건상담, 정신건강 전문가들에게—내담자 개개인의 성명·근기에 맞는 치유기제가 제대로 발현·작동하도록 적절한 치료치유요법들을 온전하게 통합적으로 적용하기 위한—탐구 노력과 연구 정신이 필요하다.

- 더 나아가 어떻게 단계적으로 치유하고 치유기제를 발현시키는지 알아야 한다. 그래서 인지적 자각의식에서, 성찰적 각성자각의식, 마음챙김 통찰적 알아차림, 주시적 초(메타)자각의식에 이르기까지 어떻게 하면 단계적으로 치유기제를 온전하게 발현시키는 훈련·수련법들을 제대로 알고 깨우칠 수 있게 하는가를 알아야 한다. (누구나 고급 치유기제까지 발현되게 할 수 있다는 뜻이 아니라, 근기에 따라 기본과 일반 치유기제는 누구나 어느 정도 발현할 수 있다는 의미이다.)

- 하지만 인간의 심신, 즉 온생명의 몸맘영BMS(다차원의 생명체, 생명장인 신·기·백·심·혼·영BEEMSS)의 존재 원리와 생명의 항상성을 유지 발현하는 작용 원리와 그 실제 심층적 작동 기제는 아직도 생명 블랙홀 심연같이 신비에 쌓여 있다. 따라서 현 단계에서의 과학적·의학적, 심리학적 수준에서는, 현대 생명과학·의학—분자생물학, 뇌신경과학, 신생물학, 생리학, 정신의학, 자연의학, 통합의학, 심신통합의학, 생체전자기학, 에너지의학, 양자파동의학 등—에 의해서도 온생명(몸기넋맘얼영)의 신비의 일부분도 정확히 밝혀내지 못하고 있는 것이 현실이다. 그만큼 개개인의 인간, 온생명, 그 삼원일체/다원일체의 온생명체는 모두 각각 독특한 영적 존재의 특성을 나타낸다. 그러므로 개개인에 대해 무분별하게 표층 현상의 평균적 개념 원리의 일반화에 의해 무차별적으로 치료치유요법을 적용해서는 안 된다는 의미이기도 하다.

- 개개인은 모두 독특하고 다르면서도 지배적인 체질·기질·인성·성격이 범주적으로는 같을 수 있다. 그러나 개개인은 심리학적·과학적·의학적으로 동일한 듯하면서도 그 병리·치료치유 반응 현상은 제각각 다르다. 무엇보다 심층적으로 들여다보면 개개인의 인간 영혼은 다 다르고 동일한 영혼은 없다. 따라서 역사적으로 출현한 모든 인류나 현재의 모든 인류의 개개인은 모두 다르다. 생명 세계에서 오고 간 경로가 다 다르고, 그 카르마적 심층 무의식과 생명 에너지와 생명 정보(기氣·식識)가 다 다르기 때문이다.

- 따라서 앞에서 누차에 걸쳐 강조했듯이, 전문가가 내담자/치유대상자들 개개인에게 치유기제를 발현시키는 열쇠는, 온전한 치유원리와 치유법 그리고 내담자 자신의 체질·기질·성격, 취약점에 대한 온전한 앎과 내담자 자신에게 맞는 온전한 치유에 대한 인지적 자각과 최적의 치유요법·치유기법의 실행 의지를 각성시키는 데 있다.

- 대부분의 보통 사람들은 인지적 오류(오각인, 착각, 오해)와 온전한 인지정보의 부재가 초래하는 무지로 인해, 우주·생명·인간·자기·세계에 대해 온전하게 제대로 아는 것이 거의 없는 무명으로 인해 고통과 불행 속에 살고 있다. 이런 사실을 명확하게 인지하게 하고, 그게 보통 인간의 인지認知의 한계로 인한 것임을 깨우치게 하는 것이 중요하다. 모든 고통과 불행의 원인은 남 탓만이 아니며, 사회·국가·세계의 가진 자·지배자들의 탓만도 아닌 것을 깨우쳐야 한다. 그들도 모두 그들의 탐진치에 갇혀 인지가 동물보다 뛰어난 이기적 자아와 동물적 본능의 추동대로 살 수밖에 없기에 생긴 문제이기 때문이다. 모든 게 잘못된 인지·인식·관념과 동물적 탐욕이 빚어낸 문제임을 깨닫는 것이 중요하다. 이와 같이 자기와 타인, 사회와 세상을 바라보고 그렇게 보도록 의식 훈련을 하게 한다면, 누구나 예전의 자기와 인간들의 무지몽매에 어느 정도는 연민을 느끼게 될 것이다.

- 그러므로 심인성 심신의 장애로 인해 아프고 고통받는 사람들이 몽매미혹에 빠진 혼(자기)의 위축·장애 상태와 이에 상응하는 뇌의 인지 오류, 오각인, 착각, 오해가 만들어 내는 몸맘얼의 문제는 모두 오각인된 인지지각·자각의식·무의식의 문제임을 깨우치도록 유도하는 것이 가장 중요하다. 치유자가 내담자로 하여금 이러한 원리를 알고 깨닫게 하면, 인지자각 훈련에 의해 인지자각 치유기제를 쉽게 발현시킬 수 있다.

- 인지자각 훈련과 함께 점차로 내담자·치유대상자에게 무엇이 문제인가가 보이기 시작한다. 모든 심신치유 전문가는 치유자로서 스스로 몸기넋맘얼영의 모든 의식·무의식 수준에서의 인지 학습, 의식 훈련, 의식 수련을 통해 단계적으로 치유기제를 발현하는 통합치유기제의 요결을 체득하고서 치유현장에서 적용할 수 있어야 한다.

# 일반 치유기제: 자각 각성 훈련

## 일반 치유기제 발현 지침

1. 내담자/치유대상자의 병리장애 수준·유형·상태에 따른 최적의 근본 치유를 위해서는 기본 단계를 넘어 보다 본격적으로 필요한 모든 치유요법에 상응하는 일반 치유기제의 발현이 중요하다. 특정한 최적 치유와 함께 치유기제를 발현시키려면 치유대상자가 자기 자신과 병리치유에 대한 무지몽매에서 벗어나게 하는 기본적 인지 학습이 중요하다. 이와 함께 심안이 밝아지게 하는 전문 학습과 위축되거나 비정상적 상태에 있는 혼의 훈련이 필요하다. 그래서 혼이 어느 정도 되살아나면서 혼안이 밝아지면, 고급 치유기제의 본격적인 발현은 영적으로 깨어나게 하는 마음챙김·통찰 명상 기반 마음·혼·영성 수련이 지혜의 혜안·영안을 밝히기 위해 필요하다.

2. 모든 심인성 심신의 장애에 적합한 치유요법에 의한 일반 치유기제에 앞서는 기본 치유기제 발현의 핵심은 인지적 자각·자기자애·혼유를 위한 각성 훈련이다.

3. 모든 통합심신치유는 단계적 유위무위 쌍유쌍수가 되어야 궁극적으로 자기치유에 의한 고급 치유기제가 발현되어 근본 치유가 되며, 의식이 성장·변용하면서 영적 성장이 가능하게 된다.

4. 자신의 삶이 경제적 궁핍은 아닌데 혼의 위축으로 인한 자존감 상실, 불안, 우울, 스트레스에 과민하거나 강박, 번아웃, 중독 등에 시달리며 불행하다고 느끼고 고통받는 사람들은 웬만한 치료치유법으로는 회복되기 어렵다. 자신에게 맞는 통합심신치유법과 함께 반드시 단계적 통합심신치유기제를 발현하여 병리장애 상태에서 벗어나야 한다.

5. 각성 긍정 마인드 훈련, 창조적 시각화(심상화)/긍정 확언(CV/PA) 훈련, 캔두(CAN DO) 만트라 같은 마음 훈련은 기본적이지만 매우 효과적인 혼의 치유 훈련들이다.

6. 일반 치유기제 발현의 핵심은 내담자의 심신의 병리장애에 적합한 치유요법의 적용과 함께하는 혼의 치유 훈련이다 왜냐하면 보통의 사람들은 외인성 질병이 아닌 내인성의 경우 혼의 위축이나 비정상 상태로 인해 병리기제가 심화되어 고통을 받는 경우가 대부분이기 때문이다. 그러므로 최적의 치료치유요법의 적용과 병행하는 혼을 되살리기 위한 혼유가 가장 중요하다.

7. 심신홀라키적으로 심백기신心魄氣身은 혼의 작용인作用因의 지배를 받는다. 반면에 혼은 그 아래의 심체心体(마음), 백체魄体(넋, 감정정서), 기체氣体(元氣 에너지, 본능, 리비도), 신체身体(몸 에너지, 생리, 식識)에 의존하는 생명홀론의 주체이다. 혼은 이 모든 것을 뇌체腦体(인지생성 변환체)를 통해 상호 의존, 상의상수相依相隨하며 발현한다.

## 핵심 치유기제 요결

### 재인지(재각인)밈 각성 훈련 요결

1. 인지 오류, 각인 오류에 대해 자동 반응하는 혼(무의식의 주체)의 각성, 뇌(표층의식의 기능체)의 재인지밈 인지 훈련의 절대 필요성을 공감하고 이해한다.

2. 내가 알고 있는 것의 대부분이 부정확하고, 착각이고, 불확실한 게 많다는 것을 인정한다. 그렇다면 '모든 생각·사고·상념·인식에 대해 자동적으로 감정정서·행동 반응하는 것은 문제가 아닌가? 그래서 그로 인해 고통과 스트레스를 받는 것은 우스운 일 아닌가?'를 성찰 각성한다.

3. 상대의 반응도 나와 마찬가지로 '그가 잘못 인지하여 각인되고, 그로 인해 구조화된 사고, 감정정서, 본능적 충동 언행 탓이 아닌가? 어찌 그를 탓할 수 있나?'를 성찰 각성한다.

4. 내가 그의 그 순간의 자동 반응에 스트레스받고 기분 나쁘고 뒤집히면 부메랑으로 나의 신체·기체·정체·심체·혼체·영체가 모두 교란된다. 그리하면 그것은 나의 생명력이 저하 파괴되고 카르마가 증가하고 고통과 불행이 증가하는 자기파괴의 길이다. '그런데도 그냥 그대로 둘 것인가? 재인지밈 훈련을 할 것인가?'를 성찰 각성한다.

5. 따라서 유일한 근본 치유의 길은 깨어나서 각성하여 통찰적 주시를 해야 한다. 그러나 뇌와 혼은 단순 마음챙김만으로는 안 된다. 내공이 생기기 전에는 마음챙김을 제대로 하기도 어려우므로 인지 훈련부터 해야 한다. 인지 훈련과 함께 (양자의식장의) 교란 (양자)사건이 일어날 때마다 지속적으로 화두 만트라 (이뭣고 이뭣고…, 無무무…)를 하거나, 각성 확언 만트라로 들어간다.

6. 모든 사람이 매(양자사건의) 순간 그들의 최선의 언행과 응답을 하므로 그들에 대한 무기대 각성으로 깨어난다.

7. 실제로 소수의 지혜롭게 깨어 있는 사람들을 제외하고는, 보통 사람들은 (혼의 무의식, 뇌의

표층의식의) 자동 반응 바이오 로봇과 같다. 깨어 있지 않은 사람은 어느 누구나 자기의 최선으로 바이오 로봇같이 응답하니 분노, 화, 원한, 혐오의 대상은 있을 수 없다. 그렇게 반응하는 순간, 부메랑으로 내가 나의 생명력을 파괴하고 상하게 한다는 것을 각성한다.

8. 오직 각성 상태에서 방편적 이해, 설득, 설명, 요청만 있을 뿐이다. 공적으로는 인류 사회를 억압, 군림, 파괴하는 인간들의 광기와 불법, 폭력에 공분하고 저항 척결하는 방편은 해야 한다. 그러나 실제로 개개인에 대해서는 저들도 염오의 카르마식과 삶과 사회 환경의 피해자이니 연민만 생길 뿐 화가 나지 않는다는 것을 각성한다.

9. 통찰적 마음챙김으로 주시하는 순간 모든 염오식은 사라지나, 그러한 통찰적 마음챙김은 못 해도, 자각하는 순간 곧 각성적 無, 이뭣고… 화두 만트라나 확언 만트라로 들어간다.

10. 매 순간 실수하고, 매 순간 다시 각성하고, 매 순간 다시 깨어나야 한다는 것을 항시 명심한다. 그리고 가능하면 온우주와 조율·동조·합일 3A(Atunement, Atonement, At—one—ment)된 의식으로 깊은 자기자애 속에 나이 들수록 더욱더 강도 높은 인지 훈련을 해야 한다는 것을 깨닫는다.

## 뇌인지·혼의 각성 훈련

1. 뇌는 각인된 표층의식의 인지대로 자동 반응하는 기능체일 뿐이다 대혼으로 깨어 있지 않은 보통 인간의 혼은 지혜는 없고 각인된 무의식대로 생명의 유지(생존)를 위해 뇌와 상호 의존, 상의상수相依相隨 동조하여 반응한다.

2. 뇌는 각성되어 있거나 무의식의 암시로 뇌를 제어 작인하지 않는 한 뇌와 신체의 반응에 의존한다. 오직 깨어 있는 의식으로 각성되어 있을 때만 신념·용기·의지로 각성 긍정, 재인지밈 암시 훈련에 의해 뇌의 기존의 각인 인지를 (소성화塑性化 상태로) 바꿀 수 있다.

3. 영이 깨어 있고 혼이 각성되어 있으면 자신의 현재의 모든 의식·무의식의 한계는 혼과 뇌를 더욱더 각성시키고 더욱더 깨어 있게 하는 추동 에너지원이 된다.

4. 혼은 약한 각성 상태에서도 모든 장애 의식·무의식(스트레스, 신경증, 강박, 집착, 두려움, 공포, 망상, 분노·화, 충동, 콤플렉스, 위축, 실수 등)의 습기가 올라오는 걸 느끼고 예견하는 순간 더욱더 강한 각성의 에너지를 느낀다.

5. 혼이 깨어 있거나 각성되어 있지 않아 뒤집히게 되면 인지각성 훈련을 더욱 강하게 지속한다.

6. 자신의 모든 부정적 식識이 나타나거나 느껴지는 순간, 자신이 실수하고 잘못하는 순간, 다시 깨어나고 각성하게 해 주어 더욱 감사하는 각성을 한다. 재인지밈 학습을 할 수 있는

기회를 갖게 되어 더욱 진지하고, 더욱더 경건해지고, 더욱더 절실하게, 더욱더 깨달아 감사하는 각성을 한다. 이와 같이 더욱더 확철하게 깨우치고 단련·수련·훈련·실천을 하게 되어 감사하는 각성을 지속한다.

7. 가장 심각한 현상은 집착과 위축에서 오는 두려움이다. 주인(영혼)이 주인이기를 포기하는 것이다. 혼을 더욱 강하게 각성 훈련시켜야 한다는 것을 깨닫는다.

8. 영이 깨어나서 영안·혜안이 열리지 않는 한, 혼이 각성하여 혼안이 열리지 않는 한 모든 사람은 무지무명·몽매미혹 속에 순간순간 그 사람의 최선으로 자동 반응하고 행동한다. 각성되지 않은 상태에서는 너도나도 모두 탐진치의 정도의 차이만 있을 뿐, 다 그렇다는 진리를 깨닫는다.

9. 모든 각인된 식識은 부정확하고 착각·오류 투성이다. 신뢰할 수 없는데 왜 엉터리 각인 인식의 노예가 되나. 다시 재인지인식을 해야 함을 각성하고서 각성 긍정 암시, 자기자애를 발동해야 한다.

10. (다음 절에서 보여 줄) 한계 상태 각성 훈련과 무기대 각성 훈련이 가장 효과적이고 강력한 각성 인지변환기제를 발현시킨다.

## 오각인 인지 오류 각성 훈련 요결

부정적으로 각인된 인지의 왜곡, 부정적 방어기제의 인지 오류가 대부분의 병리장애의 근본 원인이다. 원래 각인 의식·무의식의 원인을 몰라도 일단 부정적인 것이면 100% 무조건 각인 인지 오류이거나 부정확한 오해 착각이 원인임을 각성한다. 이러한 오각인 인지가 어릴 때나 COEX화되는 성장 과정이나 성장 후에 자기화되어 무의식으로 구조화된 모든 기존의 오각인 인지·인식·관념이 자기 자신의 감정정서 본능(뇌의 지知·정情·의意)과 결합하여 몸과 마음에 상처로 각인되어 심신의 장애가 형성된 것이라는 원리만 각성하면 된다.

## 대표적인 부정적 인지 오류 원인

1. 이분법적 사고
2. 혼의 위축·장애로 인한 자존감·정체성 상실, 불안·우울·두려움·공황, 분노·화·감정·기분 조절장애 증후군
3. 성급한 일반화, 자기합리화(변명, 지식화)
4. 개인, 대상에 투사적 책임 전가하기
5. 성급한 낙인찍기

6. 강박, 집착, 건강염려증(IAD)

7. 감정적·비이성적 추론 사고

8. 임의적·비합리적 추론 사고

## 치유자로서 치유대상자를 상담치유할 때 가져야 하는 기본 자세

1. 일반 상담심리치료와는 달리 치유상담은 언제나 로저스식, 소크라테스식 대화여야 한다. 치유자 자신도 항상 뇌인지과학적으로 오감언어적 인지의 부정확성, 각인된 인식이 잘못된 게 많다는 것을 항상 느낀다는 보편적 인식의 고백과 함께, 스스로 무지를 인정하고서 조언을 요구하도록 유도하며 수평적 대화로 상담한다. 뇌인지과학적·의식역학적으로 누구나 다 그렇다는 공감을 유도하며, 치유의지만 있으면 치유된다는 확신의 격려와 함께 인지 오류 각성·재인지임 훈련을 유도한다.

2. 좋은 치유상담에 공감하여 내담자가 작심, 결심한다고 원하는 대로 그렇게 변화되지 않는다는 것은 상식이다. 힐링 캠프에 가거나 힐링 강의를 들으면 공감·감동 속에 일시적 스트레스, 번아웃 해소 등으로 힐링은 되지만 근본 치유가 되어 변하지는 않는다. 오직 각성 상태에서 인지임 재인지를 위한 혼과 뇌의 훈련 없이는 안 된다는 것을 깨우치게 유도한다.

3. 치유자의 통합치유 프로그램의 워크북은 내담자·치유대상자의 기질·성격·체질과 병리 장애 상태에 따라 적합한 맞춤식 다양한 유위·무위 치유요법, 치유기법들로 구성되어 있고, 단계적 치유기제의 발현과 함께 고급 치유기제로 무위적 마음챙김 수련에 의한 자기치유와 영적 성장이 가능한 프로그램이 되어야 한다.

## 일반 치유기제를 위한 치유기예

### 건강염려증(IAD) 치유기제

1. 건강염려증은 생명에 대한 혼의 집착으로 인한 삶의 조건과 환경에 대한 과민 반응으로 혼이 위축되고 신경과민이 되어 생긴 마음의 병이다.

2. 먼저, 잘못 각인된 인지 오류의 재인지임 교육 훈련 과정을 통해 혼심뇌신魂心腦身의 상의 상관·상수相隨 작용의 뇌인지과학적 원리와 PNI·통합생리학적 원리를 명확하게 다시 인지한다. 그리하여 오각인 인지 오류가 야기하는 심신의 근본 문제를 깨닫는다.

3. 이와 함께 혼기 강화에 의한 위축된 혼 바로잡기 훈련을 하고 각성 긍정 만트라 수련을 한다.

4. 점차로 나아지다가 어느 순간 치유기제가 발현되며 건강염려증(질병불안장애IAD 증후군)에 서 점차로 벗어나게 된다.

## 의식장애 증후군 치유기제

이상심리학과 정신의학에서 말하는 조작적 정의를 따르자면, 다음에 열거한 모든 심인성 병리장애의 원인은 모두 뇌의 인지 오류와 혼의 위축과 장애로 인한 심신의 장애이므로 근본적으로 앞에서 언급한 건강염려증 치유기제와 다를 바 없다. 그러므로 해당 장애의 내담자·치유대상자에게 적합한 치유요법의 적용과 함께 오각인 인지밈 각성자각 훈련과 혼기 강화 훈련을 병행한다.

1. 분노화 조절장애 치유기제
2. 우울장애 치유기제
3. 집착 강박증 치유기제
4. 스트레스 과민증 치유기제
5. 이상충동 심리치유기제
6. 물질 중독 치유기제
7. 행위 중독 치유기제
8. 이념 중독 치유기제
9. 의식 중독 치유기제
10. 망상장애 치유기제
11. 기분감정장애 치유기제

※ 인간 생명의 모든 존재의 수준에 다 상응하는 생명체의 차원 구조의 몸·체·장場의 에너지(기氣)와 정보(식識)의 기능과 성능 상태에 의해 발현되는 (모든 부정적·병리적인) 복잡계적 (양자)의식 에너 지 파동의 정보(식識, 지능知能)는 모두 가환假幻의 상相인 홀로그램 공상空象파로서 초자각적 주시에 의한 해체 대상임을 각성하는 의식장애 해체 훈련을 한다.

## 모든 병리장애의 원인

모든 장애의 원인인 오각인된 인지는 감정정서·본능·행동과 복합적·연쇄적으로 반응 작동하는 신경망 회로NN로 연결되어 있다. 그래서 이로 인한 모든 성장 과정의 지知·정情·의

意·행行의 발달장애는 성장할수록 COEX적으로 다층화·구조화·억압된 무의식의 자기화되어 있기 때문에 자동 반응이 생겨난다. COEX화된 발달장애 억압무의식은 쉽게 치료치유되지 않는다.

## 인지자각(각성 훈련, 통찰 주시): 기본 핵심 치유기제

1. 어느 대상이든 간에 카르마 대상은, 특히 더 강한 각성자각 훈련이 필요하다. 즉, 각성 훈련이 중요하다. 그들은 카르마적 한계 상태에서 자동 반응하기 때문에 절대 무기대 각성 훈련이 중요하다. 카르마에 자동 반응하면 자기 파괴적 부메랑이 되므로 카르마가 치솟는 순간 즉각 각성 상태로 들어가는 훈련이 중요하다.

2. 깨어 있는 사람을 제외하고는, 그들의 의식(지정의행知情意行) 한계 상태에서 자동 반응하니 무심·연민·포용으로 대응하는 각성자각 훈련이 중요하다.

3. 일을 망치지 않게 방편적으로 대응할 때도 최대한 상대가 공감하도록 긍정적으로 설득하는 훈련이 중요하다.

4. 어떤 탐진치, 콤플렉스, 위축, 불안, 우울, 트라우마, 이상심리, 신경증, 강박, 스트레스가 일어나도 자기자애 각성 만트라, 각성 긍정 훈련으로 대응한다.

5. 모든 고통, 불행, 심신장애는 모두 오각인된 인지로 인해 잘못 반응하며 누적적으로 복잡화·경화된 상태의 혼·심·정·기·뇌(지정의행知情意行)·신身이 자동 반응하는 탓이므로 각성 만트라나 통찰적 마음챙김으로 각성 주시해야 한다.

※ 모든 내적·외적 자극, 정신·심리·정서·본능에 대한 반응은 뇌신경계에 의한 감각적 지각, 감지, 느낌에 의한 인지기제일 뿐이고, 그 반응은 PNEI적 스트레스기제에 의한 생체 에너지 양자파동에 의한 신체세포들의 식識의 반응일 뿐이라는 사실을 각성자각하는 훈련을 한다.

# 일반 치유기제 요결

## 주요 치유기제 요결: 각성자각 기반 감정·의식 치유 훈련

　모든 치유기제의 요결은 치유자가 실천을 통해 먼저 체득한 후에 내담자/치유대상자들의 치유기제를 형성시키기 위한 각성자각 유도 훈련을 하는 데 있다.

## 감정 변화 각성자각치유 훈련

### 대상에 대한 감정/정동 각성 훈련

1. 대상과의 감정/정서 분노, 화, 언쟁 … 충돌 조짐의 알아차림 훈련
   - 각성자각 수준에 따라 시작 단계 → 폭발 직전 단계 → 폭발 후 단계에 따른 알아차림 훈련
   - 감정 발생·진행·폭발로 인한 몸(6장 6부 근육)의 경직, 통증, 뒤집힘, 감정 에너지 교란, 역류 상태의 알아차림 훈련
2. 감정 충돌·정동이 어떤 조건·상황에서 발생했는지 알아차리는 순간 통찰적 각성 훈련
   - 충돌 원인(언행, 태도, 자극, 콤플렉스, 부정적·미숙한 방어기제, 트라우마, 카르마 등 원인)의 즉각적 알아차림 훈련
3. 모든 것이 내 탓으로(主因) 인한 대상의 반응(助緣)임을 각성하는 알아차림 훈련
4. 각성자각 후 몸의 감정 에너지 교란 주시, 사라지는 것에 대한 심상화 훈련
5. 폭발된 감정은 (직후, 조금 후, 지난 후) 각성자각을 하여 화해 언어와 행동(미안해, 괜찮아, 고마워…)으로 의식 에너지 전환하는 각성 훈련

## 무기대 정서 각성자각치유 훈련

카르마·부정적 장애 대상에 대한 감정정서: 대상에 대한 혐오, 불만, 적개심, 불쾌… 등에 대한 자기치유

1. 감정/정서 각성 법칙
- $EE_S = RP_O - EP_O$
   - $EE_S$: 대상에 대한 자기의 기대 감정정서(Expected Emotion of Self)
   - $EP_O$: 대상의 언행·태도에 대한 기대 욕망[Expected Performance of Object(의식, 무의식)]

· RPo: 대상의 실제 언행·태도[Realized Performance of Object(+ —)]

- EEs≠0이면 EEs=±ΔPo만큼 감정/정서 (±)희비

2. 감정정서 무기대 각성 상태자각 훈련 : EEs=0

3. EEs=0 각성 상태이면, 대상의 RPo≥0일 때는 고마움, RPo<0일 때는 연민, 측은지심

4. 각성 훈련

- RPo≥0 이면 고마움, 칭찬, 격려 의식 에너지로 전환
- RPo<0 이면 연민, 측은지심(대상의 부정적 한계 상태의식으로 인한 것이므로 심리·의식장애· 아픔으로 갇힌 사람을 비난하고, 탓할 것인가? 연민을 느껴야 하지 않나?)을 자각하는 각성 훈련

## 한계 상태 연민 각성자각치유 훈련

1. 부정적 대상의 한계 상태 의식 각성 훈련

- 대상의 공적·사적 일, 대인관계에 대한, 특히 자기와의 관계에 대한, 대상의 언행·태 도·품성·도덕성·역량 리더십 등에 대한 부정적 관념, 감정, 정서, 기분(혐오, 거부, 울화, 위압, 분통, 위축 …) 을 느끼는 순간 각성자각 훈련
- 그런 것이 그 순간의 대상의 지배적 가치믿의식의 닫히고closed 사로잡힌arreested/병리 적pathological·불건강unhealthy CA/PU 상태의 의식·무의식 한계 상태에서 나온 어쩔 수 없는 한계임을 각성자각 훈련

2. 대상에 대한 부정적 감정정서가 일어날 때마다 즉각 연민을 느끼며 조우 시마다 지속적으 로 무기대 연민 각성자각 훈련

3. 자기의 공적·사적 일·생활과 관계되면 대상의 현재 지배적 믿의식의 문제(문제적 수준·분 면·라인 유형의 CAO/PUH 믿식識 상태) 파악 각성 훈련

4. 완전히 닫히고 병리적 C/P 수준이면 피해를 최소화하며 멀리하거나 초월하는 방안 강구, 사로잡히거나 불건강 수준(A/U)이면 한계 상태 연민 각성자각 유도 훈련

## 재인지믿 변화 각성자각치유 훈련

1. 어떤 대상(사람, 사물)에 대한 거부, 혐오, 과민 반응, 회피 강박 등 각인믿 감정정서를 느낄 때

- 그 대상을 대할 때마다 그런 인지/인식으로 각인된 믿식識의 원인에 대한 통찰적 각성 훈련: 대상의 언행? 태도? 선입견? 표면적/피상적 이해? 오인, 오해 요소는? 몰랐던 면은?

2. 마주할 때마다 믿식의 재학습/탈학습 훈련

- 대상에 대한 정확한 감각적 인지를 했나? 최초의 믿 인지는 왜? 언제? 어떻게? 오인? 착각? 불확실한 인식? 여부에 대한 성찰적 각성자각 훈련

- 문제 있는 오인지 측면 있나? 새롭게 인지할, 인식할 요소/측면 있나? (새로운 측면의 밈 인지, 인식) 여부에 대한 성찰적 자각 훈련
- 발견 시, 이전의 밈 인식의 잘못을 깨닫고 탈학습, 새로운 개선된 밈 인지·인식 각인 재학습 훈련

3. 마주할 때마다 정면으로 통찰적으로 새롭게 재인지, 재인식하며 긍정적 방향으로 기존 밈 식을 전환시키는 각성자각 반복 훈련

4. 모든 것은 나의 밈식의 부정확성으로 인한 고정 관념, 피상적 관념이 원인임을 각성자각 한다. 대상에 대한 매 순간 이전 밈식을 탈학습하고 새로운 향상된 밈식을 재학습하는 각 성자각 훈련

## 핵심 치유기제 요결: 오인지 각인 인식 각성 훈련

### 각성자각의식 훈련 범주

1. 인지 오류, 무지무명 때문에 잘못 각인된 인식으로 인한 모든 고통, 불행의 해체 각성 훈련
2. 원인은 잘 모르나 몽매미혹으로 자신을 옥죄는 모든 문제(대인관계, 심신병리장애, 건강 문제, 삶과 환경 조건 등)에 대한 불편하고 불안한 감정정서의 해체 각성 훈련

### 치유기제의 핵심 원리

1. 모든 대상, 특히 가까운 대상으로부터 받는 고통은 원인을 피상적·부분적·감정적 선입견 에 의해 오해·착각·단정하는 오인지 각인된 인식으로 인해 생긴 것이다.
2. 하지만 이와 같이 감정, 정서적으로 편향된 평가를 하는 대상에 대한 고정 관념으로 인해 스스로 고통받고 있다는 것을 각성자각하는 훈련을 의식화한다.
3. 잘못 오인지 각인된 건 무엇이든 자신이나 대상에 대해 부정적으로 생각하면 할수록 더 깊이 각인되고 강박신경증과 우울, 분노화 등의 병리기제가 더욱 악화된다는 뇌신경 인지 원리를 각성한다.

### 치유기제의 핵심 요결

1. 무엇이든 잘못되고 고통스럽고 불편한 건 모두 잘못 오인지 각인된 인식으로 인한 것임을

그냥 각성자각한다.

2. 동시에 자기자애·자기격려를 위한 CV/PA 만트라를 하며 깊숙하게 느끼기만 하면 고통은 곧 사라지고, 지속적으로 각성자각 훈련을 반복할수록 점차로 강도가 약화된다.

3. 어떠한 순간이나 상황에도 모든 문제는 자신의 무지몽매로 인한 오각인 인지에 의해 생긴 것이니 즉각 있는 그대로 받아들이는 각성자각 훈련을 반복한다.

4. 자기긍정·자기자애로 오인지각인의식을 자기포옹하며 반복 각성자각 훈련하는 것이 치유기제를 발현시키는 가장 강력한(각성자각) 의식 훈련의 길임을 각성한다(대상에 대한 무기대 각성, 한계 상태 각성, 뇌인지의 재인지임 각성 등의 의식 훈련과 함께함).

## 치유기제 발현을 위한 각성자각 시 유념 사항

1. 인간은 오감에 의존하고 뇌신경회로NN 인지회로 체계에 의존하며, 무의식에 의존하여 인지·인식하는 존재이니 실수·오해·착각은 불가피하다.

2. 거의 모든 깨어 있지 않은 인간이 다 그렇듯이, 그런 자신을 인정하고 격려 하고 자기자애 하면서 인지적 각성자각 훈련을 한다.

3. 언제나 격물치지적 명료한 인지를 위해 깨어 있는 각성자각 훈련·수련만이 하늘이 준 유일한 깨어나게 하는 섭리이고 온우주의 법칙임을 깨우친다.

## 정동 에너지 변화 원리

1. 억압되어 갇힌 모든 그림자 정동 에너지의 해방

2. 각성자각에 의해 긍적적 정서 에너지로의 전환

3. 교란, 억압된 백체魄体와 기체氣体(추동 본능 에너지체)의 양자의식 에너지의 긍정적 3A조화 파동식識 에너지로의 전환

## 혼유魂癒 · 심유心癒 · 백유魄癒 · 기유氣癒의 동조同調치유 수련(제4장 혼의 치유기제와 제5장 고급 심신치유기제에서 다루는 고급 치유 수련)

1. 양자의식 연민 각성자각치유 수련

2. 카르마 해체 각성자각치유 수련

3. '無' 통찰 각성자각치유 수련

통합심신치유학 · 치유기제

## 제4장

# 혼의 심신치유기제

통합심신치유학 [치유기제] 편

# 들어가는 말: 혼유와 중독치유

지금까지 기본·일반 치유기제에서도 보통 인간의 모든 심인성 심신의 병리장애의 원인은 혼(정신, 생명력 발현의 존재적 주체로서의 자기)의 문제와 뇌인지의 문제임을 강조하였다. 그러므로 보다 근본적인 치유기제와 치유요결은 모두 혼의 치유의 하향 인과적 치유원리에 있다고 해도 과언이 아닌 것이다.

그래서 혼의 치유(혼유魂癒)는 모든 하향 인과적 병리장애치유의 근본이고 치유의 핵심이다. 이는 혼의 몽매미혹과 위축·장애로 인한 심신장애의 근본 치유와 보다 어렵고 광범위한 중독치유의 문제로 귀결된다. 이 장에서는 먼저 하향 인과적으로 반드시 혼유를 해야 근본 치유가 되는 모든 중독의 문제부터 알아볼 것이다.

오늘날 현대사회는, 특히 지난 20년 사이에 디지털 융복합 과학기술(구글, SNS, BD 등) AI 중심의 AR·VR·BC·플랫폼 가상 세계가 코드화된 인간의 의식을 SP·SM에 갇히게 만들었다. 그렇게 됨으로써 현대사회는 인간다운 사회적 삶의 조건(일·소통 관계·사랑·주이상스)과 직결된 물질·행위·의식이 디지털 SM에 습관적으로 의존하고 무의식적으로 지배받는 (넓은 의미의) 중독사회라 해도 과언이 아니다. 이처럼 SP·SM 중심으로 24시간 쏟아지는 편리하지만 상업적·이념적으로 포장된 정보의 홍수에서 헤어날 수 없는 삶의 환경으로 인해, 극소수의 깨어 있는 지혜로운 사람들을 제외하고는 (정도의 차이는 크지만) 대부분의 사람이 어느 정도 디지털 SM 중독과 함께 이로 인한 각종 중독에 빠져 있다고 해도 과언이 아니다. 중독이란 무엇인가? 일반적인 의미의 중독을 살펴보면, 중독성 물질(중금속, 환경 호르몬 등 인체 축적 시 유해한 독성 물질)에 의한 중독을 제외하고 다음과 같은 범주가 모두 포함된다.

- 모든 생리적·심리적 쾌락·만족 추구, 심신 안정, 스트레스 발산, 욕구 발산 등의 목적을 위해 다양한 물질(알코올, 탄산음료, 음식, 가공식품, 약물, 코카인, 마약, 기타 향정신성 물질 등)의 습관성 섭취, 복용으로 인한 물질 중독
- 본능·충동·강박성 행위(게임, 도박, 섹스, 음란물, 관음, 도벽 등)로 인한 본능적 행

위 중독

- 고독·소외감을 탈출하기 위한 소통·교감 목적의 사회 문화적 행위(스마트폰, 인터넷, 홈쇼핑, 사치품 쇼핑, 춤, 도박 등)에의 습관성 과몰입으로 인한 습관성 행위 중독
- 보다 넓은 의미로는 이기적·자기중심적(돈, 권력, 명예 등) 소유 욕망에서 나온 일 중독, 소유 중독, 사고 중독, 이념 중독
- 그리고 이러한 욕구 충족의 좌절, 결핍, 갈등에서 나온 감정(화·분노·흥분·슬픔·공포…) 중독이나 이상심리(언어폭력, 이상 성심리, 사기·거짓말, 다중인격…) 중독
- 과도한 이성 집착에서 나온 사랑 중독
- 잘못된 종교적 믿음 중독, 정치 이념 중독 등등 이루 헤아릴 수 없이 많은 다양한 중독성 장애 현상

그런데 이 모든 중독 현상은 (물질 중독에서 행위 중독, 소유 중독, 이념 중독, 믿음 중독, 사고 중독에 이르기까지) 모두 개인이나 집단의 건강하지 못한 정신심리적 장애 증후군 현상으로 인해 생기는 것이다. 말하자면, 중독이란 스트레스와 강박, 의지와 신념의 상실, 정체성/자존감/자신감의 상실, 우울, 모멸감, 콤플렉스 등의 장애로부터 도피하려는 위축된 정신psyche/혼soul의 도피 회피성 대치 쾌락, 대리만족 추구 충동에서 나온 정신·의식·심리·감정·본능으로 인해 생긴 것이다. 그러므로 결국 중독은 정신, 혼의 문제이고 의식의 문제이다. 따라서 무엇이든지, ① 우리는 우리 자신의 자유 의지로 어떤 습관이나 행위나 충동적 본능 욕망을 제어하지 못하고 삶의 스트레스, 우울, 고통으로부터 도피하려는 대치 쾌락을 추구할 때, ② 자기도 모르게 무의식적으로 충동적으로 어떤 물질적·행위적·사고적·정신적인 것에 점점 더 정신과 심리의 의존성이 심해지고 자기의지력으로 스스로 벗어나지 못하게 될 때, 그런 현상 등을 일반적으로 중독이라 일컫는다. 그래서 ③ 위축과 중독에 빠진 우리 혼의 의식이 우리 자신의 육체적·정신적 건강에 해롭거나 타인이나 사회에 해악한 상태에 갇히게 될 때, 그런 모든 증상을 의식의 중독 현상, 즉 넓은 의미의 의식 중독이라고 일컬을 수 있다.

따라서 이 모든 의식 중독 현상의 원인은 (뇌과학적·PNI/통합생리학적·심리학적·정

신의학적으로) 뇌의 병변 문제, 스트레스기제 문제, 스트레스·번아웃에 대한 회피성 과몰입의 습관성 충동·자동 반응 의식·행위 같은 의지력 박약의 문제, 그리고 장애적 억압무의식의 문제 등으로 설명한다. 하지만 보다 근본적으로는, 전통지혜의 보편적 용어로는 정신, 즉 영의 무지·무명과 혼의 위축·미혹의 문제로 설명할 수 있다. 어느 쪽으로 설명하든지 간에 그 모든 의식·무의식·정신 현상은 뇌의 신경회로(Neural Network)에 의해 인지가 형성·각인되고 발현된다. 때문에 모든 중독은 중독의 종류에 따라―필연적으로 삼부뇌(지정의知情意)NN신경회로의 복합인지기능의 저하/퇴화/마비나 파괴와 이에 따른 뇌병변성 이상異狀충동 반응으로 인한―왜곡인지스키마·이상심리·감정 기분에 대한 자동 반응이나, 이에 따른 신체의 특정 부위의 스트레스회피, 이상변병 반응 등으로 나타나게 된다. 한마디로, 각각의 중독에 상응하는 뇌신경계·중추신경계, 말단 교감·부교감 신경계의 신경전달물질과 내분비호르몬 계통의 이상 현상으로 인해 다양한 중독 현상이 나타난다. 그러나 위에서 언급한 바와 같이 중독 현상의 원인은 또한 여러 학문 수준(뇌신경과학, 신경생리학, PNI, DNA분자생물학, 신경정신의학, 자아초월정신의학, 양자·파동 의학…)에 따른 원리와 이론에 의해 상이하게 설명할 수 있다. 반면에 중독의 근본 원리와 물질 중독·행위 중독·의식 중독의 치유문제는―위축과 장애로 인한 고통에서 벗어나려는 생명력 발현의 주체인 혼의 쾌락 보상 추구 본능이 만든―뇌의 자동 반응 스트레스기제의 습관성 회피 보상기전에 따른 자제력·의지력이 약화된 혼의 치유원리에 의해 설명할 수 있다.

## 의식 중독

그렇지만 이 모든 심신의 이상異狀 중독 현상을 생물학, 생리학의 수준에서 뇌신경계와 신체신경계의 이상, 즉 ① 뇌 중독·뇌인지 중독의 문제로 보든, 더 나아가 ② 심리학·정신의학의 수준에서 의식·무의식의 중독의 문제로 보든, ③ 아니면 자아초월정신의학의 심혼/정신/영혼의 장애나 중독의 문제로 보든, 어느 쪽으로 설명하든지 간에 혼의 문제라는 공통의 근본 핵심 원인에는 변함이 없다. 그러므로 중독은 위축장애 상태에 있는 혼의 바른 삶의 의미와 의지력의 상실로 인한 심신의 모든 수준에서의 감각·지각 '의식'—양자원리로는 생명양자장의 에너지/기氣와 '정보/식識'—의 습관적 이상異狀 반응 행위·의식 상태로 설명할 수 있다. 이에 따라 모든 의식 중독 현상은 어느 전문 분야(뇌신경생리학, PNI, 심리학/정신의학, 영적/혼적 장애…)의 전문적 의미에서, 중독의식의 기능적 장애의 여하한 원인과 현상의 문제로 보든 간에 그 분야의 병리와 치유원리에 의해 어느 정도 체계적으로 설명할 수 있다. 이렇게 하면 환원주의적 인식에 기반한 대부분의 물질 중독, 뇌인지 중독, 행위 중독 등의 중독치료에서 보듯이, 뇌와 신체의 직접적인 기능적·현상적 원인을 치료하여 상향 인과적으로 어느 정도 중독치료가 가능하다. 하지만 모든 중독의 원인은, 거듭 강조하지만 근본적으로는, 하향 인과적으로 정신(혼)의 의지와 (충동, 습관) 의식의 문제에서 비롯된다. 때문에 상향 인과적 치유 이후에 삶의 조건이나 상황이 다시 악화되면 원상태로 회귀된다. 결국 의식 중독이 심층무의식(영靈), 정신(혼魂), 마음(심心), 감정정서(백魄), 충동 본능(기氣), 인지(뇌腦), 몸(신身) 전체의 문제로 악화될 경우, 상향 인과적인 근본 치유는 거의 불가능하게 된다. 모든 게 인체 생명의 여러 수준의 에너지氣와 정보識와 그 의식, 무의식의 문제로, 복합적으로 온수준으로 악화되면 될수록 하향 인과적인 치유가 지배적이라는 것을 깨닫게 된다. 즉, 의식 중독의 치유와 그 의식의 주체인 혼이 위축되거나 제 정신이 아닌 혼을 되살리는 '혼의 치유(혼유魂癒)'와 이를 위한 영적 자각/깨어남(영각靈覺)이 모든 중독과 의식 중독의 치유에 있어서 근본이라는 것을 깨닫게 된다.

이렇게 하려면 먼저—저자의 『상보적 통합: 켄 윌버 통합사상의 온전한 이해와 비판 그리고 응용』과 『통합심신치유학: 이론』편에서 상세하게 다루고 있는—'의식, 무의식, 초의식과 영·혼'에 대해 상식의 수준을 넘는 어느 정도 전문적인 이해가 있어야 한다. 이 책의 이 장章에서도 의식과 영혼이란 무엇인가에 대해 아주 개략적으로만 알아볼 것이지만, 의식·무의식·초의식, 혼·영에 대한 어느 정도 온전한 이해가 있어야 이해가 가능하다. 때문에 앞으로 AI시대에 영적 치유자와 혼의 치유 전문가가 되려면 발달심리학, 심층심리학, 자아초월심리학, 양자심리학과 연관하여 기본 원리를 알고서 가능한 한 온전한 영적 직관과 체험으로 깨우쳐야 한다. 그리하여 단계적으로 의식·무의식·초의식, 영·혼에 관해 기본적 이해의 폭과 깊이 그리고 깨달음과 견성見性을 점차로 심화시켜 나가야 할 것이다.

앞에서 언급하였듯이, 완전히 깨어 있는 뛰어난 근기根器의 예외적인 사람들 극소수를 제외하고는 누구나 약간의 심신의 장애나 물질 중독, 의식 중독 증상을 지니고서 살고 있다고 해도 과언이 아니다. 모든 인간은 누구나 예외 없이 태어나는 순간부터 생명을 지속하려는 리비도적 본능을 충족하는 자아의 쾌락 원칙에 의해 '쾌락'을 추구하고, 반면에 성장 과정에 대상관계를 통해 강화되는 자아의 현실 원칙에 의해 사회적 자기를 발현하고 사회적 관계를 실현하고자 하는 '욕망'에서도 어느 한순간도 벗어난 적이 없고 벗어날 수도 없다. 그렇지만 자아의 쾌락 원칙과 현실 원칙은 배반 원칙이므로, 본능적·사회적 욕구와 욕망을 언제나 조화로운 상태로 채워 줄 수 없는 것이다. 더구나 보통 인간은 자기(영혼)의 선천의 근기와 무지무명으로 인해, 정도의 개인적 차이는 크지만 누구나 괴로움, 즉 '고苦'가 있기 마련이다. 그래서 그런 현실적·실존적인 고苦에서 벗어나고자 쾌락, 즉 '쾌快'를 추구하는 자아의 성장 과정과 현실적 삶의 현장에서 보통의 사람들은 갈등, 좌절, 실패, 상처, 콤플렉스, 트라우마 등을 겪기 마련이다. 그 결과, 이 모든 것은 다양한 심신의 고통, 불행, 의식·무의식의 심리적·정신적 장애나 병리 증후군으로 나타나게 된다.

따라서 인간은 그런 고통을 잊고 회피하고 벗어나려는 욕구로 인해 중독에 빠지게 된다. 타고난 근기에 따라 정도의 차이는 크지만, 단순한 물질 중독은 오히려 일부 사람들의 문제임을 알 수 있다. 오히려 오감 쾌락 중독, 충동 본능 중독, 행위 중독, 이상 심리 중독, 감정 중독, 소유 중독, 언어 중독, 이념 중독, 의식 중독 장애 같은 다양한 중독장애로 인한 광범위한 중독에 정도의 차이는 있지만 거의 대부분의 보통 사람이 빠져 있게 마련이다.

여기서 말하는 '근기'는 개개인이 선천적으로 타고난 성품, 기질, 성격, 재능, 체질…등의 타고난 '성性'과 '명命'을 의미한다. 이는 곧 개개인이 갖고서 태어나는 카르마와 명리命理를 동양의 전통지혜의 보편적 언어로 말한 것이다. 어느 한 개인의 좋은 카르마(선업善業)로 인한 삶의 모든 긍정적인 면의 행복, 성공, 자아실현, 성장 변화는 논의의 대상이 아니다. 반면에 나쁜 카르마(악업惡業)로 인한 부정적인 면의 불행, 고통, 좌절, 실패, 장애, 병리, 중독을 좌우하는 것은 개인적 카르마(개체업個體業) 그리고 집단적 카르마(공업共業)이다. 하지만 이 카르마로 인한 모든 행, 불행을 넘어서서 자기치유를

111

통해 성장 변화하게 하는 것도 개인적으로, 그리고 집단적으로 깨어나는 '의식'이다.

이와 같이 깨어 있는 의식은 무의식의 노예로 무의식에 자동 반응하는 그런 무의식적 반응'의식'이 아니다. 알아차리고 마음을 챙기고 주시하고 성찰하고 깨어 있는 의식임을 알고 깨닫는 순간, '악마의 주술'에서 풀려나듯 카르마가 점차로 녹아 없어지면서 초超카르마의 '무업성無業性'의 대자유의 삶을 살게 된다. 하지만 이것은 뒤의 자기치유를 위한 고급 치유기제에서 고급 심신치유와 영적 성장을 위한 유위有爲·무위無爲 수행법의 유무쌍수有無双修의 원리와 요결에서 집중으로 다루게 될 주제이다. 여기서는 다만 '카르마'와 이로 인한 영적 무지무명, 혼적 몽매미혹이 곧 모든 병리장애와 중독 문제의 원인이라는 것을 적시하고 있는 것이다. 역설적으로, 동시에 이 무지무명의 카르마로 인한 끝없는 순천順天/유전문流轉門의 삶의 모든 고통·불행·장애 문제를 벗어나 역천逆天/환멸문還滅門으로 들어가는 하늘의 섭리/도리/법성의 비밀 열쇠는 모든 고통, 번뇌, 불행의 원인인 자기의 모든 인지·인식의 착각·무지무명을 깨닫는 데 있는 것이다. 즉, 그 열쇠는 뇌과학적 인지의 오류나 한계로 인한 무지의 각성과 함께 연기법에 대한 무지무명으로 인해 모든 대상의 환허幻虛의 홀로그램식識을 (대상과 다른 실재인) 자기의 실유實有의 의식으로 착각한 데서 온 것이라는 법성/섭리/도리를 깨닫는 데 있다. 그리하여 뇌인지 과학적 원리와 무아無我와 연기법의 법성을 깨닫고서 확철하게 깨어나는 데 있는 것이다. 여기서는 이것이 곧 모든 방편적·유위적 혼의 각성 훈련과 자기 치유·수행의 중심 과제이며 요결임을 언급하는 정도에 그칠 것이다.

따라서 중독 문제로 다시 돌아와서 보면, 보통의 인간은 누구나 정도의 차이는 심하지만 카르마의 장애(번뇌장, 업장, 영적·혼적 장애)를 갖고 태어나게 마련이다. 그래서 성장 과정에서 카르마의 업장으로 인해 만들어지게 되는 삶의 조건과 환경은 그 개인이 계속 무명 속에 갇혀 산다면 다시 카르마를 짓게 만든다. 그래서 오늘날같이 복잡하고 위험한 성장 환경, SP·SM 중심의 디지털SNS 사회문화 환경으로 인해 십 대까지의 예민한 성장 과정에서 자칫하면 디지털 과의존, 뇌 중독, 디지털의식 중독(반사회적·비윤리적 포털·SNS 행위 중독, 게임, 도박 중독, 익명 공격적 댓글 본능 중독, 이상 성심리 충동 중독, 분노·화 감정 중독, 언어폭력 중독, 이상심리 중독, 가짜 뉴스·확증 편향 이념 중독 등)에 빠져들게 되는 청소년이 예전보다 많은 것도 그 때문이다. 그러다가 성인이 된 후 오늘날과 같이 극심한 생존경쟁사회 체제에 갇히게 되면─위험사회·피로사회·폭력사회·중독사회 등의 징후가 심화되면서 주로 개개인의 가상 공간에서의 정보·소통으로 인해─코드화된 생명·인명 경시와 평원화된 디지털 사회·문화적 인지·의식의 틀(스키마)이 점차로 굳어지게 된다. 문제는 그 틀 안에 갇히게 되면서 다양한 물질·행위 중독과 이념·의식 중독 현상이 점차로 더욱 더 심하게 나타나기 시작한다는 데 있다.

기존의 중독이론에서는 물질 중독·약물 중독이나 행위 중독의 경우 신경생리학적·뇌신경과학적·인지행동과학적 병인의 기제 원리나, 또는 정신분석학적·심층심리학적 장애무의식을 병인의 기제 원리로 설명하고 있다. 그리고 이에 따른 치료적 치유·상담의 원리와 방법에 대해 체계적으로 설명하고 있다. 그런 접근법이나 치료법은 재래적·전통적 방법이므로, 당연히 전문적으로 어느 특정한 시각과 관점에서 본 타당한 이론과 실제임은 분명하다. 그러나 대체로 인간의 뇌·몸·마음·정신의 본성과 현상에 대한 어느 수준에서의 부분적인 이해에 바탕을 둔 접근이다. 그런 까닭에 물질 중독, 약물 중독, 행위 중독과 같이 결과적으로 뇌의 변성으로 인한 인지장애와 중독에 빠진 뇌의 중독 문제 해결에 어느 정도 효과는 있지만 근본 치유는 어렵다.

113

그래서 어느 정도 치료되어도 재발 우려가 많고 혼(정신), 마음의 치료, 치유에 무력하고 별 효과가 없는 경우가 많다. 모든 중독의 문제는 중독에 빠진 뇌의 인지 중독 장애로 나타난다. 보다 근본적으로는 중독에 빠지는 나약한 의지의 자기 문제, 자아정체성 혼란, 자존감 상실의식, 즉 혼(정신)의 위축·장애의 문제이다. 하지만 물질 중독·약물 중독과는 달리 본능 중독, 행위 중독, 감정 중독, 사고 중독 등 다양한 수준의 의식 중독의 문제로 올 경우, 기존의 신경생물학적·뇌신경과학적·인지행동심리학적·정신분석학적 치료접근은 의식 중독의 기제나 병인의 원리를 그 이론의 틀 안에서 설명할 수 있고 도움을 줄 수는 있다. 하지만 실제로 이러한 전통적·재래적 접근은 중독의 예방이나 근본적인 치료에는 무력한 경우가 적지 않다.

왜 그런가? 기존의 재래적·전통적 이론들은 인간의 의식·무의식이나 초의식·자아초월의식이나 영(spirit)과 혼(soul)의 문제에 대한 심층적·통합적·통전적 이해가 결여되어 있다. 뿐만 아니라, 특히 인간의 뇌와 신체에 대한 양자원리, 양자생물학, 양자파동의식역학적 이해가 결여되어 있다. 혼/심혼(정신)과 영/영혼에 대한 이해는(정신과학의 대상이므로) 과학이나 심리학의 영역을 벗어나는 문제라고 하여 제대로 다루지 못하고 있기 때문이다. 따라서 그 근본 원인은 인간에 대한 전통지혜와 현대 심층심리학과 양자과학·양자심리학에 대한 통합적·통전적·통섭적 온전한 해석과 정신과학적 이해의 결여 때문이라고 말할 수 있다. 이로 인해 왜 인간의 혼(심혼, 정신)은 쉽게 장애나 중독에 빠지고, 왜 인간은 불행과 고통 속에서 중독에 빠져 살게 되는가에 대한 온전한 근본 이해가 부족하기 때문이라고 해도 과언이 아니다.

인간의 영혼은 생명이 있는 한 단 한순간이라도 생명을 유지 발현하려는 영혼의, 특히 혼의 리비도적 욕망과 추동에서 벗어날 수 없다. 한마디로, 욕망은 생명체를 지닌 주체인 영혼, 즉 혼魂의 본성이다. 먹이 확보와 짝짓기 경쟁과 이와 관련된 무리 내 서열 경쟁이 동물들의 주된 욕망이다. 하지만 인간의 욕망은 복잡한 자아의식을 가진 생명으로 진화하게 되면서 단순히 생물학적인 일차적 쾌락 원리를 홀라키적으로 포함하면서 넘어서고 있다. 즉, 그것은 현실 원리로서 심리사회적 적응·소유·지배의 권력의지, 그리고 세계 내에 던져진 죽음을 직면한 실존적 자아와 그런 필멸성을 초월하기 위해 영적 자아초월을 추구하는 고도의 실존적·영적 존재로 진화하게 만들었다.

따라서 인간의 욕구·욕망은 단순한 동물적인 본능적 쾌락 원리에 따른 욕망desire을 넘어 무리적, 집단사회적, 권력 의지적/소유 지배 욕구·욕망, 자아대상 관계의 심리적·사회적·실존적·영적 욕구를 발현하려는 존재자로 진화하게 만들었다. 인간의 이와 같은 다양한 수준의 복잡한 욕망·욕구 때문에 그런 욕망이 주어진 삶의 조건과 환경 속에서 원초의 본능적 욕구를 넘어 심리적·사회적 자아 중심의 소유·지배욕의 추구 욕망이 커질수록 좌절과 상실에 대한 갈등이 심화된다. 이로 인해 성장 과정에 다양한 억압무의식의 병리장애가 생기게 된다. 특히 자기·성격 발달장애에 수반하는 부정적 미숙한 방어기제의 형성과 함께 쾌락을 충족할 수 있는 욕구 해소를 위한 '대체' 쾌락 추구 대상을 찾게 된다. 그 대상으로 음식, 향정신성 물질이나 본능적 충동적 행위(섹스, 쇼핑, 도박, 게임…) 등의 중독에 빠져들게 된다. 이러한 모든 중독 행위와 의식에 빠져들게 되는 원인은 생명력을 유지 발현하는 주체(실존적 자아自我)인 혼이 이러한 욕망들의 좌절로 인해 위축되고 비정상적으로 되기 때문에 생겨난다. 이와 같이 혼백의 정신기가 허약해지거나 비정상화되면서 자존감과 의지력이 더욱더 약해지거나 더욱더 집착과 의존성이 강해지게 된다. 이에 따라 고통을 회피하고 벗어나게 해 주는 혼(무의식)의 방어기제적 보상 쾌락 대상에 집착·의존하여 초래하는 자기제어 의지력의 상실로 인해 자기통제력을 잃고서 습관성 물질 중독과 행위 중독에 무의식적으로 점점 더 깊이 빠져들게 된다.

물론 이와는 반대로 의식 중독에서 감정 중독(분노·화 중독), 사고 중독(판단력 마비 중독), 단색 사고의 확정 편향 이념 중독, 언어폭력 중독 등의 경우는 나쁜 공격적 의식 방향으로 중독에 빠져들게 된다. 대개 혼기가 약화되는 것이 아니라 타인을 억압하고 파괴하는 나쁜 쪽으로 혼기가 더욱 강해지게 된다. 그 결과, 자기 생각이나 이념과 다른 모든 사람을 매도하고 적대시하면서 감정 중독(분노·화 중독), 사고 중독에 점점 더 빠져들게 되는 경우가 많다. 이러한 중독 현상들은 권력, 명예, 돈을 소유한 가진 자 지배 계층과 그들의 주구 집사 노릇하며 혼을 파는 인간들에게서 흔히 나타난다. 즉, 도덕·윤리·양심이 마비 중독되어 혼이 없는 좀비가 되거나 혼의 양심이 마비된 무리들에게 흔히 나타나는 중독 현상이다. 이러한 중독은 누가 치료하거나 치유해 줄 수 있는 중독이 아니다. 스스로 깨지면서 깨어나거나 삶이 고통으로 변하는 날이 올 때 비로소 치료·치유를 받을 수 있기 때문에 여기서 말하는 혼의 의식 중독 치유대상이 아니다.

115

# 혼의 치유심리학과 혼유

## 영과 혼에 대한 온전한 이해

이 부분은 동반 저서인 『통합심신치유학: 이론』편에서의 혼과 치유에 대한 고찰을 독자의 편의상 발췌하여 옮겨 놓은 것이다.

동의학이나 도가/선도 수련하는 사람들 중에서도 정精·기氣·신神의 신神의 존재적 주체인, 즉 원신元神인 영靈과 식신識神인 혼魂에 대한 온전한 이해를 하는 사람이 많지 않다. 물론 오늘날 영혼에 대한 온전한 이해는 치유자나 전문가나 학자나 성직자조차도 제대로 아는 사람이 많지 않다. 그러나 [그림 4-1]~[그림 4-3]에서 보여 주고 있는 동서양의 전통지혜와 현대 심층·자아초월 심리학, 정신과학을 상보적으로 통합한 참나, 영혼, 영, 혼, 심혼에 대한 온전한 이해와 앎은 현대적 심신치유와 의식의 변용과 영적 성장에 결정적으로 중요하다. 그렇지만 영과 혼은 문자적 이해만으로는 알 수 없는 것이다. 원래 영과 혼은 명상·영성 수련·수행을 하거나 영적 직관을 타고나야 쉽게 느끼고 온전하게 알 수 있는 것이다. 더구나 영과 혼에 대해, 특히 전통지혜나 현대 정신과학적으로 제대로 아는 사람은 찾아보기 쉽지 않다. 통합적 영과 영성에 대해서는 필자의 『상보적 통합』(조효남, 2019)의 통합영성 부분에 상세히 소개되어 있다. 여기서는 먼저 영과 혼에 대한 핵심 원리의 요점만 전통지혜의 현대적 해석과 함께 간략하게 소개할 것이다.

영과 혼은 인간을 비롯한 고등 생명체의 참생명의 존재적 주체이다. 영의 바탕, 본성인 참나(진아, 무아, 참자기, 자성)는 무생무사無生無死이며 유일자(유일신)의 본래면목本來面目이며 여여如如한 진여자성眞如自性이다. 영혼은 전변윤회轉變輪廻의 주체로서 영靈의 자성自性(영광靈光)은 청정하나 영체靈體는 전변 윤회 과정에 염오染汚되어 무명무지無明無知, 몽매미혹夢昧迷惑에 빠지게 된다. 영靈에는 겁생劫生의 모든 정보(종자식種子識)가 저장 갈무리되고, 생生과 사死에 따라 성장 퇴화하며 변화한다. 영靈은 우주 생명의 대하大河에서 영원히 무無/음陰과 유有/양陽의 세계를 우주의 성주괴공成住壞空, 생주이멸生住離滅, 생로병사의 법칙과 섭리에 따라 끝없이 반복 순환한다. 즉, 영靈은 생명의 현상(+) 세계, 실상(一) 세계를 전변하며 오고 간다. 반면에 혼魂은 (그 식識은 무의식으로서) 영靈의 생명 발현의 몸(외체外體)으로 매 생生마다 영의 발현 종자식種子識(심층무의식)과 함께 성장 변화한다. 하지만 새로운 생의 시작 단계에서는 혼의 전생前生 각인 무의식은 종자식에 각인 훈습薰習되어 사라진다.

영혼은 몸을 가지면 새로운 생명으로 발현하나, 한 생生에서는 [그림 4-1]에서 보이듯이 심체心体·정체情体(아스트랄체, 백체魄体)와 기체氣体(에테르체, 생명 에너지체)의 작용인作用因으로서 뇌체腦體·신체身體에 의존하며 생명력을 유지 발현한다. 이것이 바로 생명홀라키의 영원의 본성, 특성임을 깨우쳐야 한다. 영靈은 생명의 조건에 따라 무수한 생명 파동을 오고가나 그 본성은 비개체적이다. 반면에 혼魂은 영靈의 외체外體로서, 영혼은 명命이 다하면 신체와 백체魄體에서 분리되어 (정상적으로는 백회를 통해) 빠져나간다. 먼저 기氣가 허공으로 사라지고, 백魄은 신체에서 서서히 분리되어 기氣·백魄의 기는 허공에 흩어져 일부는 지기地氣로 돌아가게 된다. 혼魂은 (중음계中陰界를 통과하여) 다른 존재로 태어나기 전에 (정상적으로는) 전생의 혼식魂識(무의식)은 영靈의 종자식으로 훈습되어 사라진다. 다른 生으로 태어나면 영의 외체로 다시 그 생의 인연에 의해 발현 성장하기 시작한다. 그러나 원怨이나 한恨이나 집착, 탐욕이 많은 영혼은 갑작스레 죽으면 다른 곳으로 가지 못하고 중음계에 떠돌며 다른 생명체에 달라붙어 기생寄生하려 한다.

요컨대, 불명不滅의 주체인 영과 그 생명력 발현 외체인 혼과는 달리 한 생生 동안 생성된 생명기능체인 심체心體·백체魄體·기체氣體·신체身體는 한 生의 마감과 함께 사라진다. 다만, 심체心体와 정체情体, 즉 백魄의 질료인 아스트랄체는 화장을 하지 않고 매장을 하면 서서히 분해된다.

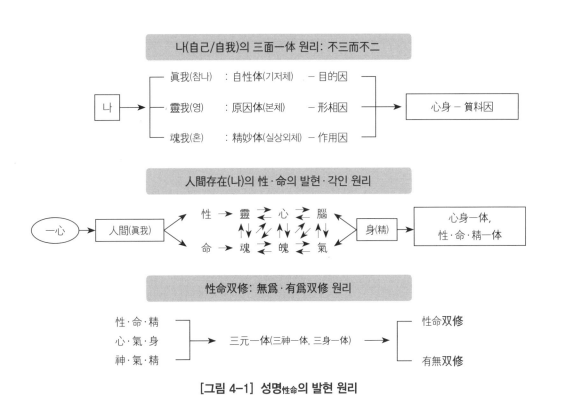

[그림 4-1] 성명性命의 발현 원리

[그림 4-1]에서 보이듯이 영은 성性의 주체로서 심心·의意·식識의 정보(지知, 리理)를 혼魂·심心·뇌腦를 통해 생명으로 발현한다. 반면에 혼魂은 명命의 주체로서 백魄(심心·정情)·기氣·의意(행行)를 뇌와 신身을 통해 발현한다.

영적 존재로서의 인간은 온우주 발현의 절대 주체인 절대영Spirit(활동 중의 영Spirit-in-Action)과 마찬가지로, 생명의 주체인 영의 바탕/본성/자성인 참나로부터 홀론홀라키적으로 발현한 다차원 생명장의 주체이다. 〈표 1-2〉에서 보이듯이, 이러한 불변의 영속철학적 원리는 모든 동서양의 전통지혜, 현대 생명과학, 발달·자아초월 심리학, 뇌·인지 과학, 정신물리학, 양자파동장이론 등에서 똑같이 밝히고 있다. 따라서 영적 존재인 인간의 생명은 구조화된 의식識과 자기의 단계적 발현에 대해, 그리고 그 각 수준(신身, 기氣, 백魄/정情, 심心, 혼魂, 영靈)에 상응하는 각 차원의 생명장파동(기氣·식識)의

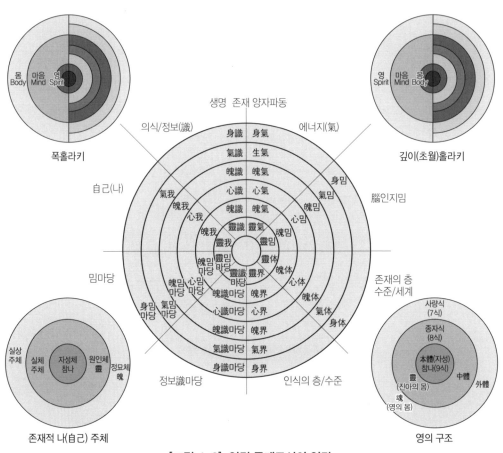

[그림 4-2] 영적 존재로서의 인간

체體·계界·몸·장場에 대해 통합統合·통전統全·통섭通涉·통관通觀적으로 이해해야 비로소 온전하게 이해할 수 있다.

[그림 4-4]에서 보이듯이, 생명양자장 파동의 주체로서 개체성과 전체성의 양면성을 가진 영靈의 본성은 무한위계의 영으로 온우주 내에 가득찬 온우주의 절대영의 진여자성·본래면목 그대로이지만, 생명 세계로 나투는 본성을 가진 영은 개체적 측면도 갖는다. 그러므로 영식靈識의 존재적 구조 측면에서 보면, [그림 4-2]와 [4-3]에서 보이듯이 궁극의 기저 식識으로서의 비이원의 무아無我/참나의 자성체自性體와 생명 파동의 모든 정보(식識, 지知, 리理)를 카르마 종자식으로 갈무리하는 원인식(아뢰야식,

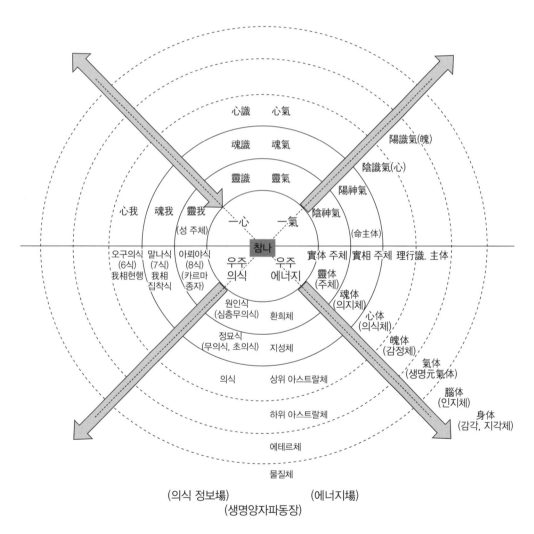

[그림 4-3] 존재적 생명 주체로서의 영과 혼의 관계

8식, 심층무의식)으로서의 영은 반개체半個體적 본체로서 이중구조적 본성을 지님을 알 수 있다. 그리고 생사의 고통을 느끼는 혼을 가진 생명으로 발현할 때 혼은 영의 외체이다. 이와 같이 혼은 정묘식/실상식인 생명력 발현의 존재적 주체로서 자아식自我識(아상我相, 말나식, 7식, 무의식)의 체體를 지니고 있기 때문에 영은 삼중三重구조적 본성을 갖는다.

　영은 하등 하위의 단세포 생명 정령精靈에서 인간 같은 고등 생명의 영과 [그림 4-4]와 같이 천상천계天上天界의 육신의 몸을 갖지 않은 고급 영에 이르기까지 당연히 무한위계로 무한 온우주 내에 무한으로 존재한다. 온우주는 하등 생명에서 고등 생명이 생물학적으로 진화하여 발현할수록 [그림 4-3]과 같이 홀라키적으로 더 넓은 폭과 얕은 깊이의 하등 영에서 더 좁고 깊은 고등 영에 이르는 생명홀라키적 영의 세계, 즉 DMF(Divine Matrix Field)에서 현현한 양자온우주임을 쉽게 이해할 수 있다.

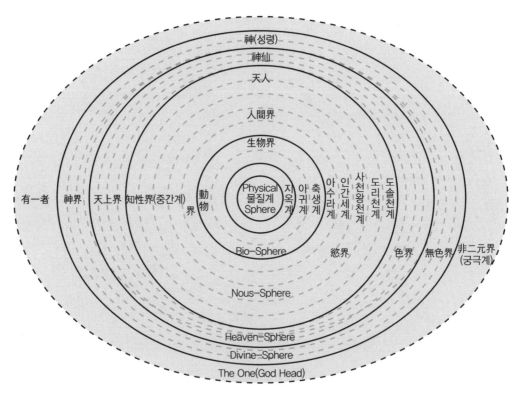

[그림 4-4] 人間 存在의 靈的位相

120

## 서양심리학에서의 암묵적 혼의 심리학

서양심리학에서 최초의 혼의 심리학자는 혼soul과 유사한 의미를 지닌, 역동적 무의식의 원형인 정신/심혼psyche을 중요시한 심리학자 융(Jung, C. G.)이다. 하지만 융의 심혼에 의한 어느 정도 근접한 인식과는 달리, 실제로 생명력 발현의 존재적 주체로서의 혼의 기본 특성은 서양심리학에서 온전하게 인식하지 못하고 있다. 인식론적으로 보다 엄밀하게 말하자면, 동서양의 전통지혜에서의 혼은 존재적 주체로서 개인·자기의 특성인 (생존의) 자유 의지와 권력·지배·힘의 의지, 실존적 자기의 용기·신념·자존감, 삶의 실존적 의미를 갖는 자기이다. 따라서 실존적 자기의 초월적 의지와 퇴행적 본능 의지, 보존·집착 의지와 죽음 본능 의지 같은 것들도 모두 개인적 혼의 공통적 속성, 특성이다. 물론 서양심리학에서는 이것을 혼의 특성이라 공식적으로 일컫지 않고, 개인의 자유 의지, 실존적 자기, 초월적 자기의 특성이라 일컫는다. 하지만 이것은 곧 생명력 발현의 존재적 주체로서 자기인 혼의 존재적 특성을 의미한다.

공교롭게도 인간의 개인적 의지를 중요시하는 세 명의 위대한 서양 정신의학자의 개인심리학·실존심리학·자아초월심리학이 (본인들은 혼이라 일컫지 않지만) 혼의 심리학이다. 먼저, 개인심리학의 창시자인 아들러(Adler, A.)의 심리학과 심리치료는 국내에서 『미움받을 용기』란 대중서적으로 한때 유명했다. 지금도 서양상담심리치료에서 그의 개인심리학적 심리치료는 주요 치료요법으로 사용되고 있다. 하지만 그의 심리학의 핵심은 사회적 존재로서 인간은 불완전하고 열등의식을 지닌 존재이지만 그자체로서 통일된 자아를 가진 전체적 개체로 본다. 그리고 자기의 열등감의 극복을 위한 (개인의) 권력에의 의지와 용기의 자기수용, 자기결정성을 중요시하는 목적론적·심리사회적 의식의 발달과 실현 의지를 인간행동의 기본으로 보고 있다. 특히 아들러심리치료는 아동과 청소년기의 발달에 주요 심리치료법으로 인정받고 있다.

다음으로, 로고테라피(의미치료)의 창시자인 실존주의 정신의학자 빅터 프랭클(Frankle, V.)의 의미치료도 전형적인 실존적 존재의 주체로서의 혼의 극기에 의한 자기치유라고 볼 수 있다. 아우슈비츠의 잔혹하고 사악한 극한 실존 상황에서 살아남아 이러한 극한 상황에서의 삶의 실존적 의미를 깨달은 바를 바탕으로, 여하한 극한의 역경(병리장애) 상황에서도 모든 삶에는 의미가 있다는 것이다. 그 의미를 깨닫고 찾는 의지는 인간 삶의 실존적 의미에 대한 개인의 자유 의지의 잠재력에서 나온다는 것이다. 그래서 그의 의미치료는 실존적 심리치료의 전형으로 의지의 자유, 의미의 의지, 삶의 의미가 핵심 요소이다. 즉, 전형적인 혼의 심리학, 혼의 자기치유(혼유魂癒)인 그의 로고테라피는 삶의 의미를 찾는 의미 추구에의 실존적 자기(혼)의 강한 의지와, 그런 의지의 자유가 개개인의 혼에 잠재되어 있다는 데 바탕을 두고 있다.

세 번째로 정신통합(Psychosynthesis)치료의 창시자이며 초기의 2세대 자아초월심리학자로 유명한 이탈리아의 정신의학자 로베르토 아사지올리(Assagioli, R.)의 자아초월적 혼의 심리학이다. 혹자는 그의 정신통합이론을 영혼의 심리학이라고도 일컫는다. 그는 자기와 마음의 단계적 발달 구조와 기능을 중시하고 개인(혼)의 의지의 작용에 의한 자아실현과 자아초월적 의지의 실현을 중시한다. 그의 정신통합치료는 (혼의) 의지의 심리학으로서의 자아초월심리치료이다.

사실 우리나라와 현실주의적 기질을 가진 중국, 일본과 같은 동북아 삼국에서는 영spirit보다 더 중요한 생명의 근본 주체로서 혼을 중요시해 왔다. 현대 심리학적으로는 심층적·실존적 자기의 존재적 생명 주체의 측면이 곧 혼이다. 따라서 생명력 발현 주체로서의 혼의 기본 특성은 자기초월, 극기의 '의지'이다. 즉, 이는 인간의 정신 활동의 근본 기능의 세 요소이며 삼부뇌의 특성인 지知(인지·지성)·정情(감정)·의意(의지)에 상응한다. 이에 따른 용기·신념·의미 추구·자유 의지가 곧 혼의 정신적 속성이다. 따라서 혼의 심리학은 심층적 자기심리학이며 의지의 심리학이다.

## 혼의 심리학과 자기

대부분의 사람은 혼을 막연하게 정신과 유사한 관념적 의미로 이해하거나 혼의 실체를 인정하지 않거나 혼이 무엇인지 제대로 알지 못하는 것이 보통이다. 그러나 치유자가 내담자를 제대로 치유하려면 혼과 (서양심리학에서의) 자기의 관계를 명확하게 구분해야 한다. 즉, 생명의 존재적 주체로서의 심층적 자기인 혼과 자기의 관계를 제대로 이해해야 한다.

혼은 자기심리학에서 말하는 개인의 성장 과정에서 인지적 성장 단계에 상응하여 단계적으로 대상과 구분되는 자기됨selfhood의 몸·정동·정서·심적·정신적 자기동일시와 탈동일시를 거치며 형성된 자기인식의 단순한 주체는 아니다. 오히려 혼은 자기인식의 투영에 불과한 자아ego나 심리 기능적 정신적mental 자기와는 구분되는 존재적 자기로서 생명력 발현을 위한 의지(욕망)의 주체이다. 즉, 모든 신身·뇌腦(지知, 정情, 의意)·기氣(본능 에너지)·백魄(정동, 감정)·심心(인지, 인식, 의식) 현상의 발현의 원인인 생명 존재의 실상實相 주체이다. 보통의 사람들은 '나'란 주체는 막연하게 알고 있으나 영혼이 존재하는지, 무엇인지는 모른다. 종교적으로 그 주체가 죽은 후 다른 세계로 가거나 다시 태어나는 존재를 영혼이라고 믿거나 아는 사람들도 앞에서 설명한 영혼이나 영과 혼의 관계는 모른다. 그렇다 보니 심리, 마음, 치유 전문가들도 혼의 존재를 모르는 경우가 많아 서양심리학의 심리적·정신적mental·실존적 자기 정도로 인식하는 데 그치고 있다.

성장 과정에서 어느 인지적 인식 단계에서의 혼의 자기동일시의 정체성 투영projection인 심리학적 '자기'는 근접자기의 자아동일시와 원격자기의 탈동일시를 거치며 성장 발달하거나 어느 수준에 고착된다. 이를테면, 여러 단계의 자아(신아身我＜기아氣我＜정아情我＜심아心我＜심혼아心魂我)로 자아정체성 동일시 인식이 변한다. 그러나 실제 심리적 사건에서 보통 사람들은 모든 원격자기를 자아의 일부로서의 자기로 인식하기도 한다. 그래서 개인에 따라 혼의 존재적 자기동일시와 탈동일시 훈련이 어느 한쪽이나 양쪽 다 단계적으로 필요하다. 예컨대, 혼이 위축되어 자기정체성이 상실되거나 자존감이 없는 개인의 경우에는 혼의 강건한 실존적·정신적 자아동일시를 회복시켜 주는 훈련이 필요하다. 하지만 페르소나적 자아/에고가 강하고, 사회적 위치와 신분을 자아로 인식하는 심리적 자기동일시에 갇혀 있는 개인의 경우에는 탈동일시 훈련이 필요하다. 어느 경우나 혼이 강건한 실존적·정신적 수준의 존재적 자아를 회복하면 무아無我인 대혼大魂으로서 실존적 자아의 탈동일시 수련이 필요한 단계에 이르게 된다.

따라서 혼의 다음과 같은 특성에 유의하여 혼유魂癒를 해야 한다.

- 생명을 주재하는 존재적 실체자기實體自己인 영과 생명력 발현의 존재적 실상實相 자기인 혼이 각성하여 깨어나지 못하면 생명의 홀라키 원리에 의해 가아假我인 심心~신身에 끌려다니고 시달리는 인식의 전도를 초래한다.

- 영이 먼저 깨어나지 않으면 혼은 스스로 깨어날 수 없다. (영이 깨어나서 혼을 각성 시켜야 한다.)

- 존재적 주체로서의 영과 혼의 존재를 모르면, [그림 3-1]에서 보듯이 심心·의意· 식識(8·7·6식, 근본식根本識/아뢰야식·사량식思量識/의지식意志識/말나식·오구五俱의 식)은 밖으로 향하고, 혼식魂識의 무의식의 그림자와 뇌腦에 각인된 표층의식의 밈 식識을 실재로 착각하게 된다.

- 이와 같은 심의식은 부정적으로 억압하면 할수록 부정적 방어기제를 더욱 악화시 킨다. 이로 인한 그림자, 장애, 콤플렉스, 트라우마가 모든 삶의 고통, 불행의 원인 이 된다.

- 각성된 깨어 있는 영이 혼을 각성하게 하고 주시하기, 바라보기 알아차림을 통해 혼기魂氣(욕망, 의지, 신명)를 바로잡아야 한다.

- 영에 각인된 모든 카르마와 억압된 혼식(무의식)은 잘못 각인된 인지로 인한 상혼 의 그림자일 뿐임을 깨닫게 해야 한다.


따라서 나·자기의 다음과 같은 영혼의 삼중三重의 삼원일체三元一體적인 존재적 특성 (불삼이불일不三而不一)을 각성해야 한다.


- 자기의 본체: 참나/아트만(일심一心/공空/절대영/우주심/브라흐만…)의 본성으로 개 체적 영을 다르마(법성, 섭리, 도리)에 의해 주재하는 영의 기저식/본성/자성

- 自己의 원인체: 영은 생명 파동·영파靈波의 비개체적·개체적 양면성을 지니므로 비개체적·무아無我적 주체의 개체적 카르마/종자식의 주체로서 혼식魂識을 주관

- 自己의 실상체: 혼은 하나의 생명으로 발현하는 동안 영의 그 생生의 발현 카르마 를 모두 자기로 전식轉識하는 대리자로서 현상적 자기인 심心·백魄·기氣·신身과 뇌腦의 작용인作用因의 주체로서 역할

# 혼유魂癒와 통합심신치유기제

1. 통합심신치유기제가 온전하게 발현하려면 근본적으로는 고급 치유기제의 깨어 있는 성찰 의식으로 영혼이 사미四迷로 인한 오치五痴나 오개五蓋 상태에서 벗어나야 한다.

   • 사미는 영적 무명無明·무지無知와, 혼적 몽매夢昧·미혹迷惑의 장애에 영혼이 갇히는 것이다.

   • 오치는 영혼이 거친 5가지 추번뇌(탐貪·진瞋·치痴·만慢·의疑)에 빠지는 것이다.

   • 유사하게 오개는 다섯 가지 장애(음욕淫慾·진애瞋恚·혼침昏沈·도거掉擧·의심疑心)에 갇히는 것이다.

   • 영혼의 무지·무명, 몽매·미혹으로 인한 혼의 병리와 위축은, 정도의 차이는 크지만—우울증, 두려움, 자존감/정체성 상실, 자기비하, 자살 충동, 공황·공포·망상, 집착·강박, 이상심리, 다중인격, 좀비화 등의—다양한 혼의 장애에 갇히게 한다.

2. 혼이 위축·장애 상태에서 되살아나려면 치유기제의 기본인 밝은 신명을 살리는 혼기 강화 훈련·수련을 해야 한다.

3. 혼유(혼의 치유)를 위해서는 강한 의지, 자기확신·신념, 절대 각성 긍정, 용기, 삶의 의미를 깨우치고 각성하는 혼의 치유 훈련과 수련을 해야 한다.

4. 혼의 건강을 향한 집착·염려(건강염려증, IAD)는 역설적으로 자기치유력, 면역력을 약화시킨다. 지나치지만 않으면 웬만한 더러움, 무질서, 좋은 섭식의 결핍에 대범하게 대응하는 혼의 의식 훈련이 필요하다.

5. 이 모든 것은 영의 깨어남과 혼의 자각·각성·성찰·의지·신념화·의식화가 없으면 지식, 관념, 담론에 불과하게 된다.

6. 혼에 의해 발현되는 심신의 상의상관성에 대해 막연히 '하나이다, 하나로 연결되어 있다'는 식의 모호한 인식은 치유기제 실현을 어렵게 한다. 특히 심신의 병리기제와 치유기제의 혼적(무의식) 장애, 위축의 깊은 원리를 온전하게 이해하지 못하는 것도 통합치유기제 발현을 어렵게 하는 문제이다.

7. 따라서 통합치유기제를 위해서는 새로운 정신BMS과학 패러다임—신과학·기학·나선동역학(Spiral Dynamics), 의식역학, 양자파동역학, 신의학(에너지의학, 양자·파동 의학), 양자의식 등—에 대한 기본 원리의 이해 정도는 필요하다. 이를 바탕으로 다차원 생명장홀라키로서 몸Body·맘Mind·영Spirit(신체·기체·백체·심체·혼체·영체)에 대한 온전한 이해가 있어야 한다.

8. 그리고 모든 수준의 의식·무의식·심층무의식의 홀라키적 인지변환체로서의 뇌인지기능에 대한 온전한 이해와 이에 따른 뇌와 신체와의 관계는 분자생물학적·통합생리학적으로, 그리고 다차원의 에너지장, 정보장, 양자파동장으로 온전하게 이해해야 한다.

9. 통합치유기제의 발현을 위한 일반 치유기제는 심신BMS의 병리장애의 전문 심신치유·심리치료 분야별 치유원리에 맞는—긍정 마인드 훈련, 각성 긍정의식 훈련, 그리고 혼의 치유 훈련 등과 같은—유위적 의식치유 훈련의 결과로 실현된다.

10. 물론 고급 치유기제는 심신의 병리장애 교란 상태를 해체 반전시켜 조화 상태로 유도하는—근본적 통합심신치유 수련으로서 마음챙김, 통찰적 알아차림, 주시에 의한—무위적 심신치유 의식 수련의 결과로 실현된다.

따라서 통합심신치유기제의 발현을 위한 온전한 심신치유는 유위·무위 치유의 병행(쌍유双癒)이어야 한다. 심신치유에서 가장 중요한 근본 치유는 혼의 치유(혼유魂癒)이다. 먼저, 자아정체성, 자존감 상실, 우울증·두려움·공황장애 증후군들과 같은 혼의 위축·장애에 대한 기본 치유기제의 발현을 위한 인지밈 학습·자기자애·각성 긍정 훈련과 함께—일반 치유기제의 발현을 위한 과민한 스트레스 반응, 강박신경증 같은 마음의 치유(심유心癒)와 분노화 조절장애 같은 감정정서치유(백유魄癒)와 이상심리·본능충동·중독 치유(기유氣癒)와 뇌의 인지행동치유(뇌유腦癒)와 신체적 장애 대사증후군/만성 습관병 같은 몸의 치유(신유身癒)가 어느 정도 병행된 후—혼의 강화와 각성을 위한 본격적인 혼유 훈련이 이루어져야 한다.

## 혼유魂癒와 심층심리의 이해

1. 생명력 발현의 주체인 혼과 그(인지생성 변환) 기능체인 뇌와 그 반응 정보(識)의 각인체인 신체(모든 기관, 조직, 세포)의 유일한 관심과 반응은 생명력 유지 발현에 관련되는 것뿐이다. 즉, 혼·뇌·신의 관심은 오직—안전·보호, 쾌락·만족, 고통 회피·행복, 두려움·공포 회피, 웰빙·웰라이프, 사랑·유희, 휴식·수면, 성·가족·종족 보호 본능, 힘·권력·서열, 소통·인정·보람 등—생명력 유지 발현이다. 한마디로, 혼과 뇌와 신체에게는 생존의 문제가 최

우선이고, 삶과 관계와 사랑하기와 쾌락·즐거움이 생명력의 원천으로 추동하고 반응한다.

2. 그러나 마음챙김, 알아차림 자각으로 (쉽지 않지만) 영이 깨어나게 되면, 혼은 점차로 소아적 혼에서 벗어나 대혼으로, 세계혼으로 거듭나게 된다. 변하기 어렵고 퇴화·퇴행하기 쉬운 보통 사람은—명리命理·명운으로 타고난 근기·카르마, 유전적인 인지지능, 기질·성격·인성, 사회성, 감성, 영성 등에 따라—바이오 로봇같이 살다 간다. 즉, 오운육기五運六氣로 타고난 오운과 환경, 삶의 조건에 따라 의식이 밖으로 향해 자동 반응하여 (타고난 대로) 순천順天으로 살다 간다. 반면에 소수의 사람은—역경의 삶 속에서 오히려—깨어나 순리를 깨닫고 회광반조하여—자성을 깨달아 견성見性하고 모든 속박에서 벗어나 성통광명性通光明하는—역천逆天으로 영원히 산다.

3. 서양심리치료의 ABC(Affect·Behavior·Cognition)/BETA(Background·Emotion·Thought·Action) 모델에 따른 여러 상담심리치료 분야의 심리상담 전문가들의 상담사례집들을 보면 임상심리의 표면심리 현상의 표층심리만 갖고서 상담자의 전문 치료치유이론기법의 인간에 대한 이해 한계 내에서 상담치료를 한다. 상담회기 과정에 당연히 공감과 격려는 있지만 (로저스의 내담자 중심 치료를 제외하고는) 대체로 선생·학생 관계같이 일방적으로 가르치고 전이·역전이를 수반하며 상담하는 상담심리 치료이론과 상담기법 사례들이 너무 흔하다. 다행히 잘 맞으면 일시적 증상 완화 치유나 치료적 치유가 될 수 있다. 그러나 많은 경우 일상의 생활 세계로 돌아가 시간이 지나거나 삶과 생활 환경 조건이 나빠지면 근본치료(근치根治)가 된 것이 아닌지라 치유효과는 사라지고 다시 나빠지게 되는 경우가 허다하다.

4. 내담자의 전개인적 유아기, 아동기의 억압·장애 무의식으로 인한 정신심리적 발달병리장애는 모두 혼의 위축/비정상화로 인한 것이다. 그러므로 제대로 된 심층 정신역동적 진단이나 혼의 문제에 대한—자기정체성 발달장애, 병리적 자기애, 편집증이나 조현병 증후군, 경계선장애, 감정정서장애, 부정적 방어기제, 이상심리, 발달 트라우마, 콤플렉스 등에 대한—온전한 이해가 없이 치료·치유하려 하면 당연히 치료적 치유가 제대로 안 된다. 왜냐하면 이 모든 정신심리적 자기발달장애로 인한 증후군들은 모두 영의 카르마장애와 이로 인한 혼의 위축/장애에서 비롯된 것이기 때문이다. 그러나 일반적으로 상담심리치료·심신치유 전문가들은 혼의 치유를 모르기 때문에 자기가 전문으로 알고 선호하는 상담심리 치료이론과 치유기법에 의해 표면심리 현상만 보고 지시적, 코칭적 상담 치료·치유를 하는 데 근본 문제가 있는 것이다.

5. 인간의 영혼에 대한 심층적 이해가 없는 치유자가 치유하면 근본 치유가 될 수 없는 것이

당연하다. 치유자가―인간, 자기, 영혼, 병리장애, 억압무의식의 그림자, 방어기제, 이상심리, 발달 트라우마 장애 등―인간에 대한 근본 이해가 없이는, 성장 과정의 유아·아동·청소년을 제외하고는 의식·무의식의 틀과 구조가 굳어지고, 이에 따라 뇌가 퇴화된 성인에 대한 치료적 치유는 지극히 어렵다. 그 모든 게 태어나기 전에 가져온 유전인자, 카르마·근기, 기질·성격·체질의 함수이기 때문이다. 그리고 성장 과정의 부모·양육자의 무지몽매, 학대에 의한 자아자기발달장애로 인한 무의식의 병리장애, 이상심리를 제대로 보거나 알지 못하고서 치료 치유하려 든다면 근본 치료적 치유를 가능하게 하는 치유기제가 형성되지 않는다. 즉, 내담자가 호소하는 문제의 표면 현상만 보고 치유자가 알고 이해하는 만큼 상담치유하려 든다면, 일시적인 완화는 될지 모르나 치유기제가 발현되기는 지극히 어렵다.

# 혼유와 치유기제: 혼유 각성 훈련·수련

## 혼魂의 치유기제

통합심신치유학도 그렇지만, 특히 심신치유기제에 관한 전문적 문헌, 도서는 국내외에서 거의 찾아볼 수 없다고 해도 과언이 아니다. 더구나 혼의 치유에 대해서 제대로 언급하거나 설명하는 전문가나 도서는 'Soul Healing' 관련 소수의 가벼운 문헌들을 제외하고는 거의 없다고 해도 과언이 아니다.

혼의 치유를 위한 혼유기제의 핵심을 치유자가 이해하려면, 영은 제대로 몰라도 최소한 인간의 혼에 대해서는 제대로 아는 것이 필수적이다. 설사 혼이 무엇인지는 제대로 몰라도, 최소한 각성적 자기자각을 통해 위축된 혼(존재적 주체로서의 자존감을 상실한 실존적 자기)을 회복시키는 치유가 필요하다. 이를 위해서는 강건한 자아를 회복하게 도와주는, 혼의 신명을 되살리고 혼기를 강화하는, 내담자의 위축된 삶과 생활의 변화를 가져오게 하는, 모든 유위적 방편적 치유를 할 수 있어야 한다. 위축된 혼으로 인해 아프고 고통받는 다양한 장애―자기정체성 상실, 경계선장애, 우울, 집착, 두려움, 불안·공포, 건강염려, 자존감/자신감 상실, 위축, 강박, 콤플렉스, 트라우마 등―

에서 벗어나고자 하는 내담자는 어느 경우에도 그 치유는 일상적 삶의 변화로부터 시작된다는 것을 깨달아야 한다. 이를테면, 자신의 삶의 분위기와 패턴을 바꿀 수 있는 적절한 유희(주이상스)를 찾아 새롭게 취미 생활을 시작해야 한다. 동시에 운동, 스포츠 극기 훈련과 함께 가능하면 소마/기공/요가와 같은 자신에게 맞는 몸동작 에너지 치유를 하면서 치유를 시작하는 것이 중요하다. 물론 혼기와 치유의 의지가 어느 정도 되살아나게 되면, 이와 동시에 현재의 고통과 불행에서 벗어나기 위해서는 각성적 인지자각 학습과 함께 혼의 치유를 위한 다양한 훈련·수련을 통한 각성적 의지·신념·용기의 발현이 중요하다.

모든 병리장애는, 결국 혼의 위축과 비정상적 혼(정신)의 장애가 원인이므로 혼의 치유 훈련과 치유 수련을 해야 한다. 즉, 혼유 훈련·혼유 수련을 제대로 해야 다양한 위축, 병리장애에 대한 인지자각 학습과 혼의 각성자각에 따라 홀라키적으로는 (혼魂↔심心↔정情↔기氣↔뇌腦↔신身을) 상향·하향으로 관통하는 심신치유기제가 발현된다.

앞에서도 요약했지만 현대적 의미로 다시 요약해 보자. 요컨대, 영적·혼적 차원에서 보면 인간 존재의 주체는 영혼이라 일컫는다. 현대 심리학에서는 심층무의식(전통 불교심리철학인 유식학에서는 카르마식, 8식, 종자식, 저장식, 아뢰야식)이라고 일컫는 생명의 원인이며 주재자로서의 근본 주체—즉, 존재적 근본자기Real Self인 영Spirit의 Divine Matrix 생명 파동·영파(영식靈識·영기靈氣)—를 영spirit이라 일컫는다. 그리고 이 영으로부터 발현한 영의 외체로서 소위 무의식(2차 전변식, 7식, 사량식, 아상식我相識, 말나식)이라는 생명력 발현의 정묘 주체인 존재적 실상자기의 혼파(魂識·魂氣)를 혼soul이라 일컫는다. 그러나 궁극의 주체인 참나와 하나이지만 개체로서의 인간 존재는 영혼의 카르마와 근기根器에 의해 받은 오운육기五運六氣의 명리命理(명운복덕능재품기命運福德能才品氣)가 모두 다르다. 개개인의 생은 업보와 업연에 의해 카르마와 유전으로 받아 태어나 성장하여 생로병사의 삶의 과정을 거치며 온우주의 생명 파동의 대해를 유전하며 오고간다. 다만, 받은 카르마와 명운에 따라 순천順天의 삶을 사느냐, 아니면 귀한 인연을 만나거나 고통을 넘어 천리天理를 알아 깨어나는 깨우침(성통性通·견성見性의 깨달음)으로 반본환원返本還源하는 역천逆天의 자각, 알아차림, 지혜, 깨달음의 삶을 사느냐의 차이만 있을 뿐이다.

따라서 치유자에게 가장 중요한 것은 인간에 대한 심층적 이해이다. 이는 인간의 모든 불행·고통이 영혼의 무지무명, 몽매미혹 탓임을 깨닫게 해 주는 바른 인지자각의 훈련·수련을 통해 인간이 영혼의 누생의 카르마 업장에서 벗어나게 하는 치유기제와 자기치유의 요결을 깨우치는 문제이기 때문이다. 그러므로 치유자는 (전통적으로는) 삼학三學·팔정도八正道의 정혜定慧쌍수·성명性命쌍수 치유 수련, (현대적으로는) 통합심신치유 수련에 의해 카르마를 어느 정도 다 해체 소멸하고 자기치유와 영성 수련을 통해 2층, 3층 의식으로 양자도약하는 의식의 변용이 일어나게 해야 한다. 그리하여 영성이 개화하여 매 순간 사무량심四無量心, 사섭법四攝法으로 대자유의 회향을 하며 온우주와 하나인 보살심으로 사는 것이 깨어 있는 인간으로서의 치유자의 목표이다.

이상적으로는, 구경각究境覺은 아니지만 어느 정도 깨달음의 경지에 이르게 되면, 매 순간 자신의 잔존 미세 습기noise와 외적 삶의 환경·조건에 대한 잔존 자동 반응에도 구애받지 않고 모든 것을 방편으로 깨어서 열정·몰입·평상심·적정심寂靜心으로 받아들이면서 살아간다. 이와 같이 대자유의 무애無碍의 우주적 춤을 추며 깨어 있는 영혼은 지복·환희·성통광명 속에 살게 되고, 그런 생이 곧 극락·천국이다. 이어지는 생은 그 과보로 중생 제도나 지복을 누리는 천인의 삶을 사는 것이 양자온우주의 3A 조화調和(Atunement, Atonement, At-onement) 양자파동의 원리이다. 이것이 곧 반야·화엄·유식의 가르침이자 그리스도와 부처의 가르침의 정수이다. 그러나 현실적으로 보통의 인간은 그런 삶을 이해하지도 못하고 추구하지도 못한다. 그렇기 때문에 이러한 무위적 수련에 앞서 우선 고통에 찬 불행한 삶에서 벗어나게 하는 뇌인지과학적 치유기예와 유위적 치유요법에 의해 치유기제를 발현시키는 유위적 혼유를 위한 혼의 자각·각성 훈련이 가장 중요하다.

무엇보다 우선 보통의 인간에게는 인간다운 존엄성을 가진 삶, 인간답게 살 수 있는 기본적 수준의 의식주 해결, 생존 문제의 보장이 누구에게나 가장 우선적으로 필요하다. 그들에게 삶은 사회적 악을 짓지 않고 해결할 수 있게 국가사회가 보장해 주어야 하는 생존의 문제이다. 그런데 생존의 문제를 넘어 소유적 삶을 누리는 사람들의 고통과 불행은 모두—누구나 다 아는 바와 같이 생존과 종족 보존 문제의 해결 이상에는 관심이 없는 동물과는 다른—인간의 어리석은 무한 소유(물질, 권력)의 이기적 탐욕과 쾌락 추구로 인해 생기는 것이다. 그러면서도 동시에 보통 인간은—생존, 신분, 지위, 능력 인정, 보람, 지배, 군림을 추구하기 위한—삶·일과 (각급 공동체 내의 사회적) 대인관계·소통과—플라톤의『대화』항연 편의 에로스, 필리아, 스토르게, 아가페, 플라토닉 등의—사랑과 주이상스(희열, 쾌락, 즐거움)의 네 가지 욕망을 추구한다. 이러한 것들이 제대로 충족되지 않을 때 보통 사람들은—대상과 사회와의 갈등, 혐오, 충돌, 원망, 싸움으로 인한—극심한 스트레스와 트라우마, 원한, 욕구 불만으로 가득한 고통의 불행한 삶에 갇히게 된다.

그런데 이러한 사람들은 대체로 그런 고통스러운 삶에서 벗어나고자 갈망하지만, 그 원인이 무엇인지는 전혀 알지 못한다. 그들은 언제나 자기중심적으로 사고하고 행동하기 때문에 모든 게 타인, 대상 탓이거나 자기보다 대상, 사회가 더 문제가 있다고 보기 때문에 고통을 받는 것이다.

지금까지 누차 수없이 반복·강조해 왔고 지금부터 그 원리를 보다 더 상세하게 알게 되겠지만, 모든 고통과 불행의 원인은 내 탓도 남 탓도 아닌 인간 존재의 주체인 영의 무지무명과 혼의 몽매미혹의 문제이다. 이러한 문제의 근본 원인은 인간의 생명력 발현 주체인 혼의 본성과 그 실현 중심 기능체(오감인지변환체)인 뇌의 NN(Neural Network)의 근본 속성과 한계 때문이다. 인간 존재의 생명 유지는 생명 주재의 근본(원인) 주체인 영과 실상(정묘) 주체인 혼의 작인에 의해 자율적으로 작용하는 심(마음), 백(감정정서), 기(생명원기, 리비도)에 상응하여 작동하는 뇌의 인지기능에 좌우된다. 그리고 심신(몸맘열영)BMS(BEEMSS)은 홀라키적으로 뇌와 신체의 신경생리학적 기전에 의존하기 때문에, 결국 모든 것은 뇌의 인지와 신체에 각인된 식識의 문제로 나타난다는 것을 알 수 있다.

## 혼유魂癒기제 발현 핵심 원리

모든 개인의 문제, 고통, 불행의 원인은 의외로 단순하다. 왜냐하면 굳이 유전적 요인과 카르마를 내세우지 않아도 개인의 모든 문제의 원인은, 지금까지 수없이 여러 번 강조했지만, 출생 후 성장 과정에 잘못 오각인된 인지로 인해 생겨나기 때문이다. 구체적으로 언급하자면, 오인지와 이에 수반하는 정동적 감정정서·자기정체성 발달장애, 대상관계발달장애, 성격발달장애, 부정적 방어기제 등이 복합적인 COEX적으로 쌓이며 병리장애적 억압무의식으로 각인 구조화되어 자동 자극 반응하는 데 기인하기 때문이다. 그 결과, 성장 후 사회적·개인적 삶의 과정에 심각하거나 사소한 오인, 오해들이 모두 성장 과정과 성장 후 이전에 오각인된 인지와 상호 교란, 상승 작용 반응하며 일어나는 병리장애적 무의식·의식·뇌인지의 자동 반응으로 인한 것이 대부분이기 때문이다.

다시 말하자면, 개개인의 모든 고통 불행의 원인은 원래 인간의 오감과 뉴런의 인지능력의 한계로 인해 다양한 COEX 병리장애기제가—오각인·오해·오인, 착각·실수로 인한 의식·무의식의 자아·자기 발달, 감정·정서 발달, 본능·리비도, 성격·기질·발달 장애가 상호작용 결합되어 구조화되면서—복합적으로 고착심리화된 상태로 되어 생긴 것이다. 더구나 성인이 된 후에도 계속 오각인된 자기의 인지·인식을 '절대시'하며 자동 반응하는 데 모든 고통의 원인이 있는 것이다. 이와 같이 오각인 인지에 자동 반응하는 오해, 오인, 실수, 착각으로 인한 혼·자기의 병리장애는 중년이되면서 에고의 강화와 함께 더욱 심화된다. 더구나, 나이가 들어가면서 퇴행·퇴화가더욱 가속화되는 인지와 의식이 삶의 고통·불행·중독의 문제를 더욱 심각하게 만든다. 왜냐하면 극소수의 깨어 있는 지성을 제외하고는 고착 퇴행된 개인들 간의 잘못된 상호 인지·인식으로 인한—이념·사고·관념이 상호 충돌하면서 생긴 삶·일·관계의 갈등과 고통과 이를 피하기 위한 (앞에서 적시한 다양한 수준의) 중독으로 인한—삶의 파괴와 불행이 더욱더 심화되기 때문이다. 따라서 무엇보다 먼저 거의 매 순간이 그들의 오각인된 인지·의식의 한계 상태의 반응이고 그것이 그들의 최선이다 보니 내 탓도 상대 탓도 아님을 확철하게 깨닫는 각성자각을 해야 한다. 최소한 그런 인지적 각성자각을 한 후에, 먼저 자기자애하면서 매 순간 반복 훈련하다 보면 상대도 매 순간 자기한계 내에서 그 순간 최선으로 반응한 것임을 확철하게 깨닫게 되면서 어느 순간 측은지심, 연민을 느낄 수밖에 없다. 그래서 상대에 대한 분노·화, 혐오의 감정은 점차로 약화되고, 어느 순간 혼과 뇌의 인지자각치유기제가 발현되면서 자기 자신과 그 대상이 주는 고통에서 벗어나 있게 된다.

무엇보다도 모든 인간사에서 개인 간, 집단 간의 문제는 정도의 차이는 있지만 상호 인지의 한계 상태 탓이다. 다만, 가진 자·권력자·사악한 자들과의 관계는 일방적이지만 잘잘못의 이분법이 아닌 상호 오해, 이기심, 착각으로 인한 갈등의 순간들은 둘 다 깨어 있지 못하기에 문제가 지속되는 것이다. 언제나 양쪽 다 최선의 한계 상태 의식의 반응이지만, 어느 순간 어느 한쪽이라도 깨어 있으면 문제가 안 생긴다.

뿐만 아니라 몸과 뇌에 각인된 잠재의식과 혼에 각인된 무의식이 동조 변화하기 전에는 계속 자극에 대한 자동 반응은 심화되고 지속하게 된다. 그러므로 자동 반응할 때마다 동시에 반응 강도를 약화시키기 위한 지속적 재인지임 각성 확언 만트라 훈련이 필요하다.

결국 자아도취와 군림하는 이기적 자기애에 빠진 사람들을 제외하고는 모든 삶의 조건과 사회적 환경과 대인관계로 인해 고통을 받는 불행한 사람들이 그런 삶에서 벗어나고자 한다면 기본적으로 다음과 같은 혼유를 위한 기본 치유기제의 발현 원리에 유의해야 한다.

## 혼유기제 발현 원리

1. 모든 문제는 먼저 자신의 인지적 무지·무명·몽매·미혹으로 인해 오각인된 인지 의식·무의식들과 결합되어 복잡계와 같이 구조화된—자아·자기, 감정·정서, 성격·인성 발달장애, 행동·본능·리비도 장애, 대상관계장애, 사회적 대인관계장애 등이—복잡한 부정적 방어기제, 발달 트라우마, 콤플렉스 등으로 COEX화되어 삶의 모든 고통과 불행이 생기는 것이다.

2. 그러므로 사회적·국가적·세계적 삶의 환경과 조건으로 인한 집단적 문제는 제외하고, 개인적으로 모든 문제는 어느 누구 탓만도 아니고 자기 탓도 아니고, 상대 대상 탓만도 아니다.

3. 문제는 고통을 받는 만큼 오각인된 인지와 자아의 욕망과 리비도·정동으로 인한 정서·행동 반응의 문제임을 깨닫는 것이 치유기제 발현의 첫걸음이다.

4. 그래서 어느 누구의 탓만이 아니라 인간의 인지능력 한계 때문에 생긴 문제이므로, 무엇보다 먼저 자기격려·자기자애·자기신뢰·자기각성이 중요하다.

5. 그리고 상대에 대해서도 자신과 마찬가지로 그의, 그들의 오각인된 인지·인식에서 나온 한계 상태의식 때문에 그 순간 그런 언행·사고가 나온 것임을 각성자각한다.

6. 그래서 내가 불만을 갖고 상대에게 더 잘하기를 기대하면 할수록 나만 고통받고 깨진다는 사실을 각성자각한다.

7. 그래서 나 자신부터 상대의 한계 상태와 문제를 더 정확하게 인지 학습하려는 정신과 오각인된 무의식으로 인한 장애를 없애는 각성자각이 필요하다. 그 유일한 길은 재인지밈 학습을 통해 뇌의 인지의식의 파동장을 바꾸어야 한다는 인지밈 전환 법칙을 깨닫는 훈련을 하는 것이다.

8. 그래서 서양 심리치료·심신치유법들이 놓치고 있는 문제는, 허점이 많은 표층의식의 일시적 증상 완화를 가져오는 임상 연구를 바탕으로 성급하게 일반화시킨 치료법이 많다는 것이다.

9. 뿐만 아니라, 인지·행동·정서 장애 문제는 중요시해야 하지만 가장 중요한 자아·자기 정체성, 혼의 정체성 장애와 본능·의지의 추동 리비도장애의 치유가 더 근본적으로 중요한 문제이다.

10. 그러므로 이러한 모든 장애의식으로 인한 심층 억압무의식장애와 이상심리장애를 도외시하거나 무시하는 치료법들은 치유효과도 일시적이거나 치유기제의 발현을 기대할 수 없는 것들이 많다는 것을 깨달아야 한다.

## 혼유기제 요결

**기본 혼유기제 발현 요결: 각성 긍정 확언(Awakened Positive Affirmation: APA)·자각인지 훈련**

1. 어떤 실수나 잘못에도 부정적 언행, 상념이 떠오르는 순간 '당연하지.' '그래 괜찮아.', 다음에는 '더 잘할 수 있어.'라고 자기격려부터 한다.

2. 어떤 열악한 시련·위기를 느끼는 상황에서도 '괜찮아. 이만하면 다행이야. 앞으로 더 잘될 거야.'라고 자기격려부터 한다.

3. 모든 몸체·뇌체·본능기체·감정체·심체의 잠재의식은 자율적·자동적 인지반응의 작용·반작용 의식의 법칙에 지배를 받는다. 그 어떤 상태의 자동 반응의 순간에도 마음챙김

자각할 때와는 달리 '당연하지.'라고 인정하며 즉각 해체·재인지믿 각성 종교적·초종교적 성음聲音·진언眞言 만트라 염송으로 들어간다.

※ 마법 같은 혼과 영의 정화와 깨달음을 가져오는 초종교적 '無' 만트라·통찰 화두 치유기제(치유자의 자기치유, 성장을 위한): '無'자 염송을 하며 동시에 통찰적 자각 각성으로 깨어 있다.

   • 혼유魂癒: 무우려無憂慮, 무유공포, 무위축, 무집착, 무한잠재력, 무한신념, 무한도전, 무한용기, 무한의지, 무한각성…

   • 영각靈覺: 무즉시유無卽是有, 무불이유無不異有, 무생무사無生無死, 무업장無業障, 무아상無我相, 무상無常, 무고無苦…

4. 자동 반응하는 몸·뇌·기·정·심·혼의 황당한 오각인된 표층의식, 의지, 무의식이 지배하게 버려 두지 않는다. 상황을 알아차리는 순간 만트라로 들어가면 그 순간의 그 어떤 식識도 사라지며 그 식으로 인한 연상식識 체인의 노예가 되지 않는다. 가장 중요한 각성은 자기자애로, 자책은 절대 금한다. (자책을 하지 않으려 애쓰지 않고 자책하는 자신을 알아차리는 순간 '당연하지.' '괜찮아.' 하며 각성 긍정 확언 만트라로 들어간다.)

※ 모든 것은 존재의 양자의식의 부정확성·불확실성·불확정성의 역동적 우주의 불가피한 법칙임을 깨닫는다.

5. 늦게라도 알아차리는 순간, 즉간 깨어서 오로지 '無' 자나 자기가 하고 싶은 성음聲音·진언 만트라를 염송하며 각성 긍정 혼유기제 훈련을 한다. 그리하여 부정적 에너지가 빠져나가게 하면서 만트라 염송으로 부정적 잠재의식을 긍정의식으로 전환한다.

※ 무엇보다 뇌의 긍정자각 인지믿 회로의 반복 인지조율 파동에 의해 뇌의 부정적 표층의식파와 부정적 무의식파가 동조하면서 부정적 의식 에너지가 긍정적 의식 에너지로 전환되는 의식 에너지 전환 법칙을 각성·자각한다.

6. 모든 화, 환란患難, 시련, 재난, 실패의 근원은 카르마(업식業識)로 인한 무지무명·몽매미혹에 갇힌 자기에 대한 인지자각의 결핍에서 비롯된다. 그러므로 자각·성찰 없는 모든 카르마적 행위의 순간의 어리석은 판단 선택으로 잘못 저지른 사소한 실수가 평생의 큰 실수로 이어질 수 있음을 각성자각한다.

※ 이러한 카르마적·무의식적, 뇌의 인지적(지知·정情·의意·행行) 자동 반응이 거의 모든 보통 사람으로 하여금 고통과 불행의 늪에서 벗어나지 못하게 하는 원인임을 각성자각한다.

7. 결국 매 순간 각성하여 깨어 있고 보다 명료하게 격물치지하려고 해야 한다. 그러나 그것은 마음챙김 같은 고급 치유 수련에 의한 고급 치유기제가 발현되어야 가능한 것이다. 그러므로 오직 지금 내가 겪는 고통은 과거에 오각인된 실재가 아닌 인지 때문에 생긴 것이

다. 다만, 그때 그 순간은 모르고 있었을 뿐이라는 걸 각성하는 인지 학습을 하고 각성자각 하는 훈련이 필요하다.

8. 그와 동시에 모든 고통은 나의 심心·의意·식識, 뇌·신체의 자동 반응기제로—모든 탐진치만의瞋癡慢疑로 인한 번뇌로 고통받는 깨어 있지 않는 보통 사람들의 바이오 로봇 같은 자동 반응으로—인한 그 순간의 최선의 욕망·충동·생각·언행 탓이다. 모든 것이 자신의 허망한 오각인 인지로 인한 무지무명 탓이니 진정한 자기자애·격려·긍정이 모든 것에 우선해야 한다는 걸 깨닫는다.

9. 삶에서 모든 사소한 실수가 카르마의 악업을 쌓는 행위이고 곧 평생이나 여러 생을 갈 수 있다는 법성·섭리를 깨우치고 모든 삶의 경험이 학습의 과정이라는 걸 깨닫는다. 그래서 매 순간 모든 것에서 교사·반면교사로 배우는 정신을 갖는다.

10. 오각인된 인지와 본능적 충동·추동으로 인해 넘어질수록 더욱 명료한 인지자각의식과 강인한 의지로 일어나며 각성하고 도전한다.

11. 더 잘하고자 하는 것이 아니라 오직 잘못된 인지로 인해 어리석게 고통과 속박을 받지 않는다. 삶의 매 순간 모든 것에서 삶의 우주적 의미를 배운다.

※ 소아적 혼의 집착이 아닌 우주적 대혼으로 양자도약하는 무한도전의 각성 의지로 자기실현·자아초월의 삶을 향해 나아가도록 각성자각한다.

12. 고통은 영혼의—대상과 분리된 자기·아상我相이 실재한다는—무지몽매로 인해 잘못된 인지자각의 허상(공상空像·hologram)을 실재로 착각한 데서 오는 환상illusion임을 깨닫는다. 더 이상 고통은 고통이 아닌 뇌신경회로의 인지 형성 과정에서 뉴런의 정도가 약간 좀 더 심한 불확실한 인지 결과일 뿐임을 각성자각한다.

13. 그래서 실재로서의 고통은 없고 무지무명, 몽매미혹의 정도에 따라 달라지는 고통의 느낌·인지·감정의식의 반응만 있을 뿐임을 각성자각한다.

14. 나의 오각인 인지로 인한 실수·착각·오해·오인 등 모든 문제가 아닌 문제들을 자기자애로 감싼다. 그래서 타인과 대상과의 양자적 사건의 순간 그들의 오각인·실수·한계에 대해서는 연민이 생기지 않는다면, 그런 극단적인 이기적 욕망도 있을 수 있다는 것을 깨닫는다. (이렇게 되면 자기자애는 자연스레 타인에 대한 연민으로 이어지게 된다.)

※ 『통합심신치유학: 이론』 편의 양자심신치유에 상세하게 논술되어 있듯이, 소양자우주로서의 인간 존재는 인지적으로 오감언어의식을 넘어 초오감양자의식을 가진 양자자기적 존재라는 원리를 알고 깨닫는 것이 중요하다. 이렇게 되면 우리의 모든 고통과 불행은 양자우주적 존재로서의 양자자기에 대한 무지무명과 오감언어적 인지의식의 한계에 대한 몽매미혹으로 인한 것임을 통렬하게 깨닫게 된다.

이와 같이 양자우주의 원리를 알고 나면 인간 존재의 소양자우주·양자파동·양자의식·양자자기의 의미를 깨닫게 된다. 이렇게 되면 혼의 무의식과 뇌인지의 상의상수相依相隨 원리에 따라 혼적 자기의 위축이나 비정상적 혼의 과도한 투사·방어기제 장애의 경우에는—먼저 제대로 학습하여 알고 나서도 비록 나약한 의지력으로 인해 습관과 습기에 휘둘리더라도—치유하려는 진정한 의지만 가지게 되면 인지밈 각성자각 반복 훈련으로 혼의 기본 인지치유기제가 발현된다.

15. 그다음 단계에서는 혼의 존재적 자기자애, 자기동일시, 자존감 훈련과 유위적 혼의 치유 수련을 통해 정상적이고 건강한 존재적 자기를 회복한다.

16. 어느 정도 혼적 자기를 온전하게 회복하게 되면, 동시에 무위적 알아차림, 마음챙김에 의한 탈동일시 수련으로 영이 깨어나고 혼이 더욱 각성되어 대혼·대아적 혼으로 성장하면서 동시에 자아초월 영성이 발현하는 무위 수련이 가능하게 된다.

## 인지자각 성찰치유요결

누구든지 우선 자신을 괴롭히거나 부담스럽게 하는 모든 것—생각, 고정 관념, 가족, 사회, 삶의 조건, 동료, 상사, 이웃, 친지, 지인, 삶의 환경, 사회환경, 대상의 상황, 관계, 언행 관련 내적·외적 자극 등—에 대한 자신의 반응들(스트레스, 느낌, 생각, 칠정·감정·정서, 충동 반응, 망상, 욕구 불만, 갈등, 분노·화 등)이 일어나는 원인이 무엇인가? 왜 내가 그렇게 반응하나? 뇌와 무의식의 상의상수적 각인 인지·감정·본능 반응 원리를 냉철하게 자각하고 성찰하는 각성 훈련을 한다.

1. 상대의 언행, 주어진 상황에 대한 불만은 왜 생기는가?
2. 내 무엇이 그렇게 만드나? 나의 자기중심적 언행·사고 때문은 아닌가?
3. 나는 거의 문제가 없는데 그의 상식과 이치에 어긋난 태도, 언행에 대한 불만 때문인가? 나에게도 문제가 있지 않았는가? 내 이기적 욕심은 없었나?
4. 내 안에 각인된 인지의식·무의식에 의한 조건반사인가?
5. 상대의 언행 때문인가? 100% 대상 탓인가?
6. 그렇게 판단하는 근거는 어디에 있나?
7. 모든 게 명확하지 않고 불확실한 가운데 내가 모든 것을 다 명료하게 알지 못하는데도 내가 그렇게 반응하는 것은 왜일까?
8. 내 의식이? 내 무의식이? 뇌인지반응이? 내 몸이 그렇게 반응하나?

9. 내가 아는 모든 것(인지, 인식, 의식, 무의식, 관념, 사고, 감정, 본능, 가치관, 세계관…)을 무슨 근거로 절대적으로 확신하는가?

10. 내가 좀 더 잘 알고 좀 더 합리적이고 좀 더 확신하기에 그렇게 반응하는가?

11. 대개의 경우, 100% 확신이 아닌 가운데 나의 고정 관념, 사고, 감정, 충동심리가 그렇게 반응하기 때문이 아닌가?

12. 100% 확신할 수 있는 것이 아니라면 상대가 문제가 있어도 전혀 변하지 않는데 그렇게 하는 건 나의 무지로 인한 자기파괴 아닌가?

13. 매 순간 상대도 나와 마찬가지로 또는 더 심하게, 아주 비정상적일 정도로 불완전하고, 오해·착각·오인이 있어서 그런 것이라고 해도, 그 순간 그들의 언행은 그들의 최선이고 나도 그 순간 나의 최선이었다면 누굴 탓할 수 있나?

14. 모든 게 나의 불확실하고 오각인된 인지로 인한 자아, 감정·정서·기분, 의지·욕망·욕구 때문이 아닌가?

15. 너, 나, 우리, 인간 모두가 정도의 차이만 있을 뿐 오각인 인지 오류와 한계가 있게 마련이다. 이 모든 게 이로 인해 생긴 자기중심적 욕망, 에고, 사고, 관념 때문이라면 그것이 곧 역동적 온우주의 양자자기의 양자우주적 법칙이다.

※ 그렇다면 온우주의 모든 역동성은 양자우주의 불확실성을 내포한 참여적 관찰자로서 양자자기가 연출하는 양자사건의 역동적 상호작용으로 인해 생기는 것이다. (불확실성·불완전성·불확정성의 역동성이 없는 우주는 사라진다.) 그런 깊은 원리를 깨닫지 못하고 무지와 미혹에 갇혀 고통받고 불행하게 살아온 자기에 대한 연민을 우선 가질 수밖에 없지 않는가?

## 혼의 무의식 성찰치유요결

1. 모든 인간의 고통과 불행은 카르마가 근본 원인이지만, 생후에는 성장·삶의 과정에 잘못 형성 각인된 인지로 인한 자아·정서·관념·사고방식 스키마의 문제이다.

2. 그리고 이를 추동하는 본능·의지·행동과 수반하여 형성되는 성격·인성·대상관계가 문제를 심화시킨다. 또한 모든 것은 인지와 자아에 대한 오인과 아주 황당할 정도로 (영적·혼적) 존재적 자기에 대한 무지로 인해 생긴 문제이다. 그리고 무아에 대한 오해와 격물치지적으로 명료하지 않은 인지홀로그램의 환허幻虛 공성空性에 대한 올바른 인식의 부재 때문에 생긴 문제이다.

3. 그러므로 인지 학습과 인지 훈련에 의한 각성은, 그동안 절대시해 온 그릇된 자아정체성,

오각인된 인지의 환허의 공성에 대한 자각을 통해 주술에서 벗어나듯 점차로 속박에서 자유로워지게 한다.

4. 각인되어 구조화된 무의식의 병리장애적 자동 작용기제를 없애고 소멸시키려고 애쓰지 않는다. 한번 각인되면 의식역학의 원리에 의해 의식 정보는 그냥 사라지는 것은 없다. 오직 작용기제 에너지를 (변용)소멸시켜, 홀로그램 공상空象화되지 않도록 기표화시키면 선禪의 화두의 하나인 '건시乾屎'화되는 것이다. 에너지를 빼면 건시화되어 그냥 흔적만 남고 사라지게 한다.

5. 두려움은 생명력 발현의 주체인 혼의 본성이고 그 식파識波에 동조 변환하는 뇌편도체의 생리적 반응 기전의 본성이다. 다만, 잘못 각인된 식識으로 인해 황당하게 반응할 때가 많을 뿐이다. 그래도 괜찮다고 혼과 뇌를 격려해야 한다. 거부하면 할수록 더욱 위축되고 반응기전은 더욱 악화되므로 여하한 반응에도 각성 만트라, 각성 긍정 APA로 들어간다.

## 자기자애 각성 긍정치유요결

1. 모든 내담자에게 자기각성 긍정, 자기자애 격려하는 법을 스스로 깨닫도록 유도한다. 무슨 일이 있어도, 무슨 문제, 고통, 억울, 원한, 분노화, 강박, 자존감 짓밟힘, 우울, 망상, 갈등, 시련 등이 있어도 진심으로 맨 먼저 '괜찮아.' 하며, 스스로에게 강하게 긍정 확언한다. '모든 사람이 다 그래.' '잘될 거야. 잘할 수 있어.' '누구나 다 실수, 실언, 실패, 과오가 있어.' 라고 확언한다. 내가 아는 것은 거의 모두 어느 정도 오각인으로 오염된 인지의 그림자일 뿐 실재가 아니고, 부정적으로 생각할수록 더욱 깊이 강하게 각인될 뿐임을 각성한다.

2. 자기애보다 못한 것은 혼의 위축으로 인한 자기혐오, 자기부정, 자기비하, 비굴함, 좀비화이다. 자기존재(혼, 영)를 사랑하고 자애하는 법부터 배우고 학습하고 위축 언행·상념들이 생길 때 동시에 훈련한다.

3. 반면에 마음챙김은 혼의 강건한 자기회복이 어느 정도 된 후에 탈동일시 단계에서 할 수 있는 고급 치유기제의 단계이다.

4. 인간의 혼과 뇌는 제대로 인지되고 알고 있는 지식이 아닌 잘못 각인된 섣부른 지식으로 확실하게 알지 못하는 것으로 인해 더욱 두려워하고 더욱더 위축된다.

## 혼유기제 발현의 인지과학적 요결

1. 인간의 고통과 불행은 자기의 자존감·자존심을 짓밟는 사회환경 속에서 생기거나, 자신이

알고 있거나 옳다고 생각하는 것을 절대시하는 데서 발생하는 갈등과 충돌에서 생긴다.

2. 상대와 대상의 생각이나 언행이 자기와 다르면 대개 상대 탓으로 돌린다. 자신의 관념, 사고, 이념, 언행의 파장인 각인된 인지의 오류나 오해·착각·요인을 의심하지 않거나 자신의 앎·지식이 더 옳다고 생각하기 때문에 갈등하고 충돌하고 싸운다.

3. 대부분의 사람은 자기의 생각, 신념, 사고, 인식이 옳다는 것에 집착하는데, 무슨 근거로 그렇게 생각하나? 자신이 아는 것이 어떻게 절대적으로 옳다고 확신하나? 자기중심적 에고·욕망에 사로잡혀 있기 때문이다.

4. 대개는 편향된 부정확한 정보 지식에서 나온 생각인데도 의심 한번 없이 각인되고 오인된 인지·지식·인식에 갇히게 되는 것이 고통과 불행의 근원이다.

5. 통념적으로 힐링은 스트레스 확 풀리고 기분이 쌈박하다는 의미로 쓰이는데, 그런 힐링은 하루만 지나도 실제 생활 환경 속에 들어가면 원래대로 돌아간다. 근본 치유가 아닌 일시적 스트레스 해소 힐링에 그치기 때문이다.

6. 사람은 진정한 사랑, 남녀 간의 사랑, 부부·가족 사랑, 친구 간 사랑에 의해 쉽게 치유된다. 문제는 남녀는 인연에 의해 만나지만 선업의 인연에 의한 만남이 아니면 상호 적극적 노력이 필요하다. 상극의 부부간은 깨어나서 카르마를 해체·소멸시키려 하지 않는 한 서로 헤어지거나 떨어져 있어야 한다.

7. 한번 잘못(오) 각인된 인지는 마음이나 신경을 쓰면 쓸수록 깊이 각인되고 사라지기 힘들고 각성 긍정, 격려, 무관심만이 유일한 해결의 길이다.

8. 세상에 성현들의 말씀, 유명한 석학들, 문인들, 지혜로운 사람들의 좋은 말, 좋은 글은 넘쳐나고 온라인, SNS 등에도 넘쳐난다. 그런 글을 접하는 순간에는 사람들이 감동하고 반성하고 작심하기도 한다. 하지만 일상의 삶으로 돌아가면 원래의 자기로 돌아가게 된다. 왜 그런가? 작심으로 새로 감성적으로 인지된 지각보다 더 깊게 각인되고 구조화된 기존의 혼의 각인무의식과 뇌의 각인표층의식의 동조하에 자동 반응 때문이다.

9. 깨어나서 각성하고 알아차리지 않는 한, 원래부터 각인 형성되어 구조화되고 고착된 이기적 본능, 감정정서와 연계되어 있는 인지지각, 인식, 관념, 이념, 사고방식, 무의식에 자동 반응한다. 때문에 단순한 인지적 지식이나 관념적 이해만으로는 콘크리트화된 스키마를 조금도 변화시키지 못하고 오히려 더 위축되게 만들기 쉽다.

## 무위적 혼 치유 수련

1. 혼을 되살리는 종교에 귀의(기독교·불교의 5대 현교 수행): 주력呪力 수행

2. 기공·요가 수련 (정기신精氣神 수련: 주천周天 수련, 연軟·경기공硬氣功, 태극권, 무술기공…)

3. 통합 '무無' 통찰명상치유 수련: 심心·의意·식識, 백魄·기氣·뇌腦·신身의 모든 '식識'의 환

   허성幻虛性·허구성·그림자일 뿐임을 통찰하는 '무無' 알아차림

4. 정신통합(psychosythesis)

5. 카르마 해체 소멸 수련(자비 교환/연민 명상)

6. 로고테라피

## 무위적 혼 수련의 근본 원리

혼의 생명집착, 자기집착은 혼의 위축으로 인해 정신이 나가거나 자존감이 상실되는 원인이 된다. 혼의 위축은 심心장애(강박, 스트레스), 백魄장애(감정·분노 조절장애), 기氣장애(이상異狀심리·충동 본능 조절장애), 뇌장애(뇌 퇴화, 변성, 중독장애)의 원인이므로, 영이 깨어나게 하고 혼이 각성하게 하는 수련이 혼의 무위 수련이다

## 혼의 각성적 자각(마음챙김, 알아차림)

1. 사성체四聖諦 삼법인三法印(고苦, 무아無我, 무상無常), 일체개공一切皆空(무자성無自性자각)
   • 유즉시무有卽是無, 무즉시유無卽是有
   • 자본자근自本自根, 자생자화自生自化 의지적·의식적 자각
   • 일체유심조一切唯心造, 일체유신조一切唯信造 자각
   • 양자우주 원리(양자원리), 양자의식자각

2. 심혼心魂·혼백魂魄·혼기魂氣·혼뇌魂腦·혼신魂身의 본성자각本性自覺

## 위축된 혼 되살리기 훈련

### 1. 위축된 혼 각성 훈련
- 자존감 상실, 집착, 망상, 두려움, 공포, 우울감, 콤플렉스, 트라우마, 카르마 벗어나기, 인지자각 훈련
- 각성 만트라 명상 수련(육연지기六然之氣: 의연毅然·호연浩然·초연超然·감연敢然·담연淡然 각성)
- 자기신뢰, 자신감, 신명이 살아나는 스포츠, 유희, 춤, 오감치유

### 2. 혼기魂氣 강화 훈련
- 혼이 위축되면 혼이 나가고, 집착·망상·우울·두려움·콤플렉스가 심해짐
- 혼기魂氣 강화를 위한 극기 훈련
- I CAN DO! 만트라 염송 수련
- 신념, 정신력 강화 훈련

### 3. 혼의 존재적 자기회복 훈련
- 참생명(참나)의 실상 주체로서의 존재적 자기를 회복하는 각성 회복 인지 훈련
- 로고테라피
- 정신통합 수련

### 4. 혼안魂眼 바로 열기 훈련
- 올바른 믿음(정신正信), 의지, 신념, 용기, 열정, 몰입의 눈 열리기, 각성자각 훈련
- 종교적 귀의, 헌신 만트라(진언眞言, 주력呪力) 수련
- 성통광명 교학 수련
- (QTQHT)신해행증信解行證 수련

### 5. 탁한 혼기 정화魂氣淨化 훈련
- 객기, 오기, 탁기, 이기적 자기정화하기 수련
- 영적 독서, 참회, 기도 수행
- 깨어서 주시하기 훈련, 정관 명상 수련

### 6. 정신 나간(얼빠진, 좀비가 된, 유혼사기遊魂邪氣에 사로잡힌) 혼魂 되살리기 훈련
- 종교적 귀의 유도(퇴마와 함께): 주력呪力 수행
- 영적 공동체 수련(사교 집단주의)
- 중독치유(약물·알코올 물질 중독, 섹스·도박 행위 중독, IT/SNS 스마트미디어 중독, 게임 중독, 이념/사고 중독…)

## 有爲的 魂 치유 수련

1. 魂眼 열리기 각성 훈련

2. 각성 긍정 확언 만트라(CV/PA, 거울 보기 명상)

3. 魂氣 강화(통합몸치유) 命 수련

4. 극기 스포츠(암벽 등반, 산악자전거, 마라톤…)

5. 극기 훈련(해병대 캠프, 오지 체험, 배낭여행…)

6. 의지력 개발 훈련

7. 영감·내성內省·직관 계발 명상/정관 훈련

8. 신명 살리는 소울 음악, 소울 댄스, 신명 나는 유희/게임

9. 사랑, 봉사, 헌신 실천(불우이웃 돕기, 소외계층 돕기…)

10. 종교 공동체 수행(공감·화해·합일, 이타적 사랑 교감, 책임감, 평화, 기쁨, 자비 체험…)

## 의식 중독치유(물질 중독, 뇌腦 중독, 행위 중독, 이념 중독, 사고 중독…)

1. 혼魂의 위축은

   • 혼기魂氣가 허虛하여 집착, 두려움, 공포에 빠지거나 정신이 나감.

   • 자존감 상실, 자기정체성 상실로 비굴하게 삶을 구걸함.

   • 불의不義에 굴복, 도덕성 타락으로 악惡의 앞장이나 좀비화됨.

2. 위축된 혼을 살리려면, 먼저 영이(성찰적 자각으로) 깨어나면서, 의지·신념·용기·신명의 바른 에너지를 성찰적 각성과 함께 불어넣어 혼을 되살리는 (격려·칭찬·경청 에너지 복돋음, 각성 긍정, CAN DO! 정신, 신명 살림 등의) 모든 유위치유 수련이 필요함.

3. 타인의 혼을 살리려면, 자신의 혼부터 살리고 신명이 넘치고 긍정적이고 행복한 삶의 태도로 타인의 혼을 격려·인정·경청·나눔·화해·공감으로 공유하면 쉽게 혼이 살아남.

4. 삶의 환경과 조건이 어렵고 환난·시련, 고통, 취약한 여건에 빠져서 혼의 심신이 허약하고 절망에 빠져 있을수록 더욱더 자기도전적 확신 긍정, 도전 정신(CAN DO!)으로 초강력 도전 의지를 추동하고 용기·신념 에너지를 강화하는 모든 유위 수련·훈련, 자기각성 긍정 암시가 중요함.

143

## 유위有爲·무위無爲 혼유魂癒 수련

### 1. 유위적有爲的 혼 수련

- 기공 수련

- 통합 '무無' 통찰명상

- 카르마 해체 소멸 수련(유위·무위 수련)


### 2. 무위적無爲的 혼 수련

- 혼안魂眼 열리기 혼적 각성 훈련(의지적 존재로서의 자기각성)

- 각성 긍정 확언 만트라, 주력진언呪力眞言 만트라

- 혼기魂氣 강화(통합 몸 삼신三身치유) 명命 수련

## 양자치유기제 요결: 양자파동 에너지 연민 교환치유(카르마 해체 치유기제)

양자치유기제는 영적·혼적 의식·에너지 치유와 양자치유에 관련되는 고급 치유실제에 의해 발현되는 치유기제이므로 여기서는 상세한 설명 없이 핵심 원리와 요결만 요약하였다.

### 1. 치유기제 원리

- 통렌 수련, 자비 교환 수련과 유사하나 다름.

- 중단 전 에너지 옴 만트라 수련을 통해 사랑·연민 에너지를 발현시킨다.

- 카르마 장애로 인해 억압되고 탁하고 교란된(충극衝剋) 양자의식 에너지를 3A 조화 상태로 전환 활성화

- 대상의 충극 카르마 양자의식 에너지를 흡입하여 중단전 중심 블랙홀에서 3A 조화 에너지로 정화

### 2. 치유요결

- 먼저 편안한 자세로 하단전 호흡(수식관)하며 (5~10분간) 정신집중

- 중단전 옴 만트라 수련(5~10분간)

- 카르마 대상을 연민의 마음으로 심상화하며 대상의 충극 카르마 양자의식 에너지를 코로 흡입하여 중단전 중심 블랙홀로 보내 정화시키는 심상화

• 3A 조화 상태의 정화된 양자의식 에너지를 염파로 대상에게 보냄.

## 3. 유의사항

• 양자파동 에너지 연민 교환치유는 카르마가 있는 대상에게만 실행한다.

• 카르마 해체 소멸에 대한 의지와 진정성이 있어야 한다.

• 중단전을 활성화시키는 만트라 수련을 상당 기간 실행한 후에 이 양자치유기제를 훈련해야 한다.

• 물론 이 양자치유기제 실행 전에 기본적인 무기대·한계 상태 치유기제의 훈련을 선행해야 한다.

통합심신치유학 [치유기제] 편

통합심신치유학 · 치유기제

제 **5** 장

고급 심신치유기제

통합심신치유학 [치유기제] 편

# 들어가는 말

서양심리치료의 BETA(Background, Emotion, Thought, Action) 모델에 의한 심리치료법만 해도 400가지가 넘는다. 때문에 앞에서 언급한 동서고금의 심신치유법들 그리고 현대적 심신 치료·치유법, 보완대체의학·통합의학 차원에서 사용되고 있는 몸의 치유에서 에너지氣치유·감정치유·마음치유·혼치유·심령치유에 이르기까지 일반적이거나 특수한 치유법들까지 고려한다면 수천 가지가 넘는 치유법이 지금 전 세계에서 '치유healing'나 '치료therapy'의 이름으로 유행하고 있다. 단순히 일시적 카타르시스적 기분 전환, 스트레스 감소, 감정 해소 수준 등의 소위 일반적 '힐링'에서부터 (만성 생활습관병 치료 후 건강 회복, 스트레스·건강 관리 위주의) 생활습관 의학적 심신건강 관리에, 전문 치료사·심신치유사·건강관리지도사의 지도가 필요한 전문 치료·치유법에 이르기까지 너무나 다양한 치료·치유법이 과대 포장되어 유행되고 있는 게 현실이다. 일반적으로 이러한 대다수의 심신치유법은 그 치유요법과 치유기제가 목표로 하는 것이 대체로 증상의 완화나 의료적 치료 후 회복이므로 일시적·한시적 치유효과에 그치는 경우가 많다. 온전한 심신치유기제와 자기치유를 통해 의식의 변화와 함께 근본적인 치유효과를 가져오는 통합적 치유요법이나 치유기제는 기대하거나 찾아보기기 어렵다.

반면에 무슨 치유원리, 치유요법과 연관된 치유기제든지 간에 단순한 일시적 증상 완화나 표면적 증상 치유효과가 아닌 근본적인 치유기제와 온전한 치유효과를 통해 온건강기제가 발현하게 하려면 의식이 깨어나야wake up 한다. 그렇게 되려면 일반 치유기제인 자각의식 훈련만으로는 어렵다. 최소한 '마음챙김'의 사띠sati에 의해 알아차리는 자각의식 수련이 있어야 한다. 그것도 내면이나 외부의 내적·외적 자극에 대해 자동 반응적이거나 자기반성적이거나 자기부정적, 자기비판적 자각이면 오히려 뇌의 반복 인지과학습으로 인한 신경증이나 무의식의 억압을 초래하기 쉬우므로 올바른 '마음챙김' 알아차림/자각을 필요로 한다. 그렇지만 마음챙김 명상이나 소위 비자동적·비판단적·비개입적·수용적 자각, 있는 그대로(맨) 주의 기울이기에 의한 탈동일시 · 탈중심화 자각의식은 쉽게 되거나 할 수 있는 것이 아니다. 오직 의식이 어느 정도 열려 있는 상태에서 장기간의 의식 훈련과 명상 수련에 의한 내공을 필요로 한다. 따라서 이 책의 제1장에서 제3장까지의 앞부분에서도 필자는 일반 심신치유기제와 자기치유가 가능한 고급 심신치유기제를 경계 짓는 기준으로 마음챙김자각을 강조하였다. 즉, 고급 심신치유기제 발현의 전제 조건으로, 단순한 긍정 마인드 훈련, 자기자애 명상/만트라, 탈동일시 훈련, 창조적 시각화 확언 훈련(CV/PA) 등과 같은 마음 훈련만이 필요한 것이 아니다. 이와 함께 심신의 장애와 자존감 · 정체성 상실로 위축된 혼을 되살아나게 하는 혼의 치유(혼유)수련에 의해 깨어나거나, 이러한 각성 훈련으로 변형된 각성자각(Awakening Awareness)의식의 '마음챙김에 의해 알아차리기/주시하기/주목하기'와 같은 의식 수련, 마음챙김 수련을 반드시 필요로 한다는 것을 강조하였다.

## 근본 치유를 위한 고급 치유기제

근본 치유기제가 발현하려면 무엇보다 먼저 각성 긍정의식 훈련, 혼유 훈련, 마음챙김(자각, 각성) 훈련 등을 통해 닫히거나 갇힌 의식이 열리게 하면서, 이와 함께 필요한 일반 심신치유들을 병행하면서 일반 치유기제를 심화시켜 나가야 한다. 더 나아가 근본적인 자기치유와 의식의 변용과 영적 성장을 가져오게 하려면 '의식이 확철하게 깨어나야' 한다. 즉, 자기부정 · 회의 · 혐오 · 위축 · 우울 · 자존감 상실 상태에서 혼이 살아나면서 긍정적 자기확신, 통찰적 내면 성찰, 각성적 자각 수준으로 의식이 깨어나고 알아차리고 주시하며 변화해야 한다. 이렇게 하려면 지속적인 마음챙김 자각/알아차림 수련을 통한 고급 치유기제의 형성이 반드시 필요하다. 하지만 개개인의 의식 수준, 심신의 장애 · 병리(콤플렉스, 부정적 방어기제, 카르마, 트라우마 등)의 상태, 선천 · 후천의 인성 · 성격 · 성품 · 근기 등이 너무나 상이하고 차이가 심하다. 때문에 심신의 장애가 있고 의식이 닫혀 있는 내담자/치유대상자에게는 치유의 목적으로 현재의 닫힌 의식 수준이나 상태, 병리장애 상태나 정도를 고려하며 치유해야 한다. 그렇게 하지 않고 무조건 마음챙김 훈련 · 명상 · 수련에 의한 마음챙김 심신치유를 무차별하게 적

제 5 장 · 고급 심신치유기제

150

용하는 것은 치유효과가 별로 없다. 뿐만 아니라 치유기제의 발현을 위한 의식의 변화도 가져오지 않고 오히려 역효과를 초래할 수 있는 문제가 있다는 것을 쉽게 이해할 수 있다.

그러므로 여기서 정의하는 고급 치유는 단계적으로 기본 치유기제와 일반 치유기제를 거치며 영이 깨어나고 혼이 되살아나며 의식이 열릴 때 적용해야 하는 치유이다. 말하자면, 상담가·치료사·치유사·치유코치·건강관리사 등 전문가들이 내담자 개개인의 의식의 수준·상태에 대한 통합적 진단 평가에 따른 최적의 기본 심신 치유·기제의 발현을 위한 인지 학습과 일반 심신치유 요법·기법을 각성자각의식 훈련과 함께 적절하게 통합적으로 적용해야 한다. 이와 함께 이러한 치유·기제를 통해 의식이 어느 정도 열리면서 마음챙김을 내담자 스스로 수행할 수 있는 수준에 이르게 되었다고 판단될 때까지 기다려야 한다. 그때가 되어서야 비로소 증상의 근본적 완화 치유와 의식의 근본적 성장 변화를 가져올 수 있는 고급 치유기제를 적용할 수 있는 단계에 도달하게 된 것이라고 보아야 한다. 의식이 이 수준에 이르게 되면 마음챙김 심신치유뿐 아니라 다른 전문적 일반·특수 심신치유법들도 모두 마음챙김과 그 치유기제를 바탕으로 치유효과를 더욱 더 심화시킬 수 있다. 이에 따라 의식이 깨어나면서 고급 치유기제를 발현할 수 있는 의식 수준이 되어 '자기치유'와 함께 자기와 영성의 성장·발달 능력을 발현할 수 있게 되는 것이다.

이 장에서는 이와 같이 마음챙김 자각/알아차림 의식 수련을 기본으로 하는 여러 고급 심신치유 수련에 의한 통합적 고급 심신치유와 그 치유기제에 대해 집중 고찰할 것이다.

## 통합적 고급 심신치유기제

여기서 강조하는 고급 심신치유법과 그 치유기제 발현의 기본 전제 요건이란, 먼저 치유전문가에 의해 마음챙김 기반 심신치유 훈련·수련을 받는 과정을 거쳐야 한다는 것이다. 그런 후에 자기치유에 의한 통합적 심신치유로 치유효과를 심화시키며 자기와 의식의 성장 발달과 영적 성장을 가져올 수 있는 치유 체계를 가진 체계적, 통

151

합적 치유 요법들의 적용을 의미한다. 일반 치유 요법과 일반 치유기제들도 내담자·치유 대상자에게 적절한 치유 요법·치유기제인 경우 증상 완화나 일시적인 치유효과를 넘어서는 근본 치유를 가능하게 한다. 하지만 자기치유에 의해 근본적인 치료 치유효과를 지속적으로 심화시키고 의식의 변화를 가져오게 하려면 고급 치유기제의 '깨어 있는' 의식으로 치유를 해야 한다. 그런 까닭에 마음챙김 수련이 제대로 되어야 깨어 있는 자각, 알아차림으로 치유할 수 있다는 공리적 가설을 받아들이는 것이 고급 치유기제의 기본 필요조건이다. 따라서 이 교재의 이 장 고급 심신치유·기제에서는 다음과 같은 측면들을 고급 심신치유와 그 치유기제의 요건(필요·충분 조건)으로 강조할 것이다.

고급 치유기제에 의해 근본 치유효과를 가져오게 하려면 우선 내담자의 현재의 개인적 의식의 수준·상태, 심신장애 문제 등에 대한 올바른 진단·평가에 따른 적절한 예비 기본 치유·기제와 공인된 일반 치유·기제의 발현을 통해 증상이 완화되어야 한다. 이에 따라 마음챙김 수련을 기꺼이 자발적으로 받아들일 만큼 의식이 성찰적으로 열리게 되면 깨어 있는 자각의식으로 자기치유를 하며 통합적 심신치유를 지속하기 위해 마음챙김 수련을 지속한다. '마음챙김'은 사띠, 알아차림, 자각에 의해 내적·외적인 오온五蘊의 모든 현상이 공空하고(오온개공五蘊皆空) 고苦(일체개고一切皆苦)·무상無常(제행무상諸行無常)·무아無我(제법무아諸法無我)임을 확철하게 깨우치는 무위無爲 수련의 기본이다. 그러므로 마음챙김을 제대로 할 수 있는 수준이 되려면 의식이 어느 정도 열린 상태에서 명상 수련과 의식 수련이 필요하다. 이 수준에 이른 내담자/치유대상자는 자기의 심신의 취약점과 남아 있는 잔존 장애들(혼의 위축, 억압무의식의 그림자, 콤플렉스, 트라우마, 카르마 등)과 습기習氣들을 자기치유하기 위해 자신에게 적합한 일반적인 유위적有爲的 심신치유요법들을 중심으로 치유해야 한다. 그런 다음, 고급 치유기제의 '깨어 있는' 의식에 의해 통합적으로 실천·실행하면 기존의 일반 심신치유·기제들보다 치유효과와 치유기제를 더욱 심화시킬 수 있다.

하지만 이러한 기본·일반 치유기제 발현 과정을 제대로 거치지 않은 내담자나 일반인이 마음챙김 치유 명상 프로그램들을 통해 보다 근본적인 치유를 위해 영적 자기(영아靈我)의 심층무의식의 염오식인 카르마와 혼적 자기(혼아魂我)의 무의식의 장애식인 혼의 위축(자존감 상실, 집착식, 두려움, 콤플렉스, 망상, 트라우마 등)을 치유하려 들면, 미국식 마음챙김의 기본 정의적 모델인 샤피로(Shapiro)의 마음챙김의 단순한 의지적·의도적 자각·주의 기울이기·비판단적 태도(Intention·Attention·Attitude: IAA 모델)로는 안 된다. 오히려 뇌의 과학습 과민 반응으로 인한 신경과민, 강박, 억제, 억압무의식의 강화를 초래할 수 있다. 그래서 카르마식識과 모든 혼식魂識을 주시하며 뿌리까지 통찰하여 즉각적·찰나적으로 알아차릴 수 있는 메타/초자각 의식(찰나식: 아말라식·자성식)으로서의 주시의식, 통찰적 각성의식, 비이원의식으로 깨어나는 수련과 명상을 해야 한다.

한마디로 말해, '자각의식' 자체가 홀라키의식임을 알아야 한다. 자각의식의 깊이는 홀라키적으로 신身·기氣·백魄·심心·혼魂·영靈의─단순 신체 느낌만을 자각(뇌의 오감인지지각) 반응의 지각(감지感知) < 기체氣体의 생물학적 리비도 추동 본능의 반응 자각 < 백체魄体 감정의 정서·감정·정동 반응의 자각 < 심체心体의 심리, 스트레스 반응의 자각 < 혼체魂体의 심령·심혼적 반응의 자각 < 영체靈体의 카르마적 의식·무의식 반응의─자각순으로 내포하고 초월하는 홀라키 자각이다.

그러므로 생명력 발현의 주체主体인 혼魂의 작용인作用因 본성에 의해 신체에서 심체까지의 반응은 의지적, 의도적으로 자각하고 알아차릴 수 있다. 그러나 혼식魂識(의지식意志識) 자체와 영식靈識(카르마識)은 자성식自性識의 메타/초자각, 통찰적 주시의식에 의해 깨어 있어야 자동적·즉각적으로 일어나는 모든 자각 홀라키 수준의 인지반응식識을 알아차려 통찰할 수 있는 것이다.

## 고급 치유기제는 왜 중요한가?

고급 치유·치유기제로 본격적으로 들어가기 전에, 왜 기본·일반 치유의 치유기제만으로는 근본 치유가 되기 어렵고, 그래서 왜 고급 치유·기제가 중요한가에 대한 필자의 견해를 다시 다음과 같이 간략하게 요약하였다.

• 좋은 심신치유요법은 힐링을 시켜 주며, 치유기제의 형성 발현을 결정적으로 도

와준다. 하지만 일반적으로는 인지적 의식의 자각이 없는 치유법만으로는 단순 스트레스 정도 외에는 별 문제가 없는 사람들을 제외하고는 근본 치유가 어렵다. 조금이라도 정신심리의 콤플렉스, 과민성 스트레스·번아웃(소진), 감정정서 불안, 우울·조울증·정체성 장애, 분노화 조절장애, 성격장애, 정신적·심적·행위·물질 중독 장애, 강박증, 신경증, 이상심리·충동장애 등의 정신적, 심적 장애 증후군이 어느 정도라도 있는 사람은 고급 치유기제의 발현 없이는 아무리 치유를 해도 단순 힐링이 아닌 근본 치료적 치유를 시키기가 어렵다.

- 물론 치유자와 내담자/치유대상자 모두 치유원리에 대한 심오한 인지적 자각은 치유 시에 기본 치유기제의 형성 발현에 매우 중요하다. 그렇지만 치유원리에 대한 단순자각만으로는 안 되고 치유요법의 실행 시에 치유원리에 대한 통찰적 자각 훈련을 하면서 치유해야 치유와 치유기제의 발현을 촉진시킨다.

- 고급 치유기제 발현의 핵심은 자기 자신과 삶의 환경에 대한 내담자/치유대상자의 부정적 의식의 변화이다. 즉, 부정적 의식, 자기혐오, 타인혐오, 타인과 사회로 투사하는 분노화 조절장애, 충동조절장애와 이로 인한 다양한 중독장애 등 증후군과 관련되는 모든 장애의식은 무의식·혼식의 장애로 인해 비롯된 것이다. 그러므로 이런 부정적 병리장애 의식·무의식의 긍정의식, 깨어 있는 의식으로의 변화를 유도하는 인지자각 각성 훈련과 자기자애 훈련을 해야 한다.

- 모든 외적·내적 대상에 대한 인지인식은 뇌인 인지기능이나 각인무의식의 오류와 한계로 인한 반응 탓임을 각성해야 한다. 이러한 외적·내적 대상은 모두 기존의 각 수준의 잠재의식·무의식의 인지·인식과 뇌NN의 인지와의 상호 복합 작용에 의해 표상되는 홀로그램상相의 식識 이미지일 뿐임을 자각하는 인지자각 훈련을 해야 한다. 내면의 모든 부정적 거부 혐오, 두려움, 강박, 위축 등 모든 자동 반응, 자동 발현식은 모두 잘못 각인된 혼식魂識 탓임을 각성하는 훈련과 자기자애(자각 확언 만트라) 수련이 어느 정도 되면서 의식이 열리면 본격적인 마음챙김 의식수련을 해야 한다.

- PNI·통합생리학적 몸의 치유기전과 신체심리학적 치유기제도 중요하나, 몸만으로는 근본 치료치유가 안 된다. 상향 인과적 몸치유와 함께 하향 인과적 정신·마

음의 병리장애의 치유, 즉 심인성 심신장애의 치유가 중요하다. 특히 의식치유와 혼의 치유를 위한 일반적인 전문적 자각 치유요법들에 의한 혼유기제, 심리치유기제, 감정치유기제 같은 제반 각성적 자각의식기제의 발현이 절대적으로 중요하다.

• 뿐만 아니라 대다수의 전문가가 모르고 있는 것은 생명 유지와 건강이나 질병에 가장 중요한 생명원기(경락의 기, 정묘공간 에너지, 생명 리비도 본능기)이다. 정기신精氣神 수련의 식신識神(마음, 정신)의 주체인 혼의(작용인作用因) 지배를 받는 생명에너지로서의 기를 마음챙김(알아차림·자각: 의념意念, 의수意守, 의관意觀)에 의해 바로 다스리고 양생하는 것이 고급 치유기제의 발현에 매우 중요하다. 이와 같은 고급 치유기제의 발현은 자기치유에 의한 심신의 근본적인 치료치유의 전제 조건이며 필수조건·필요충분조건이다.

• 특히 전문가가 치유대상자의 성명性命의 근기에 맞는 적절한 치유기제를 모르고 어떤 특정한 치유요법만 갖고서 획일적으로 내담자/치유대상자들을 치료치유하려 든다면 치유의 성공 확률이 낮은 것은 당연하다. 치유는 개인별 병리장애 상태, 의식의 수준, 체질·기질·성격에 맞추어 근기에 맞는 기본 기제, 일반 치유기제와 함께 가능하면 단계적으로 마음챙김 같은 고급 치유에 이르기까지 맞춤형 상담, 치유, 코칭, 멘토링이 되어야 한다.

# 마음챙김 기반 심신치유기제

서양에서 동양전통지혜의 명상 수련, 특히 불교 명상·수련과 요가 명상·수련에 대한 심리치료의 보조기법으로서의 관심은 20세기 초부터 있었다. 특히 지난 수십 년간 점차로 높아진 동양명상 수련에 대한 서양에서의 열광은, 오늘날 심신치유·심리치료, 정신건강·웰라이프·웰빙과 연관하여 일반화되어 있다. 무엇보다 서양에서는 위빠사나 같은 어려운 수련법을 통찰명상·마음챙김 명상으로 불교도가 아닌 타 종교의 또는 초종교적이거나 무종교적인 서구의 현대인에게 알맞게 단순화시켜서 보편화된 현대적 명상법으로 발전시켜 왔다. 카밧진(Kabat-Zinn, J.)이 개발한 MBSR(MIndfulness-Based Stren Reduction)은 마음챙김을 기반으로 정신건강·심신 치유에서의 요가·기공·소마 수련을 내포하는 현대인의 심인성 심신장애치유와 스트레스 이완을 위한 체계적 심신통합 수련 프로그램이다. 현재 MBSR은 전 세계적으로 가장 널리 알려진 심신치유·정신건강 수련법으로 인정받고 있다. 이와 더불어 마음챙김에 기반한 제3세대 인지행동치료법으로서 MBCT(MindfulnessBased Cognitive Therapy), DBT(Dialectic Behavior Therapy), ACT(Acceptance and Commitment Therapy) 등도 보편화되어 가는 추세이다. 이는 오늘날 마음챙김 명상이나 통찰명상 수련이 의식과 영성의 성장보다는 인지행동치료적 심리치료의 병행/보조 치료 수단으로서의 심리치료법이나, 또는 암/만성 생활습관병 수술 치료 후 회복치유나 번아웃 회복, 스트레스 관리를 위한 주요 정신건강 관리 기법으로 점점 더 광범위하게 받아들여지고 있다는 증거이다.

그러나 엄격하게 보면 동양의 어느 수행 전통에서든 성명쌍수性命双修·정혜쌍수定慧双修의 계戒·정定·혜慧와 신信·해解·행行·증證의 통합수행이 공통 요인이라는 관점에서 볼 때, 오늘날 동양의 전통 수행은 서양 마음챙김에서 잘못 이해되거나 오용되고 있다고 해도 과언이 아니다. 오늘날 전통 명상 수련은 정신건강, 심신치유, 웰라이프를 위한 심신 수련으로서 기공/요가/소마운동과 함께 좌식명상으로 신비 체험·절정 체험이 아닌 α파 상태의 이완·안정 의식 상태의 체험만 하면서 웰빙과 정신건강을 위해 심신을 치유하는 보조 수단으로 전락한 측면이 있다. 반면에 사띠sati(念)의 알아차림/자각을 바탕으로 사마타samata(止) 집중 호흡 수련과 위빠사나의 사념처관四念處觀을 현대적으로 해석한 통찰명상이나 소위 마음챙김mindfulness 명상이 정신건강, 심리치료, 심신치유, 심신치유기제 발현의 목적으로 체계화된 현대적 명상 수련·훈련법으로 주로 서구에서 발전해 온 것은 사실이다.

이와 같이 오늘날 우리나라에 역수입되어 보편화되어 있는 '마음챙김'은 명상법으로서뿐만 아니라 심신통합치유, 심리치료, 회복치유, 심신의학, 코칭, 리더십, 웰빙·웰라이프의 정신건강, 상담, 사회복지 등 여러 분야에서 가장 보편화된 마음챙김 명상·수련·훈련 기법으로 사용되고 있다. 하지만 일부는 그 치료·치유 기제를 지나치게 과대 포장하거나 일반화시켜서 아직 명상 수련을 할 수 없는 고착되거나 갇힌 장애·병리적 의식 수준의 사람들에게도 성급하고 무차별하게 미국식 실용주의적 마음챙김 스킬skill 위주로 적용시키려 하는 경향을 보이고 있다. 그렇다 보니 오히려 심적·정신적으로 잠재된 병리가 있는 사람들에게 부작용이 생기거나―우주·생명·인간·영혼·마음·자기·심신(성性·명命·정精, 심心·기氣·신身, BMSBody·Mind·Spirit)에 대한 제대로 된 이해가 없는 상태에서―내공이 생기기 전에 마음챙김의 치유기제만 강조하다 보니 그 순간만은 삼빡하게 힐링되나 근본 치유와는 거리가 먼 유명무실한 치유법이 되는 경우가 많다. 이를테면 의도적 자각·알아차림, 있는 그대로 (맨)주의 기울이기, 비자동 응답, 탈중심화/탈동일시, 비판단적/비개입적 수용, 자각 행위 등의 훈련·수련만을 강조한다고 해서 마음챙김이 제대로 되는 것은 아니다. 오히려 혼이 위축되어 자존감이 약하거나 억압무의식의 장애가―콤플렉스·부정적 방어기제, 트라우마, 카르마, 분노·화, 충동장애 등이―잠재되어 있거나 그런 장애가 지배적인 사람들에게는 무의식적·의식적 억압의 증가와 뇌신경 인지NN의 거부·저항 과학습으로 인해 신경증적으로 악화되는 수도 있다. 그런 장애가 심하지 않은 사람의 경우도 입정入定의 $\theta$파의 상태에는 들지 못하거나 어쩌다 신비 체험, 절정 체험, 빛/비조나리 체험을 하면 자신이 마치 특별한 신비 체험을 한 것으로 오해하여 자아를 오히려 더욱 강화시킨다. 아니면 유사 입정入靜의 $\alpha$파 상태만 체험하며 일시적인 스트레스 완화와 심리적 안정에만 몰입을 하거나 자기도취적 자기애에 빠져드는 등 사람에 따라 다양한 반응과 오해나 착각을 불러오고 있다. 더구나 자신의 억압무의식, 심신의 장애치유도 제대로 되지 않고 의식의 성장 변화도 없이, 자기는 남과 달리 명상 수련을 하거나 마음챙김 명상 지도를 한다는 무의식적 자아의식과 에고의 강화만 가져오는 사람도 적지 않다.

따라서 고급 치유기제의 기본 전제로서 올바른 마음챙김 명상·수련을 제대로 하려면 먼저 '마음챙김'이 무엇인가에 대해 제대로 이해하고 나서 올바른 마음챙김 수련과 마음챙김 명상을 해야 한다. 이를 바탕으로 자기치유를 위한 마음챙김 기반 심신치유의 기제를 발현할 수 있어야 한다.

이미 국내에 MBSR, MBCT, DBT, ACT 등 마음챙김 기반 인지행동심리치료, 심신치유, 건강 관리 관련 문헌들이 넘칠 정도로 번역되고 저술되어 널리 알려져 있다. 이제는 마음챙김 근거 치료, 마음챙김 기반 심리치료법들이 보편화되어 있고, 관련 온라인 강좌나 문헌들에서 마음챙김 심리치료, 마음챙김 명상, 마음챙김 심신치유, 마음챙김 리더십, 마음챙김 정신건강·심신건강 관리 등에 대해 광범위하고 심원하게 다루고 있다. 여기서는 고급 치유기제의 발현을 촉진하는 대표적 마음챙김 중심의 통합심신치유 프로그램인 MBSR에 대해서는 별도로 다루지 않는다. 당연히 통합심신치유학에서는 마음챙김 기반 심신치유와 MBSR에 대해서 『통합심신치유학: 실제』편에서 상세하게 다루고 있다. 다만, 여기서는 마음챙김 대한 정의적 개념, 그리고 일반적인 마음챙김의 고급 치유·치유기제로서의 요건과 한계에 대해서만 간략하게 개관하였다. 따라서 마음챙김 기반 심신치유 전반에 관심이 있는 치유자들은 다양한 범주의 마음챙김 기반 심신치유의 실제와 MBSR 통합심신치유 프로그램에 대해서 상세하게 다루고 있는 『통합심신치유학: 실제』편을 반드시 정독하기 바란다.

## 마음챙김

앞에서 간략하게 개관한 바와 같이, 20세기 초에 남방불교의 위빠사나/사념처 수행과 止·觀 수행의 핵심인 사띠sati(염념, 의념意念, 억념憶念)가 서양에 'mindfulness'로 번역되어 소개되었다. 그렇게 되면서 이 명상법은 현대 서양, 특히 미국 중심의 보편적 명상 수련법으로, 웰라이프/웰빙을 위한 정신건강법으로, 스트레스, 우울증, 불안장애, 경계선장애 등의 인지·행동 장애치료를 위한 제3세대 인지행동 심리치료법의 핵심으로 자리 잡게 되었다. 더 나아가 통합적 심신치유법의 핵심으로, 그리고 심지어 리더십훈련, 대인 관계 개선, 학습 집중력 강화, 직무 효율성 증진 등 성찰적으로 깨어 있는 삶, 학습·업무, 집중력 강화 등의 다목적의 명상 훈련·수련법으로 수많은 실용주의적 응용 연구와 함께 다양한 분야에서 광범위하게 적용되며 보편적인 마음 훈련법, 마음 수련법, 명상법으로 발전해 왔다. 동양에서 나왔지만 서양에서 발전되어 온 ―소위 서양화된 현대적 'mindfulness' 명상 수련·훈련이 '마음챙김'으로 번역되어 국내로 역수입되어 들어오면서―마음챙김 명상은 서양의 현대적 명상·마음 수련법으로서 마음·의식 관련 거의 모든 분야에서 각광을 받고 있다. 이제는 치유명상에 의한 가장 보편적인 심리치료·심신치유·건강 관리 기법으로서뿐만 아니라, 자기관리·자기(감정, 정서)조절, 교육 훈련·리더십 등 '마음·의식'이 문제가 되는 거의 모든 분야의 만능의 마음·의식 훈련, 명상·수련 기법으로서 인식되고 있다.

다른 한편으로 국내에서는 1980년대에 인도 구루들의 명상·영성 수련이 유행하다가, 특히 지난 1990년대 이래 전통적인 불교 참선 수행, 위빠사나 수행, 요가명상 수행, 단학·선도 수련을 비롯한 다양한 전통 수행법이 유행하였다. 2000년대로 오면서 국내에도 앞에서 언급한 마음챙김 명상과 마음챙김 기반 대표적 심신통합치유인 MBSR뿐 아니라 서구화된 마음챙김 기반 다양한 요가 치유명상 수련 센터와 단체들이 널리 대중화되면서, 명상 수련도 남방 인도 계통의 명상 수련과 미얀마 위빠사나 수련들이 널리 유행하게 되었다. 그 외에도 켄 윌버의 AQAL 통합사상·통합생활 수련·ILP 등이 널리 알려지게 되고, 수많은 명상·수련서와 자연의학적 심신치유·자기계발서가 나오고, 동서양의 명상 수련법·심신치유법·심신치유단체들이 쏟아져 나왔다. 최근의 지난 10여 년간은 이미 앞에서 강조한 바와 같이 마음챙김 명상·수련이 다양한 소마운동, 기공, 요가 수련 등과 더불어 주요 정신건강, 웰빙, 심신치유법으로 다른 동양의 전통 명상 수련보다 더 보편적인 현대적 명상·수련법, 심신통합치유법으로 받아들여지고 있다. 이러한 현상의 주된 원인은 무엇보다 마음챙김 명상 수련을 핵심으로 하는 MBSR과 ILP를 비롯한 서양의 심신통합치유 프로그램들이 보편적으로 널리 유행하게 되면서, '마음챙김 스킬' 위주로 누구나 쉽게 할 수 있다고 과대 포장하여 유도하는 부정적인 측면도 있다. 하지만, 누구나 하기 쉬운 소마운동, 기공/요가 등을 중심으로 마음챙김 명상과 누구나 쉽게 할 수 있는 이완·집중 명상 수련들을 통합심신치유 프로그램으로 체계적으로 제공하고 있기 때문이라고 봐야 할 것이다.

따라서 현재 유행하고 있는 '마음챙김', 즉 (미국 중심) 서양의 마음챙김은 위빠사나의 사념처관四念處觀(신수심법身受心法의 혜관慧觀) 수행과 같이 몸·감각·마음·정신의 현상을 통찰적으로 알아차리며 관찰하고 주시하는 본격적인 명상 수련이 아니다. 마음챙김은 긍정적인 측면에서는 오히려 심리치료·심신치유·정신건강·웰라이프를 위한 마음 훈련·수련에 더 적합한 형태로 발전되어 왔다고 볼 수 있다. 그 결과, 마음챙김의 조작적 정의와 구성 개념은, 남방 위빠사나 불교 수행의 '사띠'의 원리를 서양 인지행동 심리치료 관점에서 확장하여 해석하는 조작적 정의의 담론 형태로 여러 학자에 의해 다양하게 제안되고 확장되어 왔다. 그중에 주요 개념으로는 다음과 같은 것들이 포함되어 있다.

- 의도적으로 현재의 순간순간에 대해 깨어있는 알아차림/자각으로 비자동적 · 비판단적으로 주의 기울이기(Kabat-Zinn, 1994)
- 현재의 경험에 대한 순간순간의 수용적 알아차림(Germer, 2005)
- 현재의 내적 · 외적인 연속적 자각들에 대해 생겨나는 대로 평가하지 않고 그대로 바라보기(Baer, 2003)
- 모든 경험하는 사건들에 대한 고정된 지각 반응에서 벗어나 일어나고 있는 것을 있는 그대로 직면하며 받아들이기(Goleman, 1980)
- 지금 여기의 즉각적 경험을 해석하지 않고 유지하려는 주의에 대한 자기조절, 그리고 현재 순간의 경험을 호기심 · 개방 · 수용을 지향하는 태도로 이해하기(Bishop, 2000)
- 현재의 경험이나 현존하는 실재에 관한 주의와 자각을 증대시키기(Brown & Ryan, 2003)

앞의 여러 학자의 마음챙김의 조작적 정의에는 Shapiro 등(2006)이 IAA 모델에서 말하는 의도(Intention) · 주의(Attention) · 태도(Attitude)가 내포되어 있다. 이러한 정의적 구성 개념을 바탕으로 Baer(2006)는 마음챙김 척도로, 비자동적 반응(nonreactivity), 관찰하기(observing), 자각이 있는 행위(acting with awareness), 기술하기(describing), 경험을 비판단하기(nonjudging of experience) 등을 하위적 요인으로 제시하고 있다.

하지만 마음챙김의 기본은 어디까지나 사띠의 알아차림/자각에 의한 순간순간의 주의 집중에 있다. 또한 마음챙김 명상의 근본은 무위적 명상이므로, 단순한 알아차림 · 자각이 아닌 위빠사나/통찰명상 같이 본래 불교의 사법인(苦 · 無常 · 無我 · 空), 즉

일체개고一切皆苦 · 제행무상諸行無常 · 제법무아諸法無我 · 오온개공五蘊皆空에 대해, 특히 '무아'에 대해 꿰뚫어 알아차리는 통찰적 자각에 있다. 반면에 오히려 서양의 모든 심리치료나 심신치유는 성장 발달 과정의 억압무의식, 콤플렉스, 트라우마 등으로 인한 자아/자기 정체성의 혼란장애로부터 벗어나 온전한 자아감, 자기됨의 정체성 회복과 자기/자아의 정상적 성장 발달을 통해 자기실현과 자기존중감(자존감)의 증진을 목적으로 발달되어 왔다. 여기에 서양의 '마음챙김'은 자칫하면 오히려 '자아'(에고)를 사회심리학적으로 강화시키는, 즉 '자기조절', '자기관리', '자기적응'의 '인지지능', '감정정서조절지능'을 강화하는 '마음챙김 스킬'에 빠지기 쉽게 하는 함정이 있다.

이러한 측면에서 서양의 '마음챙김'은 본래의 불교 명상의 무상 · 무아와 공空의 도리를 깨우치기 위한 념念: 지止 · 관觀 수행의 주시적 알아차림 · 메타(초)자각의 원리에서는 벗어난다고 지적할 수 있다. 그래서 불교의 삼법인/사법인과는 맞지 않는다. 불교 명상의 원래의 사띠sati(정념正念)에서 살짝 벗어난 '마음챙김mindfulness'이란 의미로 번역된 것이다. 그렇다 보니 서양에서 마음챙김은 주로 심리치료와 심신치유에 의한 정신건강 회복을 위한 명상 수련 · 마음 훈련 도구로 발전되어 온 측면이 있음을 부인할 수 없다. 하지만 긍정적인 측면에서는 오히려 서양에서의 마음챙김 명상 수련 · 훈련은 불교적 관점을 벗어나 치유와 성장을 위한 고급 치유기제의 기본 전제 요건을 갖추는 방향으로 연구발전해 왔다고 볼 수도 있다. 결과적으로, 불교 수행의 한계를 벗어나 마음챙김은 마음챙김 스킬의 함정에 빠지지 않으려면 먼저 인지적 무지무명과 몽매미혹에서 깨어나는 치유기제의 발현을 위한 유위有爲 수행으로 온전한 마음챙김을 위한 훈련인 인지적 각성자각 기반 심신치유와 자기자애와 혼유 수련 등에 의한 자기치유가 가능한 자아의 성장 발달을 통해 어느 정도 자기실현을 하도록 유도해야 한다. 그리고 나서 무위無爲 수행으로 마음챙김 명상 수련을 하면 불교의 '무아無我'와 유사한 자아를 내려놓는 자아초월에 의해 영적으로 성장하는 방향으로 잘 수련해 왔다고 말할 수 있다.

따라서 치유와 영적 성장에 대한 동서양의 상보적 통합 관점에서 보면, 불교명상 수행은 고苦 · 무상無常 · 무아無我의 삼법인, 사성체四聖諦(고苦 · 집集 · 멸滅 · 도道), 삼학三學(계戒 · 정定 · 혜慧) / 팔정도八正道 수행을 위한 기본 교의로 내세우는 까닭에, 일반인이나 문자적으로 이해하는 전문 지식인들이 자칫 모든 존재하는 것은 '고苦'이고, '무아無我'인 것만을 인간 존재의 본질인 양 받아들이기 쉽다는 한계와 문제가 있다. 실제로 불교 신자나 학자들 중에는 모든 것을(통속적·문자적 의미의) 공空·무無로 보는 경향이 있기 때문에 온우주와 생명, 인간, 삶의 긍정적 '빛(광명)'의 측면을 간과하기 쉽다. 오히려 전통 불교는 자칫하면 식識·공空, 유有·무無가 동전의 앞뒤같이 자재自在하고 상대적이고 어느 한쪽 극단으로 치우치거나 배제할 수 없는 중도中道의 도道, (귀일심지원歸一心之源, 삼공지해三空之海의 귀만류지일미歸萬流之一味라는) 여여如如한 일자의 도리·섭리·법성이라는 대승기신론大乘起信論의 진제眞諦를 놓치기 쉽다. 실제로 인간으로 태어난 삶은 축복이고 은총인데, 다만 인간들의 무지無知·무명無明·미혹迷惑으로 인해 고통받고, 오탁의 세계에 빠져 허덕이는 게 모든 고통苦의 원인인 것이다. 그러므로 먼저 미혹에서 벗어나고 깨어나서 자기/자아의 정체성을 올바르게 깨우치기 위해서는 서양의 '마음챙김'에 앞서 모든 고통과 불행의 원인인 인지적 무지무명과 몽매미혹에서 깨어나는 온전한 마음챙김을 하기 위한 인지자각 훈련, 부정적으로 위축된 자기(혼)의 회복을 위한 자기자애 만트라, 자각 기반 심신치유, 혼의 치유 훈련들을 통해 자기됨을 회복하면서 온전하게 성장 발달하여 자기치유할 수 있는 온전한 '자기실현'을 한 후에 마음챙김 수련에 의해 자기를 초월하고 내려놓는 것이 전통지혜와 현대 서양의 인간과학, 인지과학, 심층심리학, 통합심리학, 자아초월심리학, 신의학, 홀론의학의 상보적 통합 관점에서 본 치유와 영성의 영속적 불변의 진리이다. 즉, 『의식의 변용』에서 잭 앵글러(Engler, J.)가 말하는, 'You have to be somebody before you have to be nobody'가 갖는 참뜻을 알고 깨우친다면, 현대 서양의 '마음챙김'이 '자기치유와 성장'을 통해 먼저 자기회복의 자기실현을 하고 나서 자기초월을 하기 위한 온전한 마음챙김(인지자각 → 통찰적 주시) 기반 유위有爲·무위쌍수無爲双修야말로 매우 바람직하고 온전한 고급 치유기제의 요건을 갖추고 있음을 알 수 있다.

## 마음챙김의 치유기제

지금까지 앞에서 고찰한 바와 같이, 오늘날 서양의 마음챙김mindfulness은 본래 불교

명상 수행의 사띠sati(염념, 의념意念, 억념憶念)의 본래 핵심적 의미에서 나온 불교명상 용어이지만, 좁게는 현대 심리치료(인지행동치료)나 명상치료, 넓게는 심신치유나 마음 훈련·수련을 위한 서구적 개념이다. 즉, 마음챙김 명상은 내적·외적 모든 자극 대상에 대한 심신의 반응을 알아차리고 의도적으로 주의를 기울이고 기억하고 현재의 순간에 (개입 없이) 바라보기를 중심으로 관觀하는 현대적 소위 웰빙·웰라이프를 위한 명상 수련법, 마음 훈련·수련법으로 일반적으로 인식되고 있다. 그래서 마음챙김은 주로 인지행동심리학에 의해—그리고 더 나아가 자기발달심리학·의식심리학·깨달음심리학·자아초월심리학에 이르기까지—심리치료·심신치유·정신건강을 위한 보조적 또는 주요 기법으로 받아들이며 그 조작적 정의와 구성 개념을 확장시키며 발전해 왔다.

오늘날 서양의 마음챙김 명상 수련·훈련은 교선쌍수教禪双修·정혜쌍수定慧双修가 아니다 보니 영적·혼적 존재로서 인간 존재의 초의식적·초월적 존재로서의 '블랙홀 심연'과 같은 인간의 의식·무의식·초의식·순수의식·궁극의식에 대한 온전한 깨우침·깨달음·견성에 의한 영적 성장과는 거리가 먼 명상법이다. 한마디로, 오늘날 마음챙김은 '마음챙김' 명상 수련을 중심으로 주로 인지행동 심리치료·심신치유를 위한 마음챙김 기반 치유요법으로, 넓게는(서양 인지심리학적 용어로) 인지지능·정서지능·영성지능의 강화와 활성화를 위한, 즉 마음 훈련·마음 수련을 위한 컨설팅, 상담, 코칭, 리더십, 교육·훈련 기법으로 만능의 도구같이 사용되고 있다고 해도 과언이 아니다. 그렇다 보니 인간 존재의 근본 주체인 영적 자기나 생명력 발현의 작용인作用因으로서 실상 주체인 혼적 자기보다는, 서양심리학의 심리적·실존적 '자기'에 의한 의도적 알아차림, 비판단적 수용적 태도와 주의 집중 같은 인지적 자각만을 강조하는 명상 수련·마음 훈련이 위주가 되어 있다. 그 결과, 주로 정신·심인성 심신장애와 불안공황장애의 안정·이완, 스트레스 감소, 우울, 강박, 분노·화 등과 같은 부정적인 심리적·정동적 장애 증상의 완화를 위한 심리치료·심신치유에 마음챙김 기반 치유가 다른 심리치료보다 더 효과적이라는 수많은 연구가 보고되고 있다. 그 외에도 정신건강의 회복, 웰빙·웰라이프, 직무 훈련·리더십 강화 등을 중심으로 하는 마음챙김 관련 여러 주요 문헌과 수많은 논문이 임상적·과학적, 질적·양적 연구로 보고되고 있다.

163

이 책 『통합심신치유학: 치유기제』편에 선행하는 「통합심신치유학: 실제」편에는 대표저자인 안희영 교수를 비롯한 국내 마음챙김 기반 심신치유의 권위 있는 전문가들에 의한 다양한 범주의 심신치유를 위한 마음챙김 기반 심신통합치유와 MBSR의 치유효과와 치유기제에 대해 상술되어 있으므로 여기서는 언급하지 않을 것이다.

요컨대, 단순한 '마음챙김 스킬' 위주가 아닌 현재 온전한 마음챙김 명상·수련은, 예컨대 MBSR같이 통합 스트레스 의학적 '스트레스 완화', 감정정서치유, 심신상관치유 측면에서는 통합적 고급 심신치유로서의 고급 치유기제를 갖춘 통합적 심신치유 프로그램이라고 볼 수 있다. 반면에, 예컨대 제3세대 인지행동치료 중에 MBCT, DBT, ACT 같은 마음챙김 기반 심리치료법들은 억압무의식이나 부정적 방어기제의 치료, 즉 혼식魂識의 장애를 치유하기 위해 마음챙김의 알아차림, 자각, 주시가 혼적 자기수준에서 의지적·의도적·비판단적 주의, 태도 등을 취하도록 연습하고 훈련시킨다면, 잘하면 심인성 병리장애 증후군이 심하지 않는 한 증상 완화나 표면적 치유효과는 가져올 수 있다. 하지만 영적 카르마와 혼적 위축장애 수준의 모든 식識을 메타/초자각 수준에서 통찰적 알아차림으로 주시하는 훈련이 제대로 되지 않으면, 근본 치유를 위한 치유기제 형성 발현이 되지 못하거나 오히려 영적·혼적 수준의 카르마가 억압무의식의 악화를 초래할 수도 있다.

사실, 서양에서 사띠(意念)에 바탕을 두고서 인지행동심리학적 심리치료·치유를 목적으로 발전된 '마음챙김Mindfulness'은 의지적·의도적 탈중심화·탈동일시라는 자각기제에 의한 내적·외적 자극에 비판단적·비자동적 응답, 수용적 주의 기울이기라는 의미의 의도·주의·태도(IAA)로서의 문자 그대로의 마음챙김이다, 하지만 이러한 마음챙김은 의지적·의도적으로 자각하는 존재적 주체로서의 자기가 곧 '혼魂'이므로, 영적 장애 수준의 편집증적 망상, 조현병적 정신분열, 카르마 장애가 있거나 혼적 장애, 혼의 비정상 또는 혼의 위축으로 인한 자존감 상실, 조울증, 집착, 두려움, 망상… 장애 같은 영적·혼적 장애가 조금이라도 있는 경우에는 그런 '마음을 mindful하게 챙기면' 오히려 더 악화될 수 있다. 그러므로 이것은 동양의 전통적 念·止·觀 수련을 제대로 하면서 모든 생겨나는 정신, 마음의 일어나는 현상들을 있는 그대로 챙기면, 단지 마음은 실체가 없는 가환假幻의 마야/마장魔障이므로, 깨어서 주시하고 통찰적으로 알아차리는 순간 비워지고 사라지는 것이다.

물론 이러한 주시의식은 서양의 일반적인 마음챙김에서 강조하듯이 혼 수준의 자각에 의한 의도적·의지적 '마음챙김'이 아니다. 그것은 일심一心, 영의 본래면목, 자성식識, 소위 영의 본성인 '참나(眞我, Atman)'에 의한 초자각적 주시인 것이다. 그러므로 그것은 영의 장애식·카르마식이든 혼적 장애식·위축식이든 무엇이든지 회광반조迴光返照하여 '빛'을 모든 어두운 '그림자'에 비추면 사라지듯이, '본증자각本證自覚'하는 궁극의 자성식의 깨어 있는 초자각적 주시의식에 의한 주시인 것이다. 다시 말해, 마음은 챙기는 대상이 아니고 찰나의 생멸하는 실체가 없는 가환假幻의 생명 정보(識)이고 에너지(氣)의 흐름에 불과하다는 것을 깨어서 주시하는 것이다. 이와 같이 마음을 초자각적으로 주시하는 순간 모든 마음 현상―모든 병리장애, 즉 두려움, 공포, 강박, 집착, 우울, 트라우마, 콤플렉스 등 부정적 억압무의식, 번뇌 망상, 탐진치, 갈애, 리비도, 충동 등―의 뇌 인지·정서·행동으로의 반응식識·발현식識들은 사라지고 소멸된다. 이와 같이 모든 마음 현상은 의식에너지 파동 현상일 뿐임을 깨달아 알고서 주시하면 사라지는 실체적 '대상이 아닌 대상'일 뿐인 것이다. 이러한 초자각적 각성 주시의식을 의식화·체화하는 경지가 되어야 진정한 고급 치유기제가 온전하게 발현 작동하게 된다.

## AQAL 알아차림 기반 심신치유기제

지난 30여 년간 20여 권의 저서를 통해 오늘날까지 인간의식·자아초월·영성 그리고 통합사상 전반을 주도하고 있는, 이 시대를 대표하는 통합사상가인 켄 윌버의 AQAL 통합 모델과 통합심신치유 모델에 대해서는 이미 통합심신치유학 이론 편과 실제 편에서 간략하게 살펴보았다. 여기서는 AQAl 통합심신치유의 고급 치유기제의 발현을 위한 통합생활 수련에 대해 간략하게 개요만 고찰하였다.

윌버는 10여 년 전에 그의 제자들과 함께 자신의 AQAL 메타통합이론을 적용한 모듈형 통합 치유·수행인 통합생활수련 ILP(Integral Life Practice)를 개발하여 AQAL적으로 치유하고 영적으로 깨어나기 위한 프로그램의 지침서로 보급하고 있다. ILP는 오늘날과 같이 위험사회, 과도한 경쟁사회, 피로사회, 계층고착사회 등의 바쁜 일상생활 속에서 스트레스, 분노조절장애, 우울증, 강박증, 자존감 상실, 물질·행위·의식·중독 등에 갇히기 쉬운 삶에서 벗어나 심신의 건강, 웰라이프, 영적 성장을 추구하는 현대인의 통합적 생활 수련/실행/실천/훈련을 위한 통합심신치유 수련 프로그램이다. 켄 윌버는 몇 년 전에 나온 그의 최근 저서인 『통합명상: 성장하고 깨어나고 나타나는 길로서의 마음챙김(Integral Meditation: Mindfulness in a path to Grow up, Wake up, and Show up in your life)』에서 '통합 마음챙김 명상Integral Meditation'을 강조하면서 마음챙김에 기반한 AQAL ILP를 '치유와 성장 발달'을 위한 '통합적 고급 치유기제'로 제시하고 있다. 따라서 그의 IM과 ILP에서 강조하는 마음챙김과 'AQAL 통합얼개'에 기반한 'AQAL 알아차림'과 몸·그림자·마음·영의 네 가지 핵심GS(Gold Star) 수련모듈과 부가 수련모듈은 통합적 고급 심신치유기제를 제공하는 통합 수련 프로그램으로 오늘날 치유 전문가들에게 점점 더 널리 인정받고 있다.

여기서는, 『통합심신치유학』이론과 실제 편에서 이미 켄 윌버의 ILP에 대해 다루었으므로, 독자들의 편이를 위해 ILP란 무엇이고 AQAL 알아차림이란 무엇인가를 『윌버의 ILP』에서 발췌하여 소개하고, ILP의 통합심신치유기제에 대해 간략하게 기술하였다.

## ILP란 무엇인가?[1]

당신의 동기가 무엇이든 간에 수련을 시작하거나 다시 시작하거나 심화시키기 위한 의도는 굉장히 멋진 첫걸음이다. 그러나 일단 당신이 그러한 선택을 하고 나서 당신은 그 수련과 더불어 어떻게 헤쳐 나아갈 것인가? 30년간의 경험이 우리에게 시사하는 바는, 당신의 수련은 그것을 조직화하기 위한 얼개가 없이는 엉망으로 망치게 되

---

1) 이 절의 내용은 『켄 윌버의 ILP(Integral Life Practice)』(안희영·조효남 공역, 학지사 2015)의 2장 내용에서 발췌한 것이며, 『통합심신치유학: 실제』 편의 제4장 ILP 프로그램을 바탕으로 치유기제 부분을 보완한 것이다.

기 쉽다는 사실이다. 수련을 위한 통합적 얼개는 당신에게 이용 가능한 수많은 수련 옵션을 의미 있게 만들도록 당신을 도와줄 수 있다. 그러므로 그것은 궁극적으로 최상의 유연성과 포괄성을 제공하게 될 것이다. 그래서 당신은 자신의 수련 의도를 아주 충분히, 그리고 매우 깊숙이 존중할 수 있고 당신의 잠재 능력을 발휘할 수 있을 것이다.

## 근본적이고 포괄적인 접근법

ILP의 얼개는 최대한의 유연성을 허용한다. 그것은 당신이 무비판적으로, 유머 감각도 없이, 그리고 심지어 우월감까지 갖고서 따라야 하는 그런 어떤 프로그램이 아니다. 그것은 당신이 깨닫게 되고 보다 더 성공적이고 보다 더 좋아 보이고, 그리고 언젠가는 희망적으로 완벽하게 될 때까지 독특하고 개성화

> Kosmos: 'K' 자로 시작되는 'Kosmos'는 고대 그리스인들이 단지 별, 행성이나 블랙홀 같은 우주(이것은 보통 'Cosmos'를 의미하는 것임)만이 아니라 마음, 혼, 사회, 예술, '영Spirit'—다시 말해, 모든 것—을 포함하는 우주를 나타내기 위해 사용한 말이다.

167

된 수련을 설계하기 위한 한 세트의 도구를 당신에게 제공한다. 그래서 어떤 것이 가장 잘 맞는 것인가는, 시간이 가면서 자연스레 변한다는 것을 이해하고 나면 그 어떤 형태라도 지금 당장은 당신에게 가장 잘 맞는 것이다.

ILP의 '통합적' 부분은 그것이 아주 근본적으로 포괄적이라는 데 있다. 이렇게 하기 위해 그것은 앞으로 보다 더 깊이 있게 다루게 될 (All Quadrants: 온상한, All Levels: 온수준) AQAL이라고 일컬어지는 개념적 지도에 의존한다. ah-qual이라 발음하는 AQAL은 모든 것의 이론, 즉 매우 광범위하지만 엄밀한 용어로 생명과 실재를 온전하게 이해하는 하나의 방식이다. AQAL은 스스로 제시하는 모든 수준과 모든 차원에서의 의식, 즉 '온우주(the Kosmos)'와 인간 발달의 지도이다.

전문적으로 말하자면, AQAL은 수백 가지의 다른 이론으로부터 핵심 진리들을 내포하는 지도의 지도와 같은 메타이론이다. 그것은 영적 전통, 철학, 현대과학, 발달심리학 그리고 수많은 다른 분야를 정합적인 전체로 조직화한다. AQAL은 위대한 사상가들, 스승들, 연구자들이 자기와 세계에 대한 우리의 이해를 가능하게 해 준 수많은

조망/관점을 다 밝혀 준다.

그러나 AQAL은 거기에서 멈추지 않는다. 왜냐하면 그것은 또한 직관적이기 때문이다. 그것은 당신 자신의 알아차림/자각 인식의 영역을 서술하기 때문이다. 당신은 AQAL이 알려주는 조망의 이점들을 즐기기 위해 하이테크 장비나 고학력을 필요로 하지 않는다. 당신에게 필요한 모든 것이란 단지 당신의 새로운 종류의 알아차림을 생동하는 체험으로 받아들이는 것뿐이다.

그것은 제2외국어를 배우는 것과 유사하다. 처음 시작할 때 당신은 새로운 용어를 기억하고 당신 자신을 표현하는 새로운 방식과 씨름하게 되면서 약간은 서투르게 느낄 수도 있다. 그렇지만 시간이 지나면서 당신은 새로운 문법을 실생활 상황에 적용하면 할수록 그것을 기억하고 사용하기가 더욱더 쉬워지게 된다는 것을 발견하게 될 것이다. 비록 당신이 여전히 본능적으로 당신의 모국어로 생각하고서 그것을 제2외국어로 옮긴다고 해도 그렇게 될 것이다.

수련을 하면서 당신은 훨씬 더 쉽고 통달한 수준에서 새로운 언어로 생각하기 시작할 것이다. 마침내 당신은 새로운 언어로 꿈을 꾸는 것조차 하기 시작할 것이다. 게다가 당신은 자신의 옛 언어를 잃어버린 것이 아니라, 다만 2개 국어를 동시에 구사하게 된 것뿐이다. 당신이 능숙하게 되면 될수록 더욱더 그 언어는 존재 속으로 녹아들어 당신이라는 존재의 일부가 될 것이다. 곧 당신의 입술로부터 말들이 술술 쏟아져 나오고, 당신은 전적으로 새로운 방식으로 다른 종류의 사람들과 소통할 수 있게 될 것이다. 당신의 세계는 당신이 전에는 결코 가능할 것이라고 생각해 본 적 없는 새로운 지평을 포함하도록 확장된 것이다.

## ILP는 "AQAL로 더욱 강력해진다"

AQAL은 '온우주the Kosmos' 자체를 지도화하려고 시도하기 때문에 우리 삶의 거의 모든 국면에 개입한다. 일단 당신이 통합적 생활 수련 ILP에 착수하게 되면 당신은 더 많은 조망을 붙잡는 것을 배우게 될 것이다. 그리고 당신 존재의 모든 차원을 훈련하면서 보다 더 자유롭고 유연하게 그렇게 하는 것을 배우게 될 것이다. 그것은 단지 정신적(mental) 게임이 아니라 느끼며 살아 있는 채로 구현된 지성인 것이다.

통합생활 수련 ILP는 당신의 삶, 즉 당신이란 존재의 모든 부분에서 의식적으로 진화하는 삶에 적용되는 AQAL이다.

통합생활 수련 ILP를 창안하는 데 있어서 우리는 다음과 같은 몇 가지 핵심 질문을 하였다.

- 고대의 전통 중에 가장 효과적이고 본질적인 수련은 무엇인가?
- 수련에 대한 어떤 새로운 통찰들이 가장 최신의 발견들에 의해 부여되고 있나?
- 어떻게 하면 가장 다양한 통찰들과 방법들을 연결하는 패턴들을 찾아낼 수 있는가?
- 어떻게 하면 생애에 걸친 성장과 각성을 증진하기 위해 이러한 지식을 사용할 수 있는가?

동양과 서양의 종합(synthesis)을 시도하거나 종교적 전통으로부터 영적 지혜를 뽑아내는 일에 있어서 우리가 처음은 아니다. 그렇지만 AQAL은 여전히 서로 다른 길로 흩어지는 수련 경로들 사이의 건강한 차이를 존중할 수 있는, 그리고 그런 자격의 부여를 생각할 수조차 없는 수련에 대한 실로 보편적인 접근법들에서는 빠져 있는 어떤 강력한 핵심 수련들을 제공한다.

이 말이 거창하게 들리는 만큼 기본 원리들이 특별히 복잡하거나 파악하기 어렵지는 않다. ILP는 21세기에 매일 압력을 받는 스케줄 내에서 살고 있는 사람들을 위해, 그리고 그런 사람들에 의해 고안되었다. 당신은 당신이 할 수 있는 것보다 더 많이 당신의 시간을 허비할 여유가 없다. 만약 어느 수련이 고효율적이 아니면, 그것은 곧 당신이 그런 것을 여기서는 찾을 수 없는 이유가 되는 것이다. ILP는 빠른 템포로 움직이는 전문가적 생활 스타일과 완벽하게 맞는 것이다. 그러나 그렇다고 해서 우리가 일상 속에서 두루뭉술하게 적당히 하는 것은 아니다. 만약 당신이 자신이 하는 수련에 참으로 깊숙하게 들어가기를 원한다면, ILP는 당신으로 하여금 그것을 신속하게 직접적으로 그렇게 하도록 도와줄 수 있다.

ILP는 어떻게 하도록 되어 있는가? [그림 5–1]에서 보이듯이, 우리는 수련에 모듈형(Modular) 접근법을 제시한다. ILP모듈은 몸이나 마음이나 영이나 그림자와 같이 당신 존재의 어떤 특수한 부분에 관련되는 수련의 범주이다. 수련모듈들을 확인해 보면, 당신의 ILP는 당신의 수련적 삶을 당신에게 개관하도록 해 줄 것이다. 그래서 당신이 어떤 분야를 훈련하고 어떤 것은 내버려 둘 것인가를 스스로 결정하도록 허용할 것이다.

모듈형 접근법의 이점 중의 하나는 그냥 한 묶음의 수련모듈들만 갖고서도 당신은 자신의 삶의 모든 핵심 분야에 다 개입할 수 있다는 것이다. 정확히 어떻게 그렇게 하는가에 대한 적절한 선택을 유지하면서도 그렇게 할 수 있다.

ILP는 당신이 해야 하는 어떤 특정한 구체적인 수련을 강요하지 않는다. 우리가 "수련/수행/실천"이라고 말할 때 그것은 요가, 역도, 일지 쓰기, 봉사 활동 등과 같은 의식적이며 규칙적으로 수행/훈련/실행하는 활동들을 의미한다. 오히려 그것은 본질적인 몇 개의 일반 분야인 모듈들, 그리고 중요하지만 선택 항목적인 다른 분야들을 함께 제시한다. 그리고 나서 그것은 당신이 그러한 분야들에 정확히 어떻게 관여하고 싶은가를 결심하도록 허용한다. 이렇게 하는 것은 모든 기초 수련들을 다 망라하면서도 여전히 당신에게 알맞은 수련들을 선택하기가 더 쉽게 만들어 준다.

두 번째로, ILP는 스케일 조절(scalahle)이 가능하다. 이것이 의미하는 바는, 당신은 수련을 당신의 가용 시간 틀에 맞추어 수용할 수 있도록 단순화하고 단축할 수 있다는 것이다. 당신은 종종 수련을 하기에는 너무 바쁜 자신을 발견하곤 한다. 당신은 하루에 10분 정도밖에 안 되는 짧은 시간에도 ILP의 기본 형태를 실천할 수 있다. 그러므로 어느 누구든지 아무리 바빠도 통합적 생활 수련 ILP를 실천할 수 있는 것이다.

당신은 심층적이고 급속한 변용에 관심이 있는가? 그렇다면 역시 당신은 가장 심층적인 수준에서 전통적인 수도사나 올림픽 선수의 수련/훈련과 똑같은 강도로, 수련에 전념하는 삶에 몰입하기 위해서도 ILP 원리를 사용할 수 있다. 당신의 수련은 하루에 여러 시간 동안 길게 연장될 수 있고, 수련회에 참가하는 것이나 헌신적인 수행 공동체에서 살아가는 것도 포함할 수 있다.

당신은 수행에 대한 관심 영역이 넓은 편인가 아니면 매우 특수한가? ILP는 당신의

**교차 훈련을 통해 효과 극대화**
-자기, 문화, 자연에서의
몸, 마음, 영에 대해 시너지적으로 작업하는-

**모듈형 수련**
-당신으로 하여금 특수한 분야나 '모듈들'에서의
수련을 혼합하고 맞어 주는-

**스케일 조절이 가능**
-당신이 갖고 있는 얼마든지 많은, 혹은 적은 시간에 따라
조정하고 1분모듈까지 가능한-

**맞춤형 수련이 가능**
-당신의 개인적인 삶의 스타일에 맞춘 수련,
당신에게 적합한 프로그램을 당신이 직접 설계하고
필요로 하는 수련을 기초로 그 프로그램을 적용시키는-

**정수만 뽑아 놓은 수련**
-탈포스트 근대의 삶을 위한 수련의 고도로 집중되고
효과적인 형태를 제공하기 위해 전통적 수련의 핵심만 추리고
추려서 만든 것이므로 문화적이거나 종교적 보따리baggage가 필요 없이도 가능-

**통합적 수련**
-AQAL 통합 기술에 바탕을 둔 인간 존재에 내재된 수많은 잠재력을
지도화하기 위한 온수준, 온상한 'All Quadrant, All Level' 수련-

**[그림 5-1] 통합적 생활 수련ILP의 특징**

독특한 관심, 열정, 욕구들을 실현 가능하게 해 주는 맞춤형 수련이 가능하다. 그것은 당신에게 경직된 구조로 옥죄게 만들지 않고 오히려 당신이 자신의 존재의 수많은 차원에 창의적으로 관여할 수 있는 유연하고 개방적인 공간을 창조한다.

우리가 금과옥조金科玉條(GoldStar)수련과 같은 특정한 수련들을 당신에게 권고할 때 당신으로 하여금 '가장 활기차게 도약하게 해 주기 위하여' 이것들은 농축된 정수精粹만 뽑아 놓은 것으로서 가장 본질적인 것은 보존하고 그렇지 않은 것은 버린 것들이다. 당신은 자신의 시간을 허비하지 않을 것이라는 사실을 확신할 수 있다.

마지막으로, ILP는 통합적이다. 이는 보다 구체적으로 말하자면 "AQAL에 의해 더욱 강력해진다."라는 의미이다. AQAL은 이 시대에 이용 가능한 의식의 가장 포괄적

인 지도이다. 그래서 통합생활 수련 ILP는 21세기에 수련의 최첨단 형태를 창안하는 데 그것을 사용하게 해 준다. 통합생활 수련 ILP의 AQAL 구조는 더 높은 성장과 자기 실현뿐 아니라, 특히 이 순간의 '진여(the Suchness)'나 항존하는 여여如如함(Is-ness)으로 깨어나거나 이를 인식하기 위한 여유를 만들어 준다. 그리고 일상적인 이것저것, 이러이러한… 것들도 다 해 준다.

## 깨어나기 위한 보편적 (그리고 특수한) 모험

깨어나는(Awakening) 모험은 인간 드라마의 가장 우주적인 것에 속한다. 그것은 가능한 모든 형태를 취한다. 그래서 그것은 전적으로 창조적이고 예측 불가능하고 프로그램화할 수 없는 과정이다. 강물의 굽이침과 하얀 맑은 물도 때로는 '영혼의 칠흑 같은 밤' 같은 경로들이나 또는 무릎 꿇지 않고서는 아무도 지나갈 수 없는 관문들을 포함하기도 한다. 그것은 변용을 위한 서원 또는 '개화'의 과정이나 '신God'과의 로맨스로 체험될 수 있다.

ILP의 원리는 어떤 사람이라도 수련을 손쉽게 해낼 수 있는 범위 내에 들어오게 할 정도로 현저하게 분명하고 단순하다. 그것은 평생의 학습과 변용을 위한 조직화된 얼개를 제공한다. 의식, 삶, 성장, 깨우침의 큰 그림을 조명함으로써, 그리고 수련의 핵심 본질들을 추출함으로써 그것은 당신으로 하여금 어떤 불필요한 보따리를 떨어 버리고 모든 문제의 효능 있고 흥미진진한 핵심부에만 집중하도록 도와준다. 반면에 그것은 당신에게 당신 자신의 스타일로, 그리고 당신 자신의 독특한 방식으로 그렇게 하기 위한 여유를 제공하고 있는 것이다.

각각의 전통적인 길은 깨어남이 어떻게 보이는가에 대한 독특한 그림을 그리고 있다. 현대 과학적 의식조차도 그 나름대로 '깨달음(계몽, Enlightenment)'으로 시작했다. ILP는 다음 세대의 새로운 수행의 유행을 선호하고서 깨우침의 어떤 특정한 형태를 거부하는 데 관한 어떤 것이 아니다. 그것은 기존의 수행 길을 이해하고 보완하는 데 관한 것이고, 그래서 그것들을 21세기의 삶에서 적절하게 드러내는 방식으로 보다 더 깊숙하게 기능하기 위한 능력을 부여하는 데 관한 것이다.

ILP는 새롭고 분명한 얼개를 제시한다. 이를 통해 (어떤 수행의 길의 또는 종교 혹은 비종교 분야의) 수련자들이 그들의 기존의 수련을 이해하고 업그레이드시킬 뿐 아니라 수행의 보편적 문제에 대한 다양한 길들을 가로질러 깊고 의미 있게 소통할 수 있게 해 준다.

그것은 기독교도, 유대교도, 회교도, 불교도, 힌두교도 그리고 다른 여하한 종교적·토착문화적·초전통적 수련자들이 모두 통합적 접근을 활용할 수 있고 공통의 언어로 그들의 수련에 대해 말할 수 있다는 것을 의미한다(이는 부수적으로 그들이 얼마나 많이 공통점을 지니고 있는가를 부각하면서—상호 간에 서로 다른 그리고 심지어 비종교적 세계관을 지닌 사람들과도—새로운 소통의 연결점들을 제공한다). 무신론자 그리고 논쟁을 즐기는 사람들까지도 그들의 삶에서 ILP를 실행하도록 만들어 줄 수 있다. 그 이유는 '믿음'에 관해서는 AQAL 얼개가 중립적이기 때문이다.

이것은 매우 절실한 요구를 제기한다. 불교도는 삶의 도전에 대해 자신의 영적 수행을 어떻게 적용하는가에 대해 동일한 수행 전통 내의 친구들과 쉽게 논의할 수 있다. 그렇지만 불교도가 기독교도와 그렇게 할 수 있나? 아니면 회교도와도? 똑같은 문제가 이러한 종교적 전통들 밖의 영적 구도자들에게도 그대로 성립한다. 우리는 전통들을 가로질러, 그리고 넘어서 수련의 대화에 참여하기 시작할 필요가 있다. 우리가 보다 더 위대한 선蕎에 봉사하며 함께 어울리게 되려면 성장하는 가운데 있는 영성 수련의 국제 공동체는 공통의 언어를 만들어야 할 필요가 있다.

그러므로 이 책은 개인적 수련에서 새로운 진화의 방향, 즉 인간의 잠재력의 선단에 있는 미래의 탐구자들에 의해 계속될 어떤 것에 대해 대화를 시작한다. 통합생활 수련 ILP는 연구와 탐구 그리고 응용의 새롭게 나타나는 분야를 정의하는 데 도움을 주고 있다.

173

## 착수패드(Launching Pad): 4개의 핵심 모듈

ILP는 [그림 5-2]와 뒤의 [그림 5-4]에서 보이듯이, 다음과 같은 4개의 핵심 모듈로 되어 있다.

- 신체
- 마음
- 영Spirit
- 그림자

[그림 5-3]에서 보이듯이, 중요한 추가 모듈에는 다음과 같은 것들이 포함된다.

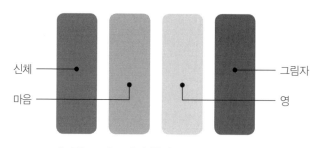

**[그림 5-2] 4개의 핵심 모듈로 시작하라**

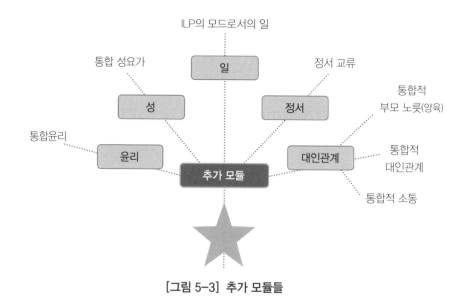

**[그림 5-3] 추가 모듈들**

- 통합윤리
- 통합 성性요가
- 일
- 정서 교류
- 통합적 부모 노릇
- 통합적 대인관계
- 통합적 소통

ILP를 위한 보편적 출발점은 4개의 핵심 모듈이다. 왜냐하면 그것들은 당신의 개인적 존재의 네 개의 기본 차원, 즉 몸·마음·영·그림자에 관계되기 때문이다. 그것들은 당신 외에는 어느 것도 또는 아무것도 요구하지 않는다. 그래서 만약 당신이 원한다면 당신 혼자서 스스로 그것들을 갖고서 실행할 수 있다. 만약 당신이 이 네 개 분야의 각각에 대한 수련에 일관성 있게 참여한다면, 당신은 자신의 전반적인 발달에 힘을 부여하는 초강력 터보 엔진을 갖게 될 것이다. 당신은 당신 삶의 실제 어떤 분야에서든 보다 더 큰 명료성, 현존성, 약동성을 갖고서 다중조망을 통해 내향적으로, 그리고 외향적으로 기능을 더 잘 발휘할 수 있게 될 것이다.

전통적인 영적 성장의 길들은 보통 이 모듈들 중에서 2~3개 정도만 강조해 왔다. 그것들은 그림자모듈 같은 것은 거의 포함하지 않고 있다. 자기발달의 근대적 그리고 탈근대적 수행의 길들은 종종 그림자 작업을 포함한다. 그러나 일부는 마음모듈 같은 것을 버린다. 그리고 대부분은 영모듈에서 통상 명상적 전통의 깊이와 엄격성이 결여되어 있다.

만약 당신이 4개의 핵심 모듈 각각에서 오직 하나의 수련만을 취한다 해도 당신은 ILP를 하고 있는 것이 될 것이다. 그게 전부다. 그래서 만약 당신이 그것을 슬기롭게 실천한다면 어쩌면 당신에게 의미 있는 변용이 일어나지 못하도록 뒤로 잡아당길 수도 있는 통상적 결점들을 피하게 될 것이다.

어떤 사람들은 "그렇다면, 내가 4개의 핵심 모듈 밖의 다른 어떤 것에 정말로 집중해야 할 필요가 있게 된다면 어쩌나요?"라고 묻는다. 물론 당신은 그것을 할 수 있다! 당신은 추가 모듈에서 알아차림과 보살핌/배려를 당신의 모든 핵심 인간관계들과 사회적 기능들(평생직업, 친밀도, 가족 그리고 그 외 더 많은 것)에 보탤 수 있다. 그리고 어떤 모듈이라도 어느 주어진 시간에 당신의 실천의 초점이 될 수 있다. 모든 핵심 및 부가적 관련 모듈들이 다 중요하다. 만약 당신이 당신 삶의 목적이나 당신 자신의 가슴 속 열정으로 당신의 평생직업을 바로잡기를 원하는 단계에 있다면, 당신은 필경 일 Work모듈에, 그리고 당신 자신만의 독특한 자기를 펼쳐 나가는 데 초점을 맞추기를 원할 것이다. 만약 당신이 단지 사랑에 빠져 있다면(혹은 사랑을 구하고 있다면), 아니면 당신의 친밀한 파트너와 여러 논쟁적 갈등 문제들로 고심하고 있다면 당신은 아마도 대인관계모듈에 초점을 맞추고 싶을 것이다. 만약 당신이 새로운 가족생활을 시작하고 있다면, 그런 경우 당연히 필요하다고 당신이 생각하는 부모 노릇하기 모듈에 집중할 것이다.

네 가지 핵심 모듈은 추천되고 있는 수련 기반이지 경직되고 독선적인 구조가 아니다. 당신 삶의 여로는 수많은 장章을 갖게 될 것이고, 그래서 당신의 수련에서 강조하는 면도 이에 따라 옮겨 가게 될 것이다. ILP모듈들은 당신 삶의 보다 더 중심적 차원을 고려하기 위한 단지 하나의 방식일 뿐이다. 게다가 당신은 ILP모듈들을 당신 삶의 경직되고 구획화된 추상적 단위로 생각할 필요가 없다. 당신은 그것을 떨어져 있으면서도 억지로 거북스럽게 걸치고 있는 방식으로 자신에게 관련시킬 필요가 없다. ILP모듈들은 수련하는 삶의 방향이 잡히게 하고 균형이 잡히게 하며 삶을 통합시킨다. 용어의 정확한 개념은 당신의 수련에서 좋아하는 에너지, 명료성, 진지성 그리고 의도성보다는 덜 중요하다.

## 금과옥조GS 수련

각 모듈은 당신이 선택할 수 있는 상당한 수의 수련을 포함한다. 예를 들면, 신체Body 모듈은 광범위한 수련들을 포함한다. 여기에는 역기 들기, 에어로빅, 스포츠, 수영, 요가, 기공氣功, 다이어트, 영양식단 등이 포함된다. 당신의 생활에서 구체적으로 실현하는 측면에 집중하는 여하한 신체적 단련/훈련 행위도 신체모듈 수련으로 간주할 수 있다. 마찬가지로, 기도, 명상, 헌신적 예배 같은 수련들은 영Spirit모듈에 속한다. 왜냐하면 그것들은 당신 존재의 영적 차원에 연관되기 때문이다.

우리는 4개 핵심 모듈들의 각 모듈을 위해 여러 가지의 권장할 만한 수련법들을 개발하였다. 우리는 그것들을 황금률/금과옥조(Gold Star: GS) 수련이라 부른다. 그것들은 최초이며 AQAL에 기초하고 있고, 특히 21세기의 삶에서 전통적·근대적·탈근대적 접근법의 최선을 통합하는 데 적절하다. 수많은 금과옥조GS 수련들은 전통 수련의 정수精粹들이다. 종교적이고 문화적인 보따리는 다 빼고서도 그렇다. 어떤 경우에 우리는 새롭게 알게 된 (현대적 삶에 맞는 수련의) 요구를 나타내기 위해 애초부터 수련을 새로 만들어 내기도 했다. 모든 금과옥조GS 수련은 수련의 가장 적당한 측면들을 모두 포괄하면서 체계적으로 계통화되어 있고 축약되어 있다.

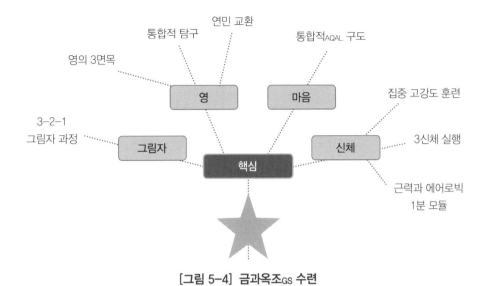

[그림 5-4] 금과옥조GS 수련

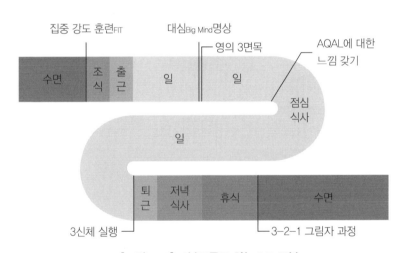

[그림 5-5] 1분모듈로 하는 ILP 표본

[그림 5-4]에 수록된 것은 4개의 핵심 모듈 내의 일부 금과옥조GS 수련이다. 이 모두는 이 책의 뒷부분에 보다 더 상세하게 설명되어 있다. 당신이 이 수련들 중에 어느 것을 좋아하는지 어떤지를, 아니면 그것들이 당신에게 정말로 잘 맞는지 어떤지를 알아내는 최적의 방법은 물론 그것들을 한번 수련해 보는 것이다!

## 시간에 쫓긴다고? 1분모듈을 한번 해 보라

당신의 ILP는 당신이 원하는 만큼 풍성하게 되고 확장적으로 될 수 있다. 그렇지만 당신이 바쁠 때를 위하여 우리는 1분모듈(1Minute Module)이라고 부르는 금과옥조GS 모듈의 속성 버전을 고안해 냈다. [그림 5-5]에서 보이듯이, 1분모듈은 그것을 완수하는 데 매우 짧은 시간이 들지만 놀라울 정도로 효율적이고 진정한 훈련으로 축약된 금과옥조GS 수련이다. 그것은 당신이 언제 어디에서나 직장에서, 지하철에서, 점심 식사 후에, 수업 사이에, 잠들기 바로 전에… 언제든지 할 수 있는 금과옥조GS 미니 수련이다.

1분모듈들은 보다 더 강도 높은 수련에 대한 대치가 아니다. 이상적으로 당신은 자신의 수련에 보다 깊게 빠져들기 위해 매일 한두 시간을 낼 수 있고, 때로는 예컨대 더

| | 모듈 | | | | | | | |
|---|---|---|---|---|---|---|---|---|
| **핵심 모듈** | | | | **추가 모듈** | | | | |
| 신체 | 마음 | 영성 | 그림자 | 윤리 | 직업 | 대인 관계 | 창의성 | 혼/정신 |
| 3-身 훈련★ | 독서와 공부 모임 | 명상 | 3-2-1 과정 | 도덕적 탐구 | 올바른 생활 태도 | 의식적 전념 | 통합적 예술성★ | 절제와 자적 |
| FIT (근력 훈련)★ | 토의와 일지 쓰기 | 기도 | 꿈 해석 작업 | 통합윤리★ | 주간 확인 | 친밀도 워크숍 | 음악 연습, 연주, 작곡 | 자연과 교섭 |
| 에어로빅 연습 | 당신의 의미 만들기 바라보기 | 영의 3면목 (3面目)★ | 일지 쓰기 | 자원봉사·일 | 시간 관리 | 통합적 부모 노릇 | 창의적 쓰기 | 삶의 목적 발견하고 살기 |
| 균형 다이어트와 의식적 식사 | 통합(AQAL) 골격★ | 통합적 탐구 | 심리치료 | 사회적 실천주의 | 전문성 개발 | 상처받기 쉬운 것 | 댄스와 드라마 | 심층심리학 |
| 요가 | 학위 취득 | 영적 공동체 | 가족/부부 치료 | 전문적 윤리 | 통합적 소통★ | 통합성(性)요가★ | 요리와 실내 장식 | 미술, 음악, 문학과 동조하기 |
| 무술 훈련 | | 예배·노래·성가 | 정서 변화 | 박애·자선 | 개인적 생산성의 체계 | | 창의적 공동체 | 비전 탐구 여행 |
| 스포츠/댄스 | | 연민 교환 | 미술, 음악, 댄스 치료 | 가슴에서 우러난 서비스 | 재정 지능 | | | |

표본 수련들

> **다음과 같이 매우 단순**
> • 4개 핵심 모듈 각각에서 마음에 드는 하나의 수련을 뽑아라.
> • 당신이 바라는 만큼 추가 모듈로부터 수련을 추가하라.
> (특히 금과옥조 수련 ★을 추천)

**[그림 5-6] 통합적 생활 수련 매트릭스**ILP Matrix

길게 여러 날 동안 잡힌 수련회에서 더 많은 수련 시간을 가질 수 있을 것이다. 그러나 당신이 그렇게 많은 시간 여유가 없을 때 1분모듈은 당신으로 하여금 당신 수련의 본질과 항시 접하고 있도록 도와준다. 이렇게 하는 것은 그것들을 완전히 소홀히 하는 것보다는 몇 광년光年만큼이나 훨씬 더 좋은 것이다.

1분모듈을 활용함으로써 당신은 현실적으로 하루에 10분 정도 내에 ILP 전부를 다 할 수 있다. 이것은 당신이 바쁠 때조차도 당신의 수련을 계속 유지하기 쉽게 만들어 준다. 그리고 그것은 또한 수련하지 않는 데 대한 주된 핑계마저 없애 준다! 누구든지 [그림 5-6]에서 보여 주는 통합생활 수련 매트릭스ILP Matrix를 규칙적으로 수련하기 위해 어느 정도의 시간은 낼 수 있는 것이다.

## 당신 자신을 깊게 헌신할 시기인가?
## ILP의 원리는 여전히 그대로 적용된다

수련에는 끝이 없다. 수년간의 헌신적인 수련 뒤에 경험이 많은 수련자는 흔히 보다 더 현묘하고 보다 더 미묘한 차이를 갖는 방식으로 똑같은 모듈로 수련을 한다. 일단 당신의 전체 삶이 수행이라면 당신은 자신의 현재의 마음과 정서의 상태를 갖고서 보다 깊게 수련을 하는 경향이 있다. 당신의 수련은 당신의 인간관계, 일 그리고 다른 추가 모듈들을 더욱 심오하게 만든다. 그리고 물론 당신은 몸, 마음, 영, 그림자로 계속해서 되돌아간다. 당신의 수련은 당신이 삶과 수련 성숙의 각 새로운 국면으로 이동해 가면서 계속해서 적응하고 유연해지고 진화해야 한다.

ILP의 원리는 당신으로 하여금 효과적으로, 균형 있게, 그리고 매우 효율적으로 전반적인 수련을 설계하고 계속 개선해 나가도록 도와줄 것이다. 당신은 본질적인 문제들의 어느 것도 그냥 내버려 두지 않거나 또는 당신의 발달의 주요 차원들을 소홀히 다루지 않을 것이다. 이것은 당신이 명상 수련의 강도 높은 단계나 신체 단련을 위한 집중된 훈련 기간 같은 특정한 종류의 성장에 집중할 기간 동안에도 그렇다는 말이다.

---

### 세 종류의 건강을 위한 수련하기

규칙적인 수련은 우리를 극적이고 미묘한 방식으로 변화시킨다.

다음 세 종류의 (정신·영적) 건강을 바라보는 것이 우리로 하여금 이것을 보다 분명하게 아는 데 도움을 준다.

1. 수평적 건강: 발달의 현 단계에서 우리에게 가용한 자각, 생동감, 배려를 위한 가능성에 대한 우리의 역동적 성취도
2. 수직적 건강: 더 상위적 의식과 복잡성으로의 우리의 지속적 성장 유도. 그리하여 존재의 오래된 방식에서 벗어나는 성장을 하여 발달의 새로운 단계로 진입
3. 본질적 건강: 발달의 어느 단계에서도 '영Spirit'과의 접촉, '영'과의 조율, '영'의 실현, 즉 '신비the Mystery' '진여Suchness' 또는 이 모든 순간의 있는 그대로의 존재성Is-ness의 실현

ILP는 이 세 가지를 모두 포함하고 통합한다.

---

수련이 일이나 가족으로 인해 명백하게 뒤로 밀려나는 삶의 국면에서조차도 당신은 적절하고 유연한 모양을 갖출 수 있는 그런 수단들을 갖게 될 것이다. 사실상 당신의 통합생활 수련 ILP의 모듈들과 수련들에 당신이 관여하는 방식은 시간이 지나면서 진화할 수 있다. 그리고 ILP 수련의 일반 지침은 삶의 모든 순간에 자연적으로 내재된 정향성을 향해 발달할 수 있는 수련에 확고하게 전념하기 위한 좋은 지침이 될 수 있다. 거기에는 건강한 인간 삶의 단지 들숨만이 아니라 날숨을 위한, 즉 삶의 모든 질과 국면을 위한 여유도 있는 것이다.

## 수련의 원리 신통술은 없다

우리가 이 수련을 통합생활 수련ILP라고 부르는 이유 중의 하나는 신통술 같은 것은 아무것도 없기 때문이다. 만약 있다면 우리가 여기서 그것을 당연히 권장할 것이다. 지난 반세기 동안, 그리고 인간 잠재력 운동을 통해 비싼 대가를 치르고 얻은 일차적인 교훈 중 하나는 주말 수련 워크숍의 효과는 쉽게 날아가 버린다는 것이다! 마찬가지로

일주일간이나 일개월간 강도 높은 수련의 경우도 똑같이 그렇다. 오직 지속적으로 전념하는 일상생활 수련만이 지속적 변용을 가져오게 하기 위한 거의 유일한 방식이다.

지속적인 변화를 향한 가장 신속한 최단 경로는 최소한 4개의 핵심 모듈을 포함하는 어떤 종류의 ILP를 일상적 삶에서 포용하는 생활 스타일에 있다. 비록 이것은 많은 시간을 요구하는 것 같아 보이긴 하지만(그리고 때로는 일 분도 너무 많은 것 같아 보이긴 하지만!), 그것은 우리의 잠재력을 자유롭게 풀어 놓음으로써, 우리의 에너지와 주의 집중을 자유롭게 함으로써, 그리고 우리의 여생 동안 우리 삶의 효율성과 즐거움을 증가시킴으로써 거대한 배당금을 지급해 준다.

## 통합적 교차 훈련 Integrative CrossTraining

일반적으로 전형적인 교차 훈련은 평면적이다. 당신이 어떤 에어로빅이나 어떤 역기 들기나 혹은 어떤 요가를 한다고 하자. 그것들은 모두 신체적 수준에서의 것이다. 만약 우리가 자신 존재의 모든 수준과 차원을 가로질러 똑같은 교차 훈련 원리를 적용한다면 어떻게 될 것인가? 말하자면, 한 분야에서 달성한 것은 다른 분야에서의 달성을 가속화시킬 것이라는 관점은 어떻게 될 것인가? 사실, 여기서 그러한 관점은 곧 통합 수련의 기본 아이디어이다. 예비 연구가 제시하는 바에 의하면, 역기 들기를 하는 명상가가 그런 것을 하지 않는 사람보다 명상의 진전 속도가 더 빠르게 된다는 것이다. 그리고 이와 유사하게 명상을 하는 역도 선수는 역기 들기에서 진전이 더 빠르게 된다는 것이다. 우리는 이 현상을 통합적 교차 훈련 시너지라고 부른다.

4개의 핵심 모듈은 신체와 마음(심신), 영과 신체, 그림자(무의식)와 영 사이의 여러 위력적인 시너지를 동시에 활성화시킨다. 추가 모듈들은 이러한 이점을 더욱더 심화시킬 수 있다.

비록 어떤 수련은 다른 것들보다 어떤 하나의 모듈에만 더 집중하는 듯해 보이지만 다른 수련들에 파급 효과가 있다. 즉, 삶의 어느 한 분야의 한 모듈에 개입함으로써 삶의 다른 모든 분야에서의 다른 모든 모듈의 효율성이 증가하게 된다! 그런 것이 교차 훈련의 위력이다. 이를테면, 그림자모듈은 주로 당신 내면의 심리적 역동성에 역점을

181

두어 다룬다. 그렇지만 삶의 얼마나 많은 국면에 그림자가 영향을 미치는가를 깨달아야 한다. 당신의 그림자 무의식의 질료를 알아차리게 되고 소유하게 되면, 그것은 더 큰 친밀성과 정직성을 당신의 대인관계에 가져오게 한다. 그리고 몸 안에 억압된 에너지를 자유롭게 해방시키고, 진정한 윤리적인 행동을 위한 당신의 능력을 증가시키고, 그리고 당신의 재정 상태마저 개선시키도록 도와줄 수도 있다(예를 들면, 만약 당신이 돈과 권력에 대한 해결되지 않은 무의식적인 두려움을 갖고 있다면, 그래서 당신이 그 두려움을 맞설 수 있고 그것들을 극복할 수 있다면 그렇게 된다는 것이다).

## 탈형이상학적 접근

ILP는 탈형이상학적이다. 그 원리는 약간은 좀 더 이론적이다. 그렇지만 매우 중요하다. 여기서 '탈형이상학'이 의미하는 것은 실재에 관한 아무런 조망(시각/관점)도 의식에 단지 그냥 미리 주어져 있지 않다는 것이다. 모든 조망은 행해지는 어떤 것이다. 다시 말하자면, 당신은 어떤 것을 보기 위해서 무엇인가를 해야 한다. 당신은 비가 온다는 것을 알기 위해 바라보지 않으면 안 된다. 당신은 아메바를 관측하기 위해 현미경을 사용하지 않으면 안 된다. 선사禪師가 정말로 무엇을 말하고 있는가를 이해하기 위해 당신은 명상을 하지 않으면 안 된다.

재래적인 형이상학에서 실재란 개인의 맥락, 행위, 지각에 의해 중개되지 않고 단지 자각에 의해 주어져 있는 것이라고 가정한다. 탈형이상학적·통합적 접근에서는 통합적 실재를 체험하기 위해 통합 수련을 당신이 실제로 해 보지 않으면 안 된다고 주장한다. 이 책에 제시된 어느 것도 단순히 진리의 선언으로 받아들여서는 안 된다. 모든 경우에 당신은 어떤 사람이 '진리'라고 부르는 것이 정말로 진실한 것인지 어떤지를 당신 스스로 결정하기 위해서는 연습/실행/수련의 교의를 따라가야 한다.

당신이 만약 목성Jupiter의 달이 정말 존재하는지 어떤지 알고 싶다면 당신은 천문학의 원리의 일부를 실제적으로 배워야 하고, 그러고 나서 망원경을 통해 바라보아야 한다. 마찬가지로, 당신이 만약 삼매三昧나 깨달음의 선禪 상태가 정말로 존재하는지 어떤지를 알고 싶다면, 당신은 선禪에 대해 어느 정도 배워야 하고 당신 마음의 본성 속을 들어가 보며 명상을 해야 한다. 질문이 없는 믿음이나 회의적 불신不信 대신에 탈형이상학적 접근에서는 개방적이고 탐구적인 태도가 요구된다. 어떤 의미에서 탈형이상학은 과학적 충동, 즉 경험적 실험과 체험적 정당화의 표현이지만, 그러나 단지 단순한 물질계 대신에 우리 존재의 모든 수준과 차원으로 확장된다.

## 알아차림, 배려, 현존

ILP는 그 핵심에 있어서 특정한 수련의 성능에 제한받지 않고 있다. 그것은 알아차림·배려·현존을 삶의 모든 순간으로 가져오게 하기 위한 진지하고 내재적인 전념이다. 그렇게 함으로써 우리의 자각·배려·현존의 능력을 증가시킨다. ILP 수련자는 자연스레 보다 높은 목적으로 건강한 신체, 명료한 마음, 개방된 가슴, 수련에의 전념을 추구한다. 그리하여 그것은 당신이 살아가는 날들 동안 당신이 어떻게 숨쉬고 느끼는가를, 그리고 당신이 어떻게 당신의 일을 하고 당신이 어떻게 당신의 연인을 대하는가를, 그리고 당신이 어떻게 스트레스에 대처하는가를 보여 줄 것이다. 그것은 삶의 모든 국면, 모든 순간에 닿아 있다.

진정으로 의식적이 되고 진정으로 사랑한다는 것은 아주 심오한 일이다. 그것은 당신이 그 순간에 보고 느끼고 존재하고 있다는 것을 의미한다. 그러면서도 당신은 어느 한 조망에 고착되어 있지 않고, 오히려 삶 자체와 자유롭게 흐르며 진화한다.

## ILP는 역설적이다

당신의 수련은 일부 전통의 고전적인 '점진적 수행의 길들(漸修)'과 같이 시간이 가면서 점차적으로 깊어지게 될 것이고, 이는 수십 년간의 부지런한 주의 집중을 수반할 수 있다. 그러나 처음부터 그 길은 돈오頓悟적 깨우침과 자유의 순간들에 의해, 흔히 모든 것에 종지부를 찍듯이 갑작스레 나타날 수도 있을 것이다. 이러한 절정 체험들에서 상위의 의식은 급격하게 스스로 드러난다. 사물의 참본성은 자명하고 명백해진다. 그러나 그러고 나서 이 명료성은 곧 사라진다. 그런데도 만약 절정 상태가 자주 충분히 일어난다면, 자유의식의 정신은 결국에 가서는 삶의 전체 속으로 스며든다. 그래서 수행의 보편적 길은 모두 점오적이고 돈오적이다.

또한 (돈오·점수) 양쪽 다 구체적이고 일반적이다. 비록 이 책은 수련의 '방법론' 메뉴얼 같아 보일지 모르나, ILP는 하나의 자기개선 프로그램이라기보다는 훨씬 더 그 이상의 어떤 것이다. 그것은 의식의 더 상위적 상태와 단계로의 깨어남의 보편적 수련 과정에 대한 정수精粹를 모아 놓은 것이다. 그러므로 어떤 면에서는 당신이 '그것을 할 수' 있다. 그렇지만 분명 다른 어떤 면에서는 그것이 '당신을 시작하도록' 만든다.

인간을 깨어나게 하는 자유는 처음부터 존재해 왔다. 문제란 결코 있을 수 없고 우리 자신을 변용시켜야 할 어떤 필연성 같은 것도 없다. 역설적으로, 그래도 역시 변용은 중요하고 우리는 그것에 대해 심오하게 보은의 마음을 갖게 된다. 이것을 깨닫는 순간에 우리의 길은 그것이 무엇이었는지가, 그리고 조건 없이 깨어남을 위한 방편이었던 것이 보이게 된다.

184

## 당신의 ILP는 계속 진화할 것이다

당신의 여생 동안 당신의 ILP는 계속 진화하고 깊어지고 점점 더 친숙하고 현실적이 될 것이다. 당신은 욕구 불만, 실망, 고통 같은 것을 갖고서 어떻게 수련하는가? 누군가가 당신을 공격할 때 당신은 어떻게 응대하는가? 당신이 사랑하는 누군가가 죽으면 당신은 무엇을 하는가? 당신은 무엇을 할 수 있나? 당신 자신의 피할 수 없는 상실, 노령화, 죽음의 황량한 현실을 당신은 어떻게 직면하는가?

이것은 곧 수련이 가장 큰 관심사로 떠오를 때인 것이다. 만약 당신이 자신의 그림자 문제들을 조명할 수 있다면, 만약 당신이 적절한 운동과 영양으로 당신의 몸의 균형을 잡을 수 있다면, 만약 당신이 다중조망으로 볼 수 있다면, 만약 당신의 신경계가 긴장을 이완시킬 수 있다면, 만약 당신이 보다 더 삶과 진리와의 접촉에 열려 있을 수 있다면, 이러한 요인들 모두가 당신의 즉각적인 체험의 깊이를 결정하게 될 것이다. 그리고 당신이 어떻게 해서든 무엇이든지 생겨나고 있는 모든 것과 함께 있을 수 있고 사랑하게 될 수 있는지, 그리고 당신이 성장하기 위해 얼마나 현명하게 ILP를 사용할 수 있는지 어떤지를 결정할 것이다.

그렇지만 ILP 수련이 도움을 줄 수 있는 것에는 꼭 어려운 일만 있는 것은 아니다. 그것에는 역시 아름다운 일도 있다. 삶은 무한히 황홀하고 경이롭다. 사랑에 빠지고… 아기의 탄생… 아주 번쩍이는 새로운 아이디어를 갖는 것… 더 상위적 동기를 위해 봉사하는 것… 새로운 비즈니스를 시작하는 것… 다른 문화를 여행하고 체험하는 것… 실재의 본성에 대한 통찰을 갖는 것… 예술의 아름다운 작업을 창조하고 즐기는 것 등등을 보라. 우리는 달콤한 것이든 아니든 간에 그 모든 것에 의해 성장하며 뻗어나가게 된다.

'영Spirit'의 빛은 수십억 개의 태양같이 당신을 눈멀게 한다. 한 방울 눈물의 아름다움이 당신의 가슴을 적실 수 있다. 진실한 사랑은 무너져 내리는 산같이 당신을 산산이 부수어 버릴 수 있다.

그런데 당신의 친밀한 파트너는 당신에게 상처를 주고 격노하게 만드는 어떤 말을 한다. 그래서 당신은 아름다움과 사랑을 잊어버린다.

그리고 나서 당신은 그것을 다시 기억한다. 혹은 그것을 다시 발견한다. 균형, 자유, 행복, 경건함, 합일성, 일상성… 그리고 다시 그런 것을 반복한다. 그리고 그런 것이 바로 수련이라는 것이다.

## 깨어나기 위한 스마트한 방법

최선의 길은 그냥 시작하는 것이다! 당신이 초보자거나 숙련된 수련자거나 간에 가장 지적이고 유용한 수련을 당신 자신의 삶으로 가져오기 위해 이 책을 활용하라.

일단 당신이 기본적인 것을 알고 나면, 당신 자신의 ILP를 시작하는 것은 쉬운 일이다. 여기에 당신이 어떻게 단순히, 그리고 신속히 그렇게 할 수 있는가를 요약해 놓았다.

- ILP는 4개의 핵심 모듈, 즉 몸·마음·영·그림자로 되어 있다. 그것은 교차 훈련의 원리를 통해 작용한다.
- 당신이 ILP를 시작하기 위해 필요한 모든 것은 각 핵심 모듈 내에서의 하나의 수

련이다. 예를 들자면, 184쪽에 있는 ILP 매트릭스를 참조하라.

- 당신의 ILP를 설계하라. 그리고 그것을 당신의 (크거나 작은) 스케줄의 현실적인 제약들, 수련에 전념하는 수준, 그리고 (수련을 염원하는) 영감의 상태에 적합하도록 스케일하라.

- 섞어서 짝을 지어라. 적절한 정도로 추가 모듈로부터의 수련을 포함시켜라. 그리고 당신의 삶에서 가장 적당하고 필요한 것들에 집중하라.

- 금과옥조GS 수련은 ILP를 위해 최적화되어 있다. 그들은, 특히 정수를 뽑은 것이고 집중되어 있고 효과적이다. 그렇지만 의무적은 아니다. 당신이 바쁘다면 1분 모듈을 해 보라.

- 가장 곤란한 부분은 인생이란 학교 자체이다. 그러나 수련은 우리로 하여금 일상적 삶의 어려움과 즐거움을 모두 포용하도록, 그리고 근본적으로 보다 더 존재적이고 생동하며 능력을 발휘하도록 도와준다.

## AQAL-ILP 고급 치유기제

안희영·조효남이 공동 번역한 『켄 윌버의 ILP』에서 보면, ILP의 황금률GS 모듈인 몸·그림자·마음·영 모듈에서, 그리고 부가 모듈들에서는 AQAL 통합패러다임 수련을 강조하고 있다. 그러나 마음챙김은 영모듈의 명상 수련에서 일부 강조하고 있을 뿐이다. 하지만 앞에서 이미 언급한 바와 같이, 최근의 그의 저서 『통합명상(Integral Meditation)』에서는 (비록 저자가 『상보적 통합』에서 비판하는 그의 포스트모던 탈형이상학적 AQAL-IMP 5기 사상으로 되어 있지만) 치유와 성장·발달을 위한 '마음챙김'과 'AQAL 통합'을 결합한 통합명상 수련과 통합 수련을 생활 속에서 치유와 성장을 위한 마음챙김 기반 통합 명상·수련으로 제시하고 있다.

앞 절에서 보이듯이, 원래 켄 윌버의 ILP의 핵심 메타기제는 'AQAL 알아차림의 느낌 갖기'이다. AQAL은 마치 콜럼버스의 달걀과 같은 것으로, 알고 나면 이성의 눈으로 통합적 시각/조망을 갖기 위해 필요한 '지도'임을 알 수 있다. 일반적으로 지식인·전문가들은 어느 한두 조망 시각으로 우주, 자연, 생명 세계, 인류, 인간사회, 인간을 이해하기 때문에 그들에게 AQAL은 '숨겨진 지도' 같은 것이다. 그 지도를 알고 습득하여 자기화하고 AQAL의 5차원(온수준·온분면·온계통·온상태·온유형) 온조망/온시각으로 우주를, 생명 세계를, 인간을 비전 논리의 이성적 눈으로 보고 알게 된다면 어떻게 될까? 나아가 AQAL 알아차림을 일에서, 소통에서, 그리고 삶의 모든 면에서 사용할 수 있게 된다면 어떻게 될까? 그것은 마치 통합적 알아차림 의식은 외국어를 모국어처럼 사용하는 능력을 체득한 것과 같게 된다고 켄 윌버는 강조한다. 그래서 그것은 마치 통합적 시각·조망·관점이 모국어나 제2외국어와 같이 언어화되고 사고화되고 알아차리게 된다는 것이다. 그래서 자연스레 모든 것에 대해 즉각적으로 'AQAL 알아차림 느낌'을 자각의식으로 갖게 되면 ILP의 기제를 의식화하여 갖게 된다는 것이다. 윌버는 이러한 AQAL 통합적 느낌 갖기는 AQAL 알아차림 훈련에 의해 마치 외국어 습득과 같이 되는 것이라고 강조한다. 하지만 단순 외국어의 능숙한 습득이 아닌 자각의식화가 있어야 한다. 그래서 AQAL 알아차림이 메타기제의식화되면 통합의식은 IOS(Integral Operating System), HIS(Holistic Index System), CLA(Cross Level Analysis)와 같은 통합적 인식·분석·평가를 하는 통합자각기제가 발현된다고 켄 윌버는 강조한다. 그래서 AQAL-ILP의 치유도 통합치유, 수행도 통합수행, (개인의 사회적, 일상적) 일도 통합실행으로 하게 된다는 것이다. 따라서 이렇게 되면 세상의 모든 것에 대한, 인간, 인간사회, 인류, 생명 세계, 우주에 대한 통합적 조망을 자연스레 AQAL ILP의 기제로 갖게 된다고 강조한다. 그렇지만 이와 같이 AQAL 알아차림을 IOS·HIS·CLA로 의식의 기제화하는 것은, 온전한 통합의식의 조망·시각을 갖는 게 아니라 기계적 AQAL 얼개에 갇혀서 모든 것을 자동적 IOS나 통합수학(Integral Math)으로 해답을 구하는 것은 위험한 틀 지상주의적 인간관·세계관을 갖게 만들기 쉽다. 특히 개인의 치유와 성장 발달의 문제로 돌아오면 'AQAL 알아차림 느낌' 같은 통합적 기본·일반 기제만으로는 안 된다. 앞 장에서 개관한 마음챙김의 기제, 즉 모든 내적·외적 자극을 대상화하여 비판단적·비개입적·탈중심화/탈동일시, 수용적… 자각 알아차림의 재인식 기제가 형성되면서 모든 단계적 치유기제의 통합적 연습·훈련, 통합적 수련·수행으로 되어야 한다. 그러므로 치유와 성장을 위한 통합치유기제는 홀라키적이 되어야 한다. 이를테면 MBSR은 마음챙김을 중심으로 한 심신, 즉 BMS(몸·마음·영)의 통합수준적 치유체계의 마음챙김 기반 상향上向·하향下向 인과因果 홀라키 기제를 갖고 있다. 반면에 마음챙김 기반 AQAL ILP는 5차원(온수준·온분면·온계통·온상태·온유형) 통합 치유·수행 체계의 단계적, 5차원 마음챙김 홀라키 기제를 갖고 있다. 그래서 단순한 AQAL-ILP와는 달리 마음챙김 기반 ILP는 마음챙김과 ILP의 고급 치유기제를 포함하면서 넘어서는 고급 치유기제를 갖고 있으므로 통합적인 홀라키적 고급 치유기제인 것이다.

결론적으로, 윌버의 AQAL-ILP와는 달리 윌버의 최근 저서인 '마음챙김 기반 통합 명상(Integral Meditation)'에 따르는 마음챙김 기반 AQAL-ILP 수련은 AQAL(온수준, 온분면, 온계통, 온상태, 온유형) 통합적으로 깨어서 '내외의 모든 것'을 알아차리는 고급 치유기제를 발현할 수 있는 통합적 자각의식 수련의 필요조건이다. 이와 같은 마음챙김 기반 AQAL-ILP로 깨어 있는 알아차림이 의식화되면 2층의식으로 양자도약하게 되고, 통합적 고급 치유기제가 발현되어 자기치유와 영적 성장이 가능하게 된다.

## 유위·무위 통합심신치유 및 치유기제[2]

동서고금의 공인되거나 검증된 모든 전일의학의 치료·치유법들은 치유대상자들의 상태·조건에 따라 치유효과가 있을 수 있고, 치유자의 능력에 따라 어느 정도는 치유기제가 발현될 수 있다. 그러나 대부분의 치유요법은 치유기제가 제대로 발현되지 않아 표면적 증상의 일시적 완화나 힐링과 호전을 보여 줄 수 있을 뿐이다. 왜냐하면 장애 증상의 심적(의식·무의식)의 교란·경화된 구조의 정도나 깊이에 따라 몇 시간이나 며칠이 지나면 삶의 조건에 따라 도로 원상태로 돌아가는 게 대부분이기 때문이다. 그러므로 증상의 양자도약적 호전·완화와 함께 어느 정도 의식의 변화(의식의 전환이나 변용)가 일어나게 하는 치유기제가 발현되어야 한다. 그렇게 하려면 먼저 성찰적 인지 자각·각성 훈련과(자기부정적 자기혐오, 자아정체성·자존감 상실, 혼의 위축 등으로

---

2) 이 글은 통합심신치유학 3부작 『이론』 편의 5.3절과 주요 내용을 공유하면서 치유기제 측면을 좀 더 강조한 글이다.

고통받는 대부분의 내담자의 경우) 자기자애 훈련, 운동·소마/기공/요가 등에 의한 혼의 치유 훈련, 삶의 태도의 전환이 필요하다. 또한 각성 긍정 암시, 확언·만트라 훈련과 함께 최소한 마음챙김 소마/기공/요가를 통해 어느 정도 기본 마음챙김(통찰적 알아차림, 각성, 자각) 수련을 병행하며 어떤 치유법이든 실행해야 치유기제의 작동에 의한 그 치유효과의 심화와 의식의 변화가 생기게 된다.

이에 따른 치유효과는 지속적으로 도약적·점진적으로 증상을 점점 더 완화·호전되게 한다. 그래서 의식은 굳어지고 갇힌 (병리적·장애적) 마음·정신의 억압되고 경화된 COEX 구조화 상태에서 점차로 벗어나 더욱 더 유연하게 열리면서 성장 발달을 향한 변형·변용이 어느 순간 도약적으로 일어나게 된다. 따라서 최상의 고급 치유기제는 통찰적 마음챙김(각성적 자각, 각성적 주시)의 무위치유를 기본으로 한 마음챙김 기반 방편적 유위치료가 병행되어야 발현하는 것이다. 다시 말해, 일시적 증상 완화 수준의 치유가 아닌 근치로서의 치유는 마음챙김과 그 기제의 홀라키도 지속적으로 내공을 쌓으며 심화시켜 나가야 한다는 의미이다. 동시에 내담자나 치유대상자에게 공인되거나 검증된 적절한 다른 유위치료법들도 병행해야 된다는 것이다.

최상위의 고급 치유기제의 발현을 위한 자각의식 수련은 유위·무위 수련이다. 모든 무위 수련의 핵심은 (이 책에서는 다루지 않았지만, 통합심신치유학 3부작『이론』편에서 상세하게 다룬) 양자의식 기반 마음챙김, 즉 참여적 관찰자인 양자자기의 깨어 있는 주시의식에 의한 의도적이 아닌 통찰적·즉각적 '마음관찰(각성·주시)'이다. 반면에 유위 수련의 핵심은『이론』과『실제』편에서 통합퀀텀(양자)치유 수련IQHLP이라고 일컬은, 통합치유생활 수련(Integral Healing Life Practice: IHLP)모듈들에서의 혼의 치유(혼유魂癒, Soul Healing)이다. 이를 위해서는 생명의 근본 주체인 영의 주재하에 작용인으로서(생명력 발현의 존재적 주체로서의 자기인) 혼의 주관하에 있는 마음(심체心体)·감정(백체魄体)·본능 에너지(기체氣体)·신체身体를 위한 모든 수준·분면·계통의 일반 치유들도 모두 홀라키적 상향·하향의 쌍방향치유가 되어야 한다. 이를 위해서는 마음챙김 기반의(『통합심신치유학: 이론』편에 상술되어 있는) 퀀텀사면동역학적 치유변용QTQHT의 각성적 알아차림에 의한 신信·해解·행行·증證 치유 수련이 바탕이 되어야 한다. 즉, 사면동역학적으로 신해행증信解行證 사분면 동시의 상의사자相依相資·상즉상입

相卽相적 실천·실행·수련·수행·훈련으로 이루어져야 한다. 하지만 그중에 먼저 깨어 있는 각성의식(오悟)에 의한 자각의식의 기제로서 심안이 열리기 위해서는 무엇보다 바르게 알아야(正知) 하고 격물치지적으로 정사유正思惟·정견正見을 할 수 있어야 한다고 저자가 『이론』편에서 강조하였다.

그러므로 올바른 통합심신치유에서 온전한 유위·무위 수련을 위한 [그림 2-1]과 같은 IHLP치유 프로그램의(각 주별) 치유실습, 치유 훈련·수련 관련 주제에 대한 앎과 깨우침이 매우 중요하다. 하지만 기본 치유기제의 발현을 위해서는 다차원의 생명장 홀라키로 발현되어 있는 인간의 '몸(soma, body, 체体)'에 대한 뇌인지과학적, 의식역학적 온전한 이해가 더욱 중요하다. 통상적으로, 현대적 의미에서 몸이란 신경생리학적 생체조직으로서의 육체를 의미하고 심체心体·백체魄体·기체氣体와의 상관관계는 정신신경생리학적, PNEI적으로 설명하고 있다. 하지만 에너지의학에서는 다중의 생체 매트릭스의 에너지체로서의 신체를 몸으로 보고 있다. 반면에 양자의학에서는 양자파동 에너지장으로서의 몸을 신체·에너지체·정보체로 본다. 이러한 관점으로 보는 양자파동의학적인 신과학·신의학적 몸의 의미와 전통지혜의 정신과학적(전일적) 온전한 몸의 의미가 원리적으로 동일하다는 것이다. 즉, 전통적·심층적·양자적 의미에서 몸이란 삼원일체三元一体적인 신체(몸)Body·심체(마음)Mind·영체(정신, 영혼)Spirit (베단타·불교의 조대체粗大体·정묘체精妙体·원인체原因体, 전통 동의학·도가의 정精·기氣·신神, 환단선도의 심心·기氣·신身/성性·명命·정精)을 의미한다. 이는 양자의학의 양자생명장의 다차원의 몸(체体, 장場)과 동일한 관점인 것이다.

이것을 좀 더 세분화하면 저자가 강조하는 신身·기氣·백魄(정情)·심心·혼魂·영靈의 6차원의 다원일체多元一体의 몸은, 인간 존재의 생명홀라키 구조 도표(〈표 1-2〉)에서 보이듯이, 모든 전통지혜와 현대 심리학, 현대 양자의식과학, 현대 신의학(에너지의학, 양자의학, 파동의학)에서 동일하게 밝히고 있는 영속인간학과 같은 것이다. 이것은 곧 [그림 5-7]의 통합양자심신치유의 원리에서 보이듯이, 인간의 몸은 생명양자파동장場·체体(몸)로서의, 다원일체多元一体(육원일체六元一体)적으로 다차원 생명양자장 홀론·홀라키(포월체包越体)의 층(sheath)·체体로서의 하나의 온전한 몸으로 이해해야 한다는 것을 의미한다. 다시 말하면, 온전한 몸이란 일반적으로 생각하는 육체/신체를 말하는 게 아니라 '일체一体'로서의 몸을 의미한다. 그러므로 온우주의 다차원 존재의 양자파동 세계의 에너지(기氣)와 정보(식識, 지능)가 모두 다차원의 생명장의 질료와 형상이다. 이 다차원의 기(질료)와 식(형상)에 의해 우리 생명의 몸(체体)을 다원일체적으로 온몸의 항상성을 유지하는 것이다. [그림 5-7]과 같은 심층적 몸에 대한 온전한 이해가 곧 유위·무위 통합(양자)심신치유와 그 홀라키적 치유기제의 기본 바탕 원리를 제공한다.

　따라서 자기의 몸을 생리적 몸과 생체분자·DNA·세포 중심의 생리 체계(신경계·내분비계·순환계·면역계 등 10개의 주요 기관 체계)로 된 육신으로만 이해하고서 마음·정신을 심신일원론적으로 몸으로 환원시키거나 심신이원론적으로 마음과 몸이 상하 위적으로 분리된 위계적 체계로 연결된 것으로 이해해서는 안 된다. 몸에 대한 이러한 온전한 이해를 바탕으로 온건강과 고급 치유기제를 발현하기 위한 치유와 수련은 당연히 유위·무위 일체적이다. 온몸의 존재적 근본 주체인 영이 깨어나서 자기치유와 영적 성장을 실현하기 위한 무위적 수련이 중요하다. 그러나 이러한 무위 수련은 먼저 존재의 실상 주체인 혼과 혼이 주관하는 심心(마음)·백魄(감정)·기氣(본능)·신身(생리)의 몸홀라키에 대한 통합 수련을 바탕으로 하는 단계적 유위·무위 일체 수련에 의해서만 가능한 것이다.

　통합심신치유학 『이론』편과 『실제』편에서는 보다 이론적으로, 그리고 구체적으로 몸에 대한 온전한 이해에 따른 '몸'의 온수준의 온건강 이상異狀 상태는 홀라키 원리에 의해 온건강 이상異狀의 악순환 상향上向·하향下向 인과를 나타낸다는 것을 상세하게 보여 주었다. 마찬가지로, 온건강과 고급 치유기제를 위한 수련도 선순환의 상향·하향 인과 회로로 나타낼 수 있음을 보여 주었다. 하지만 보다 근본적으로는 영의 무지·무명, 혼의 몽매·미혹에 의해 카르마적 악업 순환에 빠져 있거나, 이에 따라 혼이 위축되고 정신이 나가서 두려움·집착·망상에 갇히거나 자존감이 비루해지게 된다. 더 나아가 좀비화된 삶으로 자신의 심체心体(마음)·백체魄体(감정)·기체氣体(본능)·신체身体(육체)를 교란파장으로 몰아넣으면 선순환으로 돌아서기는 더욱 어렵게 된다. 그래서 깨어나지 않는 한 악순환이 더욱 악화되어 온건강과 온전한 삶을 더욱 상실하게 된다. 따라서 통합양자심신치유에서는 마음(심心)·감정(백魄)·본능(기氣)·육체(신

191

身)에 대한 통합적 유위치유 수련이 매우 중요하다. 그리고 고급 치유기제의 발현을 위한 마음챙김 명상·관상 수련에 의해 깨어 있는 양자의식으로 병리적·장애적 심체와 감정체의 교란을 조율·동조 상태로 전환하게 하는 마음챙김(알아차림, 자각, 각성, 주시 기반) 무위 수련에 의한 고급 치유기제로의 선순환 회복을 위한 수련도 필수적 치유 수련이다.

물론 유위적 치유·수련은 마음챙김자각 훈련·수련을 통해 깨어나는 영이 혼을 각성시켜서 신념·의지·도전 에너지, 신명과 각성 긍정 에너지를 강화하여 위축된 혼을 되살리는 제반 마음치유·의식치유·감정치유·중독치유의 치유기제의 발현을 함으로써 일반 치유기제와 마음챙김 기반 고급 치유기제의 선순환 회복을 양자도약적으로 가속시킬 수 있다. 그러므로 이러한 유위·무위 통합양자심신치유는 BMS(BEEMSS) 중에 개개인의 가장 취약한 부분을 중심으로 통합적으로 상호 보완적으로 이루어져야 한다는 것을 알 수 있다.

이러한 유위·무위 통합양자심신치유의 핵심 치유 원리와 실제는 여기서는 중복하여 설명하지 않고 있지만 『통합심신치유학: 이론』편에 상술되어 있다. 『이론』편의 통합심신치유와 통합양자심신치유에서는 [그림 5-8] [그림 5-9]에서 보여 주는 바와 같은 퀀텀AQAL 온건강/통합치유 패러다임QAQAL과 퀀텀사면동역학적 퀀텀치유변용QTQHT의 통합치유도와 더불어 상향·하향 인과 통합심신치유 홀라키도와 유위·무위 통합생명장(양자파동 에너지치유) 도표(〈표 5-1〉)의 원리를 체계적으로 보여 주고 있다.

한마디로, 통합양자심신치유는 유위·무위 쌍수에 의한 온수준의 통합양자 에너지·의식 치유이다. 요약하자면, [그림 5-7]에서 보듯이 모든 상중하 7개 단전에 상응하는 초양자장 파동 에너지와 정보의 교란에 의한 기능의 장애와 이에 따른 각 수준의 혼의 원본능(원욕, 욕동, 리비도) 추동의 발현 장애·병리·중독 치유는 『통합심신치유학: 실제』편의 제4장에서 보이듯이 각 수준에서의 유위·무위 치유의 상보적 적용에 의해 근본적인 치유를 가능하게 한다.

그리고 온생명장의 홀론·홀라키적 속성으로 인해 [그림 5-7]에서 보이듯이 어느 한 수준의 이상異狀은 부정적인 상향·하향 인과의 확산에 의해 온수준으로 증상이 파급된다. 이를 막기 위해서는, 먼저 하향 인과의 지배적 치유요법으로서 미혹·무명에

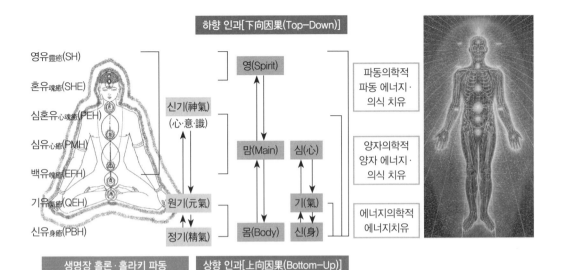

[그림 5-7] 통합양자심신치유의 원리

빠진 원인 수준의 초양자장 영체 양자의식을 유위·무위 치유 훈련·수련에 의해 인지적 자각의 각성의식과 자기자애의식으로 깨어나게 해야 한다. 이렇게 하고 나면 유위적 치유 훈련·수련에 의해 위축되거나 정신이 나간 상태의 혼, 즉 정묘 수준의 초양자장 '혼체 양자의식'을 강화하고 되살리는 혼의 치유와 치유기제가 발현하도록 하는 것이 중요하다. 이와 같이 유위·무위 치유기제에 의해 혼이 살아나게 되면, 하향 인과에 의해 심혼心魂 → 심心(마음) → 백魄(감정·정서) → 기氣(본능, 에너지) → (인지발현체로서의) 뇌腦 → (신체 생리 항상성 발현체로서의) 신체에 이르는 각 수준에 초오감적·고감각적·초감각적 자각의 양자의식이 동조 발현된다. 다시 [그림 5-7]에서 알 수 있듯이 상향 인과에 의해 위를 향해 차례로 신체에서 혼에 이르는 새로운 선순환적 유위·무위 치유·기제에 의해 마음챙김·통찰명상 수련에 의한 무위치유기제가 발현됨으로써 자기치유가 가능한 의식의 변용·영적 성장과 함께 온수준의 온건강을 회복하게 된다.

## 통합양자치유기제

지금까지 『치유기제』편에서는 단계적 유위·무위 통합심신치유기제의 발현의 중요성에 대해 거듭 강조해 왔다. 하지만 『통합심신치유학: 이론』편에서 강조한 앞으로 올 양자시대의 양자의식에 기반한 통합양자치유에 대해서는 다루지 않았다. 여기서는 통합양자치유기제의 원리에 대해서만 간략하게 요약하였다.

먼저 인간의 심신, 즉 몸맘얼영(BMSS, BEEMSS)의 심층 생명의 심오한 다차원의 에너지·의식의 양자파동 원리, 양자나선동역학 원리, 인체 양자생명홀라키 원리, 양자의식·양자자각 원리 등에 대한 심원한 인지적 자각이 기본 치유기제로서 필요하다. 이와 함께 위축·장애 상태의 혼의 치유를 위한 다양한 수준의 혼유(심유, 백유, 기유, 뇌유, 신유)와 혼의 훈련, 각성 긍정 마인드의식 훈련 등으로 강력한 일반 치유기제가 발현해야 한다. 이렇게 되면 비로소 (심안) 의식이 열리고 밝아지게 되면서, 자기치유와 영적 성장이 가능한 고급 치유기제의 발현을 위한 마음챙김 알아차림 통합의식 수련을 온전하게 할 수 있게 된다.

이렇게 의식이 깨어나면서 통찰적으로 내외의 모든 대상—카르마, 혼의 위축장애

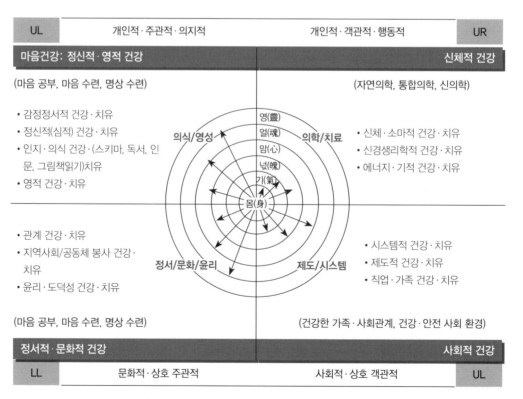

[그림 5-8] AQAL 온건강/통합치유 패러다임

〈표 5-1〉 깨어 있는 각성의식 기반 유위무위 양자심신치유: 유위・무위 에너지의식치유

| 단전 | 단전혈 (위치) | 원래 기능 | 자기 동일시 | 관련 원욕 | 病장애 (病) | 中毒 | 치유 | 대표적 치유법 |
|---|---|---|---|---|---|---|---|---|
| 하단전 (복부) | 회음 (미저골) | 생식 기능 지배, 생명 근원 | 身我 | 物身(嗔) | 身病(몸병, 행위) | 腦중독, 물질중독, 행위중독 | 身癒 (몸치유) | 유위: 몸에너지 동작치유 / 무위: 자연치유, 기공요가 |
| | 중극/관원 (방광) | 욕망 지배, 심신 안정 근원 | 氣我 | 性(嗔) | 氣病(증독, 분노) | 성중독, 중독중독 | 氣癒 (기치유) | 유위: 통합기공치유, 통합에너지치유 / 무위: 하단전 의수 無통찰명상 |
| | 신궐 (배꼽) | 소화력 지배, 힘의 근원 | 魄我 | 七情(膜) | 魄病(칠정부조) | 식탐중독, 감정중독 | 魄癒 (감정치유) | 유위: 그림자치유, 감정치유 / 무위: 자비관, 마음챙김 건지서기, 無통찰명상 |
| 중단전 (가슴) | 전중 (심장) | 심폐 지배, 사랑의 근원 | 心我 | 心(膜) | 心病(心火, 心虛) | 사랑중독, 화중독, 스트레스중독 | 心癒 (마음치유) | 유위: 마음치유, MBSR / 무위: 마음챙김집중지서기, 자애명상, 양자의식치유 |
| | 염천 (갑상선) | 이지적 사고 지배, 이성의 근원 | 心魂我 | 理(膜) | 心魂病(心靈病) | 의식중독, 이념중독, 사고중독 | 心魂癒 (의식치유) | 유위: 의식치유, 마음공부 / 무위: 수식관, 사마타 집중명상, 양자의식/치유 |
| 상단전 (머리) | 인당 (미간) | 자율신경 지배, 이지・지혜 근원 | 魂我 | 意(膜) | 魂病(魂虛, 魂濁) | 에고중독, 좀비중독 | 魂癒 (혼치유) | 유위: 각성 만트라 치유, 魂에너지명상 수련 / 무위: 無통찰명상치유, 氣功명상, 가르마 해제수련 양자의식 수련 |
| | 백회 (백회상부) | 모든 단전 기능 지배, 해탈의 근원 | 靈我 | 無明(無知) | 靈病(迷惑) | 邪氣 빙의 사탄/ 아령중독 | 靈癒 (영치유) | 유위: 퇴마치료, 邪氣 치료 / 무위: (퇴마・후)종교 귀의(5메 수행): 기도・참회・헌신・사랑의 실천 |

식, 병리적·부정적 무의식, 감정정서장애, 본능 리비도장애, 뇌의 인지 오류·퇴화 장애, 신체병리장애 그리고 외적 환경·삶의 조건 등의 제반 내외의 대상—을 초자각적으로 주시할 수 있게 된다. 이렇게 되면 자기치유를 넘어 의식의 변용과 영적 성장에 의해 양자도약적으로 점차로 절대수용/항복기심/방하착의 경지에 이르러 깨닫고 깨어나면서 탐진치喧瞋癡·오개五蓋에서 벗어나 자유로워지게 된다. 이와 함께 생명의 심오한 신비에 취하고, 영혼의 참존재를 깨닫고, 영혼의 무지무명·몽매미혹으로 인한 질곡과 고통의 삶에서 벗어나게 된다. 다시 요약하면, 탐진치 습기의 치유와 영적 성장을 위한 『통합심신치유학: 이론』편 제5장에 상술되어 있듯이, 홀론의학적, 양자신의학적 통합양자의식·통합양자치유 원리에 따라 신기백심혼영의 각 장場의 습기나 병리장애의 억압 교란 상태를 통찰적으로 주시한다. 동시에 양자우주와 양자인간의 조율/공명·동조/조화·합일/통일의 3조調 3A 상태로 전환하는 양자치유 수련을 위한 모든 필요한 방편 수련을 유위·무위 수련으로 하면, 강력한 고급 치유기제가 발현·

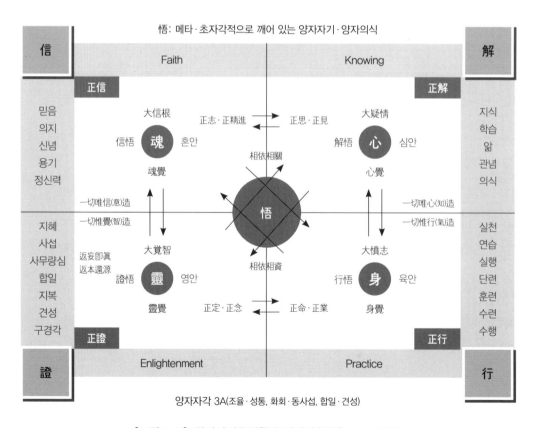

**[그림 5-9] 퀀텀사면동역학적 퀀텀치유변용**QTQHT **도표**

작동하면서 치료치유기제와 함께 온건강기제, 영적 성장기제가 발현·작동하게 된다.

요컨대, 양자심신치유의 핵심은 양자우주의 DMF(Divine Matrix Field)의 참여적 관찰자인 양자자기의 깨어 있는 주시적 '마음관찰' 알아차림으로서의 양자의식 기반 통찰적·즉각적 초마음챙김 양자알아차림(양자자각)이다. 여기서 초마음챙김, 양자마음관찰이 일반적인 마음챙김과 다른 점은 비이원의 원인장原因場·일미장一味場·일심장一心場으로서 모든 상대·현상계의 대상을 포월包越하는 DMF영(참나)의 초홀라키적 양자의식에 의해 영적 카르마식과 혼적 장애식까지도 주시한다는 것이다. 즉, 감각적·초감각적 느낌으로 알아차리는 모든 '식識'을 즉각적으로 대상화하여 깨어 있는 각성(awakening) 상태에서 꿰뚫어 통찰적으로 주시한다는 의미이다.

따라서 양자의식 기반 양자마음챙김의 양자치유기제는 양자자기의 양자적 각성자각의 초기제meta-mechanism(온우주적 법성, 섭리, 도리)로서 비이원의 초의식적·무의식적 양자인식과 양자사고의 의식화이다. 초기제로서의 이러한 초감각적·초의식적 양자인식·양자사고는 양자자기의 양자의식이 의식화되고 체화되면서 자연스레 형성된다. 이와 같은 양자초기제가 내포하고 포괄하는 잠재적 양자치유기제에는 참여적 관찰자인 양자자기로 깨어 있는 주시자의 모든 대상화된 마음(심心·의意·식識) 관찰의 탈중심화, 탈동일시, 거리 두기, 깨어 있는 의식적 대응과 수용 등과 같은 마음챙김의 기제가 기본적으로 당연히 포함된다. 뿐만 아니라 마음챙김 알아차림(오悟·깨어 있는 각성·주시 의식) 기반 [그림 5-9]와 같은 퀀텀사면동역학적 양자치유기제 QTQHT로 인해 사통(통합·통전·통섭·통관)·사안(육안·심안·혼안·영안)이 밝아지는 의식의 변화/변용이 일어나게 된다. 이렇게 되면 삼조三調(조율調律·동조同調·합일合一) 3A(Atunement·Atonement·At-onement)의 양자우주적 교감·공감이 의식화되고 체화되는 최상위의 고급 양자치유기제가 형성·발현되면서 최고 수준의 양자심신치유가 이루어진다.

결론적으로, 통합심신치유학『이론』및『실제』편에서 상세하게 소개한 통합퀀텀(양자)심신치유 IQHLP(Integral Quantum Healing LIfe Practice) 수련의 고급 치유기제의 핵심은 앞에서 언급한 퀀텀(양자)치유기제이다.

# AI시대 통합심신치유의 비전

21세기는 이미 3차원 뉴턴 문명의 인간 인지人知를 능가하는 구글·빅데이터, 인공지능(AI), 증강현실(AR), 가상 현실(VR), 블록체인(BC) 기술 등이 '현실'화되어 '가상 세계와 가상 현실'이 지배하는 제4차 산업혁명, 4차원 양자문명의 시대로 양자도약적으로 진입하고 있다. 최근에 양자상대성 물리학도 중력파의 검증으로 아인슈타인의 상대성 원리가 단지 이론이 아닌 실증 단계에 도달하고 있다. 그 결과, 머지않아 곧 초끈(M)이론이 주류 양자물리학으로 등장하게 될 것이다. 뿐만 아니라 저자가 강조하는 통합양자이론(표준양자역학, 초끈이론, 숨겨진 변수 이론—의식 홀로그램·홀라키 우주론)도 주요 양자물리학의 패러다임으로 공식적으로 인정될 전망이다. 이에 따라 다차원의 홀라키 우주·생명 세계에 대한 '양자의식'의 보편적 발현으로 인해 4/5차원의 양자문명 세계가 곧 도래할 것으로 기대된다.

따라서 21세기 중후반경에는 모든 의학이 양자신의학(에너지의학·파동의학·양자의학)으로 변하면서 현재의 심신치유, 심리치료를 포함한 몸맘얼BMS의 병리·장애 모두에 걸친 진정한 통합양자의학으로 발전될 것이다. 즉, 통합의학적 심신치유·심리치료·정신의학치료 모두 양자의학적 양자파동(양자파동 발생 장치·진단·치료, 양자파동 정보 조사·전사)치료·치유요법으로 보편화될 시대가 올 것으로 기대된다. 이와 함께 현대 심리학도 양자의식 중심의 양자심리학'(민델의 『양자심리학(Quantum Mind)』과는 전혀 다른 개념)으로서 초심리학·초의식심리학·자아초월(초개인)심리학을 통합하면서 양자심리치료와 양자심신치유로 그 중심축이 옮겨 가게 될 전망이다.

그러나 현 단계에서는 아직도 양자의식, 양자자기, 양자마음, 양자사고, 양자사유와 같은 용어가 전문가들에게조차도 생소하다. 더구나 양자의식 기반 통합양자심신치유는 고급 심신치유기제의 기본 요건인 마음챙김의 기제가 형성되고 나서 통합양자론을 온전하게 알고 양자의식을 깨우치기 전에는 전문가들도 쉽게 적용할 수 있는 고급 심신치유법이 아니다. 하지만 앞으로는 AI시대, 양자문명시대의 심신치유 전문가로서 그 원리 정도는 이해해야 한다. 무엇보다 전통적인 모든 심신치유는 모두 에너지치유, 양자파동치유로 밝혀지고 있으므로 양자심신치유의 원리를 알면 훨씬 더 쉽고 깊게 근본적 심신치유를 할 수 있다. 그렇게 되면 모든 심신치유요법의 치유기제를 보다 쉽게 발현시킬 수 있다.

먼저 이 책에서 반복 강조해 온, 이와 같은 AI시대의 통합양자심신치유시대로 가는 과정의 단계적 심신치유와 치유기제에 대해 다시 한번 간략하게 요약해 보자.

통합심신치유는 당연히 처음에는 양자의식치유와 같은 고급 치유가 아닌 운동, 춤/유희, 소마/기공/요가와 같은 몸을 중심으로 누구나 할 수 있는 가벼운 예비 치유부터 시작하는 단계적 치유가 중요하다. 내담자나 치유대상자 개개인의 심신의 장애 상태, 의식의 장애 상태(갇힌 의식·무의식의 경화의 정도)와 중독 상태(물질 중독·행위 중독·감정 중독·이념/의식 중독)와 개인의 자아·성격·인성·근기의 수준에 따라 당연히 최적의 통합 치유·치료는 다르기 마련이다. 그러므로 전문가의 진단·평가에 따른 개개인에게 시급하고 적절한 (스트레스치유, 감정치유, 중독치유 등과 같은) 일반 치유를 통한 증상의 완화부터 가능해야 한다. 이와 함께 의식이 어느 정도 열리면서 마음챙김을 받아들일 준비가 되어 갈 때 마음챙김의 예비 수련인 심신 이완·관기·바디스캔, 기공/요가 같은 심신치유를 마음챙김의 기초인 사띠 의념意念으로 하면서 감각(수受)적 느낌을 감지感知하는 알아차림 능력을 점차로 심화시켜 나간다.

그런 다음에 점차로 마음챙김 명상 훈련·수련을 할 수 있게 되면 고급 치유기제로서 마음챙김 기반 통합심신치유기제인 MBSR이나 ILP의 통합치유기제의 발현, 그리고 이를 넘어서는 IQHLP에 의해 퀀텀(양자)심신치유기제를 형성할 수 있는 단계에 이르게 된다. 이러한 수준에서 양자의식 기반 양자마음챙김(마음관찰) 명상 수련을 하게 되면 점차로 초감각적 지각 능력이 생기고 신비 체험, 절정 체험을 하게 되면서 오감·언어적 인지를 넘어서는 초오감적·초감각적·초의식적 세계에 눈이 뜨이게 된다. 이에 따라 자연스레 양자의식의 기제가 심화되면서 온우주가 양자파동(에너지氣, 정보識)의 양자우주일 뿐만 아니라 모든 생명체가 양자지능을 지니고 있다는 진리를 깨닫게 된다. 이에 따라 생명홀라키가 높아질수록 양자자기의 양자기억·양자카르마·양자사고·양자지성이 고도화되고, 마음챙김도 양자마음챙김의 양자알아차림(양자자각, 깨어 있는 각성적 주시)으로 되는 최상위의 고급 치유기제가 양자도약적으로 창발하게 된다.

이와 같이 양자의식이 퀀텀사면동역학적 치유변용QTQHT에 의해 양자마음챙김의 양자알아차림 수준에 이르게 되면 참여적 관찰자로서의 양자자기 양자마음챙김의 기제인 3調3A 교감 양자의식이 의식화되고 체화된다. 따라서 양자의식·양자마음챙김 기제가 여기에 이르게 되면 깨어 있는 각성적 주시의식의 본증자각本證自覚·본증묘수本證妙修, 진속불이眞俗不二·반망즉진返妄卽眞·번뇌즉보리煩惱卽菩提의 최상의 수행기제가 실현된다. 나아가 심층무의식의 깊숙한 곳에 각인된 오래된 전생 카르마의 잔여습기가 올라와도, 구경각究竟覺의 깨달음 경지는 아니라도 확철하게 깨어서 즐기며 무학도인無學道人의 대자유의 경지에서 노닐게 된다. 하지만 이런 경지는 도달하려는 욕심을 내는 경지가 아니라 수행의 과果로서 자연스럽게 도달하는 경지이다. 그리하여 참여적 관찰자의 고급 양자치유기제로서 3調3A 온우주적 교감의 양자의식화에 따른 자연스러운 결과로 증득되는 경지이다.

오늘날 21세기 통합양자문명시대에 상담·심리치료·심신치유·코칭·정신건강·영성 수련 지도자 전문가들은 머지않아 곧 AI·AR·VR 같은 인공지능을 중심으로 한 제4차 산업혁명시대의 고도로 발전된 통합적 신양자의학(에너지의학, 양자의학, 파동의학)에 의한 양자파동치료·양자심신치유를 활용하게 될 것이다. 더 나아가 전문가들의 의식이 양자의식에 눈을 뜨게 되면 2층·3층 의식으로 양자도약적으로 성장 진화하게 될 것이다. 그렇게 되면 일에서 풀려난 포스트코로나 AC·AI 시대의 신인류는 앞으로 머지않은 장래에 명상하는 인류로 진화하게 될 것이다. 이와 같이 AI시대의 신인류가 명상인류로 양자도약적 진화를 하기 위해서는 모든 치유 전문가가 먼저 2층의식으로 치유성장하기 위한 고급 심신치유 수련을 해야 할 것이다. 이에 따라 이 시대적 고급 치유 수련기제로서 퀀텀사면동역학적 양자치유변용QTQHT과 이 책에서 소개한 기존의 모든 자연의학·통합심신치유학·신의학의 홀론의학적인 통합심신 치유·기제를 내포하며 초월하고 심화하는 통합양자심신 치유·기제가 의식화되고 체화되기를 기대하는 바이다.

201

강길전, 홍달수(2013). 양자의학. 서울: 돌을새김.

김기현, 이성환(2002). 주역의 과학과 道. 서울: 정신세계사.

김용운, 김용국(1998). 프랙탈과 카오스의 세계. 서울: 도서출판 우성.

김재희(1994). 신과학 산책. 서울: 김영사.

대한보완통합의학회(2012). 통합의학. 서울: 한미의학.

대한신경정신의학회 편(2017). 신경정신의학 (*Textbook of Neuropsychology*). 서울: 아이엠이즈컴
　　퍼니.

변광호(2008). 통합심신의학. 서울: 하나의학사.

신경희(2016). 통합스트레스의학. 서울: 학지사.

신경희, 조상윤(2013). 스트레스의 통합치유. 서울: 영림미디어.

안희영(2008). 의식전환교육을 위한 마음챙김 기제연구. 한국교육논단, 7(2), 59-77.

안희영(2010). MBSR 프로그램의 불교명상적 기반-교과 과정 및 치유원리를 중심으로. 불교학연구,
　　26, 359-408.

안희영(2012). 현대 서구사회에서의 마음챙김 활용-불교 전통과 현대 마음챙김 접근법을 중심으로.
　　불교학연구, 33, 489-517.

안희영, 조효남(2020). 통합심신치유학: 실제 편. 서울: 학지사.

이남표, 최명구(1998). 정신건강과 심리치료. 서울: 학지사.

이정모(2008). 인지과학 (*Cognitive Science*). 경기: 성균관대출판부.

장현갑(2019). 명상이 뇌를 바꾼다. 서울: 불광출판사.

전세일(2004). 보완대체의학. 서울: 계축문화사.

조효남(2006). 윌버의 AQAL 매트릭스 메타이론에 의한 氣스펙트럼적 통합기론의 기초. 한국정신과학학회지, 10(2). 한국정신과학학회.

조효남(2007). 상보적 통합적 생명 인식. 한국정신과학학회지, 11(2). 한국정신과학학회.

조효남(2008). 상보적 통합: 의식 · 영성 · 자아초월. 서울: 학수림.

조효남(2012). 역동적 통합변혁 리더십. 서울: 미래사회와종교성연구원 출판부.

조효남(2014). 통합에너지치유. 내부 교재.

조효남(2015). 몸 에너지 동작 치료. 내부 교재.

조효남(2017). 통합적 고급 심신치유기제. 내부 교재.

조효남(2017). 통합적 양자의학. 내부 교재.

조효남(2018). 상보적 통합: 의식 · 영성 · 자아초월. 서울: 학지사.

조효남, 안희영(2013). 통합심신치유의 통전적 패러다임 모델: Ken Wilber의 AQAL 모델을 넘어서. 예술심리치료연구, 9(10). 한국예술심리치료학회.

조효남, 안희영(2020). 통합심신치유학: 이론 편. 서울: 학지사

차종환(2016). 자연의학. 서울: 사사연.

한동석(2001). 우주변화의 원리. 서울: 대원출판.

구보치하루 (2008). 통합 심신의학 (*Standard Textbook of Psychosomatic Medicine*). (박샛별, 변광호 역). 서울: 하나의학사.

제이슨 리(2010). 양자의학과 스키오. 서울: 퀀텀헬스 코리아.

Ando, O. (2009). 명상의 정신의학 (*Psychiatry of meditation*). (김재성 역). 서울: 민족사. (원저는 1999년에 출판).

Baer, R. (2009). 마음챙김에 근거한 심리치료 (*Mindfulness-based treatment approaches: clinician's guide to evidence base and applications*). (안희영, 김재성, 박성현, 김영란, 조옥경 역). 서울: 학지사. (원저는 2006년에 출판).

Baggott, J. (2014). 퀀텀스토리 (*The quantum story: a history in 40 moments*). (박병철, 이강영 역). 서울: 반니. (원저는 2011년에 출판).

Bak, P. (2012). 자연은 어떻게 움직이는가?: 복잡계로 설명하는 자연의 원리 (*How Nature Works: the science of self-organized criticality*). (정형채, 이재우 역). 서울: 한승. (원저는 1996년에 출판).

Barrow, J. (2011). 무한으로 가는 안내서 (*The Infinite Book*). (전대호 역). 서울: 해나무. (원저는 2005년에 출판).

Bentov, I. (1987). 우주심과 정신물리학 (*Stalking the Wild Pendulum*). (류시화 역). 서울: 정신세계

사. (원저는 1976년에 출판).

Bentley, P. (2003). 디지털 생물학 (*Digital Biology*). (김학영 역). 경기: 김영사. (원저는 2001년에 출판).

Bernard, G. (1993). 에너지 황홀경 (*Energy Ecstasy*). (박지명 역). 서울: 하남출판사. (원저는 1990년에 출판).

Bohm, D. (2010). 전체와 접힌 질서 (*Wholeness and the implicate order*). (이정민 역). 서울: 시스테마. (원저는 1989년에 출판).

Braden, G. (2008). 디바인 매트릭스 (*The Divine Matrix*). (김시현 역). 서울: 굿모닝미디어. (원저는 2007년에 출판).

Bruce, L. (2008). *The Biology of Belief*. NewYork: Hay House, Ine.

Capra, F. (1999). 생명의 그물 (*The Web of Life*). (김동광, 김용정 역). 서울: 범양사 출판부. (원저는 1997년에 출판).

Chopra, D. (2010). 사람은 왜 늙는가 (*Ageless Body, Timeless Mind*). (이균형 역). 서울: 도서출판 휴. (원저는 1993년에 출판).

Frawley, D. (2008). 자연의학 아유르베다 (*Ayurveda nature's medicine*). (황지현 역). 경남: 슈리크리슈나다스아쉬람.

Friedman, H. & Hartelius, G. (2020). 자아초월심리학 핸드북 (*Handbook of Transpersonal Psychology*). (김명권 외 공역). 서울: 학지사. (원저는 2013년에 출판).

Germer, C. K., Siegel, R. D., & Fulton, P. R. (2012). 마음챙김과 심리치료 (*Mindfulness and psychotherapy*). (김재성 역). 서울: 학지사. (원저는 2005년에 출판).

Gleick, J. (1994) 카오스: 현대과학의 대혁명 (*Chaos: Making a New Science*). (박배식, 성하운 역). 서울: 동문사. (원저는 1988년에 출판).

Gordon, R. (2004). 퀀텀터치 (*Quantum Touch: The Power to Heal*). (서강익 역). 서울: 아름드리 미디어. (원저는 2002년에 출판).

Greene, B. (2002). 엘러건트 유니버스 (*Elegant universe*). (박병철 역). 서울: 숭산. (원저는 1999년에 출판).

Greene, B. (2012). 멀티유니버스 (*Hidden reality*). (박병철 역). 경기: 김영사. (원저는 2011년에 출판).

Grof, S. (2012). 고대의 지혜와 현대 과학의 융합 (*Ancient Wisdom and Modern Science*). (정인석 역). 서울: 학지사. (원저는 1993년에 출판).

Hanson, R. (2010). 붓다브레인 (*Buddha's Brain*). (장현갑, 장주영 역). 서울: 불광출판사. (원저는 2009년에 출판).

Kabat-Zinn, J. (2005). 마음챙김 명상과 자기치유 上, 下 (*Full catastrophe living*). (장현갑, 김교현, 장주영 역). 서울: 학지사. (원저는 1990년에 출판).

Lovallo, W. (2012). 스트레스와 건강: 생물학적 · 심리학적 상호 작용 (*Stress & health: biological and psychological interactions*). (안희영, 신경희 역). 서울: 학지사. (원저는 2005년에 출판).

Mace, C. (2010). 마음챙김과 정신건강 (*Mindfulness and mental health: therapy, theory and science*). (안희영 역). 서울: 학지사. (원저는 2008년에 출판).

Mansfield, V. (2014). 불교와 양자역학 (*Tibetan Buddhism and Modern Physics*). (이중표 역). 전남: 전남대출판부. (원저는 2008년에 출판).

Marquis, A. (2011). 통합심리치료 (*Integral intake: a guide to comprehensive idiographic assessment in integral psychotherapy*). (문일경 역). 서울: 학지사. (원저는 2000년에 출판).

McTaggart, L. (2016). 필드: 마음과 물질이 만나는 자리 (*The Field: The Quest for the Secret Force of the Universe*). (이충호 역). 서울: 김영사. (원저는 1987년에 출판).

Mindell, A. (2008). 양자심리학 (*Quantum Mind*). (이규환, 양명숙 역). 서울: 학지사. (원저는 2000년에 출판).

Mindell, A. (2011). 명상과 심리치료의 만남 (*Working on yourself alone*). (정인석 역). 서울: 학지사. (원저는 2002년에 출판).

Mindell, A. (2013). 양자심리치료 (*Quantum mind and healing: how to listen and respond to your body's symptoms*). (이규환, 양명숙 역). 서울: 학지사. (원저는 2000년에 출판).

Murray, M. T., & Pizzorno, J. E. (2009). 자연의학 (*Encyclopaedia of natural medicine*). (정성한 역). 서울: 전나무숲.

Obryan, T. (2019). 당신은 뇌를 고칠 수 있다 (*You Can Fix Your Brain*). (이시은 역). 로크미디어. (원저는 2018년에 출판).

Oschman, J. (2005). 놀라운 에너지의학의 세계 (*Energy Medicine: The Scientific Basis*). (김영설 역). 서울: 노보컨설팅. (원저는 2000년에 출판).

Oschman, J. (2007). 에너지의학 (*Energy Medicine in Therapeutic And Human Perfermance*). (김영설, 박영배 역). 서울: 군자출판사. (원저는 2003년에 출판).

Paul, Y. (2003) *Quantum Medicine*. North Bergen: Basic Health Pub.

Richard, G. (2001). *Vibrational Medicine*. Vermont: Bear & Co.

Roger, P. (1989) *The Emperor's New Mind*. UK: Oxford Univ. Prcs.

Sagan, C. (2006). 에덴의 용 (*The Dragons of Eden*). (임지원 역) 서울: 사이언스북스. (원저는 1997년에 출판).

Satinover, J. (2011). 퀀텀브레인 (*The Quantum Brain*). (김기웅 역). 서울: 시스테마. (원저는 2001년에 출판).

Sharf, R. (2019). 심리치료와 상담이론 (*Theories of Psychotherapy and Counseling*). (천성문 외 공역). 서울: 센게이지. (원저는 2015년에 출판).

Sheldrake, R. (2012). *The Presence of the Past*. Rochester. Vermont: Park Street Press.

Stahl, B., & Goldstein, E. (2014). MBSR 워크북: 스트레스를 완화하는 혁명적인 프로그램 (*Mindfulness-based stress reduction workbook*). (안희영, 이재석 역). 서울: 학지사. (원저는 2010년에 출판).

Talbot, M. (1999). 홀로그램 우주 (*Holographic Universe*). (이균형 역). 서울: 정신세계사. (원저는 1992년에 출판).

Varela, F. etc. (2013). 몸의 인지과학 (*The Embodied Mind*). (석봉래 역). 경기: 김영사. (원저는 1991년에 출판).

Weil, A. (1996). 자연치유 (*Spontaneous healing*). (김옥분 역). 서울: 정신세계사.

Welwood, J. (2008). 깨달음의 심리학 (*Toward a Psychology of Awakening*). (김명권, 주혜명 역). 서울: 학지사. (원저는 2002년에 출판).

Wilber, K., Patten, T., Leonard, A., & Morelli, M. (2014). (건강, 웰라이프, 그리고 영적 성장을 위한) 켄 윌버의 ILP (*Integral life practice: a 21st-century blueprint for physical health, emotional balance, mental clarity, and spiritual awakening*). (안희영, 조효남 역). 서울: 학지사. (원저는 2008년에 출판).

통합심신치유학 [치유기제] 편

## 인명

## 내용

## 저자 소개

조효남(Cho Hyo Nam)

육군사관학교를 졸업(1967)한 후 미국 미시간 주립대학교에서 구조공학석사·박사학위를(1972) 취득하였고, 육군사관학교 교수를 역임(1973~1987)한 후 1988년부터 한양대학교 건설환경시스템공학과 교수로 재직(1988~2008)하였다. 한양대학교 공대학장과 대만국립과학기술대학교 초빙석좌교수를 역임하였으며, 2000년 이래 10년 이상 한국트랜스퍼스널(자아초월)학회 공동회장을 역임하였다. 한국전산구조공학회 회장, 한국강구조공학회 회장, 한국공학한림원 정회원, 한국건강연대 공동상임대표, 미래사회와종교성연구원 이사, 한국정신과학학회 회장 등을 역임하였다. 현재는 서울불교대학원대학교 심신통합치유학과 석좌교수·심신치유교육학 전공 주임교수, 한양대학교 명예교수이고, 한국정신과학학회 고문, 한국심신치유학회 고문, 한국요가문화협회 고문 등으로 활동하고 있다.

대학 때부터 철학·심리학·종교에 심취하였고 지난 40년 이상 도가기공명상 수련과 불교참선 수련을 해 왔다. 1990년대 중반부터 켄 윌버의 통합사상을 국내에 최초로 소개하였고, 그의 주요 저서를 국내에 최초로 번역 소개하면서 한국트랜스퍼스널학회를 창립한 후 공동회장으로서 자아초월심리학과 켄 윌버의 통합사상 보급에 주력하여 왔다. 지난 20여 년간 자아초월심리학, 켄 윌버의 통합사상, 신과학, 나선동역학, 과학기술윤리, 현대기학氣學, 정신과학, 양자심신치유, 통합심신치유학 등에 대해 '과학사상'과 '한국정신과학학회'를 비롯한 여러 학술단체에서 학술 발표와 심화강의·기조강연을 해 왔으며, 오랫동안 한양대학교와 고려대학교에서 공학윤리와 과학기술윤리를 강의해 왔다. 지난 12년간 서울불교대학원대학교에서 통합이론, 통합영성과 치유, 통합생활 수련, 치유·건강기공수련, 심신치유집중수련, 양자·파동치유학, 에너지치유학, 양자심신치유, 통합심신치유학, 심신치유실제, 심신치유기제, 심신치유리더십 등을 강의해 오고 있다.

저서로 『통합심신치유학: 실제』(학지사, 2020), 『통합심신치유학: 이론』(학지사, 2020), 『상보적 통합: 켄 윌버 통합 사상의 온전한 이해와 비판 그리고 응용』(학지사, 2019), 『역동적 통합변혁리더십』(휴머니즘, 2010), 『현대과학기술윤리』(구미서관, 2010) 등이 있고, 역서로 켄 윌버의 『감각과 영혼의 만남』(범양사, 2007), 『모든 것의 역사』(김영사, 2015), 『켄 윌버의 ILP』(공역, 학지사, 2014), 『의식의 변용』(학지사, 2017) 등이 있다.

# 통합심신치유학: 치유기제 편

Integrative Body · Mind · Spirit Healing Mechanism

2020년 10월 15일 1판 1쇄 인쇄
2020년 10월 25일 1판 1쇄 발행

지은이 • 조효남
펴낸이 • 김진환
펴낸곳 • ㈜ 학지사

　　　　04031 서울특별시 마포구 양화로 15길 20 마인드월드빌딩
대표전화 • 02-330-5114　　팩스 • 02-324-2345
등록번호 • 제313-2006-000265호

홈페이지 • http://www.hakjisa.co.kr
페이스북 • https://www.facebook.com/hakjisa

ISBN 978-89-997-2225-7　93180

정가 18,000원

이 도서의 국립중앙도서관 출판시도서목록(CIP)은 서지정보유통지
원시스템 홈페이지(http://seoji.nl.go.kr)와 국가자료공동목록시스템
(http://www.nl.go.kr/kolisnet)에서 이용하실 수 있습니다.
(CIP 제어번호: CIP2020042418)

출판 · 교육 · 미디어기업 **학지사**

간호보건의학출판 **학지사메디컬** www.hakjisamd.co.kr
심리검사연구소 **인싸이트** www.inpsyt.co.kr
학술논문서비스 **뉴논문** www.newnonmun.com
원격교육연수원 **카운피아** www.counpia.com